LECTURAS HISPÁNICAS

FRONT COVER: UNIVERSITIES, by the Argentine artist, MARINO DI TEANA
  Courtesy, Eric Sutherland and Walker Art Center, Minneapolis

INSIDE COVER: CONTINUAL LIGHT, by the Argentine artist, JULIO LE PARC
  *Courtesy, Julio Le Parc, Howard Wise Gallery and Walker Art
  Center, Minneapolis*

BACK COVER: Tile design, The Alhambra
  Photo by Donald C. Preston

LAUREL H. TURK
De Pauw University

AURELIO M. ESPINOSA, JR.
Stanford University

D. C. HEATH AND COMPANY

Lexington, Massachusetts   Toronto   London

PREFACE

Lecturas hispánicas is a cultural reader intended for students who have commenced the first semester of college Spanish or are engaged in learning Spanish on the equivalent level. It consists of two parts, each of which has been derived from the reading material included in Turk and Espinosa's *Foundation Course in Spanish, Second Edition*, Heath, 1970, and *Mastering Spanish*, Heath, 1971. The reading selections, which deal with many important aspects of Hispanic life, offer a basic introduction to the civilization and culture of the Spanish-speaking lands. This text has been prepared in response to teachers who have expressed an interest in graded and structured reading material which can be used in connection with first- and second-year college courses.

The Lecturas have been developed so that the student can learn to read effectively, i.e., with understanding, but without conscious translation. At the same time, provisions have been included to insure that the student is gradually learning the technique of making inferences and to guess intelligently instead of engaging in excessive vocabulary thumbing.

The Lecturas of Part I primarily treat certain aspects of the civilization and culture of Spain, while those of Part II deal with important facets of the development of Spanish America from the time of the conquistadores to present-day problems which confront the countries of the two Americas.

Each Lectura of Part I is preceded by introductory material and followed by questions. The *Estudio de palabras* section is designed as a tool to help the student expand and broaden his control of Spanish vocabulary. Many words which may not be recognized easily from the discussion on word study or from the context are listed as footnotes. The *Aspectos gramaticales* deal with one or more grammatical points found in the reading selections and contain brief notes and exercises.

The Lecturas of Part II are also followed by various application exercises designed to develop additional skill in oral expression and in writing. The material devised for written practice includes a wide variety of exercises, such as dictation, written reports, composition, structurally oriented translations, etc. In general, an attempt has been made to present a text which, while it focuses on the reading skill, is excellently suited as reinforcement of the speaking and writing skills as well.

The tapeset which accompanies *Lecturas hispánicas* consists of the combined supplementary tapesets which accompany *Foundation Course in Spanish, Second Edition*, Heath, 1970, and *Mastering Spanish*, Heath, 1971. The tapes have been developed so as to constitute a program for listening-comprehension and for providing practice in oral reading in Spanish. The tapeset and the text are fully integrated and together they constitute a unique program which emphasizes the receptive skills in coordination with the active skills.

The tapes for Lecturas I–IX in Part I are developed as follows: (1) each Lectura is read in its entirety and the student listens with text closed; (2) the student reads the selection along with the speaker; during the reading the speaker pauses to ask certain questions which are to be answered in Spanish and appropriate space is provided for the answers; (3) the student reads the whole Lectura once more, concentrating on developing fluency in reading with the best possible pronunciation. Lecturas X–XV are read in Spanish, then questions are asked on a paragraph by paragraph basis. In all the Lecturas of Part I the Spanish questions are selected from those given in the original text.

The tapes for Part II are developed somewhat differently: (1) the student listens to the complete reading of each Lectura, paying close attention to the meaning and the pronunciation; (2) the student listens to excerpts from each Lectura and talks briefly and freely about each excerpt. Thus, comprehension and oral expression are stressed throughout the tape program.

The Spanish–English vocabulary is intended to be complete with the exception of a few proper and geographical names which are either identical in Spanish and English or whose meaning is clear, a few past participles used as adjectives when the infinitive is given, and titles of certain literary and artistic works mentioned. Idioms are listed under the most important word in the phrase, and, in most cases, cross listings are given. Irregular plural forms of nouns and adjectives are included only for those forms which are used in the plural in this text. Since verb paradigms are not included, a number of verb forms (principally irregular and stem-changing) are listed in the end vocabulary. The English–Spanish vocabulary contains only the English words used in the English–Spanish exercises of Part II.

The authors are deeply grateful for the valuable suggestions and constructive criticism offered by Mr. Val Hempel, Executive Editor, and by Miss Josefa Busó, Senior Editor, of the Modern Language Department of D. C. Heath and Company.

L.H.T.
A.M.E., Jr.

CONTENTS

Segunda parte

RECORDINGS FOR TURK and ESPINOSA:

LECTURAS HISPÁNICAS

TAPES

NUMBER OF REELS: 7 7″ double track

SPEED: $3\frac{3}{4}$ ips

RUNNING TIME: 8 hours (approximate)

LECTURAS HISPÁNICAS
PRIMERA PARTE

LECTURA I

PRESENTACIÓN

A. Estudio de palabras *(Word study)*

1. Observations on Spanish cognates. The ability to recognize cognates is of enormous value in learning to read a foreign language. In this section and in the "Estudio de palabras" section of subsequent Lecturas a number of principles for recognizing cognates will be introduced; a more detailed discussion is reserved for the second part of this text. All examples listed below appear in the reading selection of Lectura I.

a. Exact cognates. Many Spanish and English words are identical in form and meaning, although the pronunciation is different. Pronounce these words in Spanish: capital, central, cultural, general, industrial, natural, Portugal, romance.

b. Approximate cognates. Three principles for recognizing near cognates are:

1) The English word has no written accent: latín, península, región.
2) Many English words have double consonants: comercial.
3) Many English words lack Spanish final **-a, -e, -o**: mapa, música, persona; arte, importante, parte; aspecto, italiano, moderno.

Pronounce the words listed in *b* and give the English cognates.

c. Less approximate cognates. Pronounce the following words and then observe the English meaning: arquitectura, *architecture*; centro, *center*; costa, *coast*; cultura, *culture*; Europa, *Europe*; formar, *to form*; frontera, *frontier*; habitante, *inhabitant*; millón, *million*; montaña, *mountain*; norte, *north*; nortecentral, *north-central*; noroeste, *northwest*; oeste, *west*; suroeste, *southwest*; político, *political*; portugués, *Portuguese*; puerto, *port*.

2. In Spanish, as in English, it is often possible to ascertain the meaning of new words from the context. One of the ways to improve your reading ability is to learn to guess intelligently. In this section you will find sentences which are designed to clarify the meaning of a number of words. As you read, try to grasp the meaning of the words in heavy type from the context, without using the end vocabulary. The words in heavy type appear again in the reading selection. Thus, by preparing the section carefully, you will be able to read more rapidly and with better comprehension.

aunque
Aunque estudio mucho, no aprendo mucho.
Aunque soy norteamericano, hablo español.
Aunque España es un país pequeño, su lengua es muy importante.

What is the meaning of **aunque**? Did you conclude that **aunque** means *although, even though,* or *even if?*

1

el país

> España es un **país**.
> Portugal es un **país** también.
> ¿En qué **país** vive usted?

What is the meaning of **país**?

cerca de

> Vivo **cerca de** la escuela.
> España está **cerca de** Portugal.
> España no está **cerca de** los Estados Unidos.

What is the meaning of **cerca de**?

casi

> Ella conoce **casi** todos los países de Europa.
> Madrid es una ciudad moderna de **casi** tres millones de habitantes.
> Hay montañas en **casi** toda la parte central.

What is the meaning of **casi**?

B. Aspectos gramaticales *(Grammatical points)*

1. Gender of nouns

a. Although most nouns which end in **-a** are feminine, two exceptions will appear in the reading selection: **el día** and **el mapa**.

b. Spanish nouns which end in **-dad** (= English *-ty*), and **-ción** (= English *-tion*), and most nouns which end in **-ión** are feminine: **la ciudad**; **la relación**; **la región**.

Read the nouns in *a* and *b* above; then read them in the plural, with the plural of the definite article; finally, read them again in the singular, using the indefinite article. (In writing the plurals of **región** and **relación**, the written accent mark will be deleted.   Do you know why?)

2. Uses of **ser** and **estar**

a. Read the following sentences:

> **Bilbao y Santander están en el norte de España.**
> **Texas está en el sur de los Estados Unidos.**
> **España está en el suroeste de Europa.**
> **California está en el oeste de los Estados Unidos.**

Why is the verb **estar** used in these sentences?

b. Read the following sentences:

Barcelona es una ciudad industrial de España.
Pittsburgh es una ciudad industrial de los Estados Unidos.
Valencia es un puerto en la costa del Mar Mediterráneo.
Cádiz es un puerto en el sur de España.

Why is the verb *ser* used in these sentences?

3. Use of **hay**

Hay un mapa en la pared.   There is a map on the wall.
En el sur hay otras ciudades importantes.   In the south there are other
  important cities.

The form **hay** has no subject expressed in Spanish and means *there is, there are.*   Do not
confuse **hay** with **es** or **está,** (*it, he, she*) *is,* and with **son** or **están,** (*they*) *are.*   (As
you are aware, **ser** and **estar** are not equivalents either.)

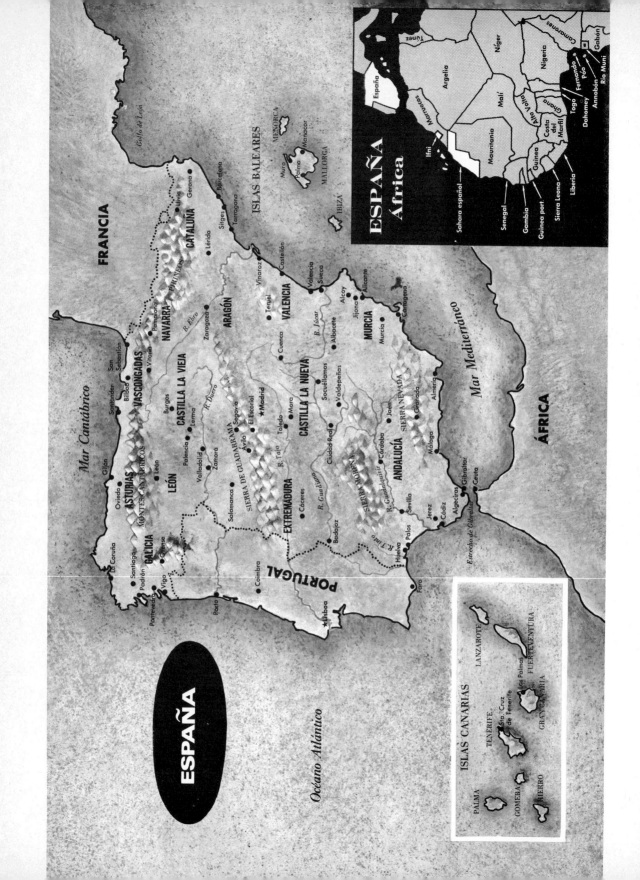

ESPAÑA

Hay un mapa en la pared. Es un mapa de España y Portugal. Los dos países forman la Península Ibérica,[1] que está en el suroeste de Europa. Los habitantes de España hablan español, y los habitantes de Portugal hablan portugués. El español y el portugués son lenguas romances. El italiano y el francés son lenguas romances también. Hablan italiano en Italia y francés en Francia. Todas las lenguas romances vienen del latín.

La capital de España es Madrid. Está en el centro del país, en la región de Castilla la Nueva.[2] Castilla la Vieja está en la parte nortecentral, hacia[3] la frontera francesa. Castilla es la tierra[4] de los castillos.[5] Su lengua es el castellano.[6]

Las ciudades de Barcelona y Valencia están en la costa del Mar Mediterráneo. Como Madrid, son importantes[7] centros industriales y comerciales. En el sur hay otras ciudades importantes, como Sevilla, Cádiz, Córdoba, Granada y Málaga. Cádiz y Málaga son puertos del sur; las otras ciudades no están en la costa. Toledo y Segovia, que son ciudades muy antiguas, están en la meseta[8] central, cerca de Madrid. Al oeste, hacia la frontera portuguesa, están Ávila y Salamanca. Burgos, Bilbao, San Sebastián y Santander están en el norte del

[1] **Ibérica,** *Iberian.*   [2] **Castilla la Nueva,** *New Castile.*   [3] **hacia,** *toward.*   [4] **tierra,** *land.*   [5] **castillos,** *castles.*   [6] **castellano,** *Castilian.*   [7] See page 11 for notes on word order.   [8] **meseta,** *tableland, plateau.*

Alcalá Street intersects with José Antonio Avenue, Madrid

The walls of Ávila, Spain

país. Hoy día casi todas las ciudades españolas tienen barrios[1] nuevos con casas y edificios muy modernos y barrios antiguos con casas viejas y calles estrechas.[2]

Las trece regiones naturales de España son Galicia, Asturias, León, Castilla la Vieja, las Provincias Vascongadas,[3] Navarra, Aragón, Cataluña, Valencia, Murcia, Castilla la Nueva, Andalucía y Extremadura.

España tiene cinco ríos importantes y muchas montañas. Al norte está separada de Francia por los altos Pirineos. Toda la parte central es una meseta grande. En el sur están la Sierra Morena y la Sierra Nevada. También hay muchas montañas en la meseta central y en la parte noroeste.

Aunque España es un país pequeño, su lengua es muy importante hoy día. Millones de personas en España, en los diez y ocho países de la América española y en varias partes de los Estados Unidos hablan español. Las relaciones comerciales, políticas y culturales entre los Estados Unidos y los países de habla española[4] son muy importantes. La influencia de España y de los países hispanoamericanos en la vida diaria,[5] la música, el arte, la arquitectura y en otros aspectos de la cultura en general es grande. Estudiamos el español para conocer y apreciar[6] bien la cultura española y su influencia en la vida moderna.

---

[1] **barrios,** *districts.*   [2] **calles estrechas,** *narrow streets.*   [3] **Vascongadas,** *Basque.*   [4] **de habla española,** *Spanish-speaking.*   [5] **diaria,** *daily.*   [6] **apreciar,** *appreciate.*

Tossa de Mar,
on the Costa Brava,
northeast of Barcelona

PREGUNTAS

1. ¿Qué hay en la pared? 2. ¿Qué forman España y Portugal? 3. ¿Dónde está la Península Ibérica? 4. ¿Qué lengua hablan en España? 5. ¿Qué lengua hablan en Portugal? 6. ¿Qué hablan en Italia? 7. ¿Qué hablan en Francia? 8. ¿De qué lengua vienen las lenguas romances?

9. ¿Cuál es la capital de España? 10. ¿Dónde está Madrid? 11. ¿Dónde está Castilla la Vieja? 12. ¿Qué es Castilla?

13. ¿Dónde están Barcelona y Valencia? 14. ¿Cuáles son unas ciudades del sur de España? 15. ¿Qué puertos hay en el sur? 16. ¿Qué otras ciudades hay en España? 17. ¿Qué ciudades están en el norte?

18. ¿Cuáles son las trece regiones naturales de España? 19. ¿Cuántos ríos importantes hay? 20. ¿Qué montañas están en el norte? 21. ¿Qué es toda la parte central? 22. ¿Qué montañas están en el sur?

23. ¿Es España un país grande? 24. ¿En qué países hablan español? 25. ¿En qué aspectos de la cultura es grande la influencia de España y de los países hispanoamericanos? 26. ¿Para qué estudiamos el español?

7

The Alcázar, Segovia, Spain

Faculties of Law and of Philosophy and Letters,
University City, Madrid

(*Above*) Subsidized housing, Madrid
(*Below*) Overpass, Atocha Street, Madrid

The Tower of Madrid, the city's tallest building

LECTURA II

PRESENTACIÓN

A. Estudio de palabras

1. Observations on Spanish cognates (Continued). Additional principles for recognizing approximate cognates will aid you in understanding the reading selections. (Some of the examples listed below are taken from the reading selection of Lectura I.)

a. Certain Spanish nouns ending in **-ia, -io** end in *-y* in English: industria, Italia; contrario.

b. Certain Spanish nouns ending in **-cia, -cio** end in *-ce* in English: edificio (*edifice, building*), Francia, influencia.

c. Certain Spanish nouns ending in **-dad** end in *-ty* in English (see section B, 1, *b,* page 2): realidad.

d. Deceptive cognates. A number of Spanish and English words are similar in form, but quite different in meaning: largo, *long.*

2. Many Spanish words can be recognized by comparing them with related words. *Compare*: alto, *high, and* altura, *height, altitude*; Europa, *Europe, and* europeo, *European*; mesa, *table, and* meseta, *tableland, plateau*; pueblo, *town, village, and* población, *population.*

3. Many Spanish words can be recognized by associating English words from the same source. Careful attention to such related words will aid greatly in improving your vocabulary.

Compare:		
antiguo	*old, ancient*	*antique*
edificio	*building*	*edifice*
mayor	*larger, greater*	*major*
mundo	*world*	*mundane*

B. Aspectos gramaticales

1. Gender of nouns

What exceptions to the principles governing the gender of nouns are evident in the following sentences?

El clima varía mucho en la América del Sur.
¿Qué ríos forman el sistema del Río de la Plata?

2. Position of adjectives.   Read the following phrases:

la población india   the Indian population
un país pequeño   a small country
tres ríos grandes   three large rivers
muchas playas bonitas   many pretty beaches
las relaciones comerciales y culturales   the commercial and cultural
relations

Adjectives which limit as to quantity (*the, a, an, many, much, several*, numerals, possessive adjectives, etc.) are placed before the nouns they modify.

Adjectives which describe a noun by telling its quality (color, size, shape, nationality, etc.) are normally placed after the noun.   When two adjectives of equal value
modify a noun, they are usually placed after the noun and connected by **y** (last
example).

NOTE: Descriptive adjectives may also precede the noun when they express a quality
that is generally known or not essential to the recognition of the noun.   In such cases
there is no desire to single out or to differentiate.   Examples which occur in Lecturas
I and II are:

los altos Pirineos   the high Pyrenees
las altas mesetas   the high tablelands

For further observations on the position of adjectives, see pages 157 and 158.

3. Comparison of adjectives

a. **El Brasil es más grande que los Estados Unidos.**   Brazil is larger than the
United States.
El Uruguay es el país más pequeño.   Uruguay is the smallest country.

In Spanish, adjectives are compared by using **más** to mean *more, most*, and **menos**
for *less, least*.   The definite article is used when *the* is a part of the meaning.   You
can tell from the context when an adjective has comparative or superlative force,
that is, whether **más** means *more* or *most*, and whether **menos** means *less* or *least*.

b. **La Argentina es más grande que el Uruguay.**   Argentina is larger than
Uruguay.
Buenos Aires tiene más de nueve millones de habitantes.   Buenos Aires
has more than nine million inhabitants.

Than is translated by **que** before a noun or pronoun; but before a numeral it is
translated by **de**.

c. **Es el río más grande del mundo.**   It is the largest river in the world.

After a superlative, *in* is translated by **de**.

4. Agreement of the verb with **la mayor parte de, la tercera parte de**, etc.

La mayor parte de la población de la Argentina es de origen europeo.
The greater part of the population of Argentina is of European origin.
La tercera parte de los habitantes viven en la capital.   One third of the
inhabitants live in the capital.
**Una gran parte de los habitantes de Colombia . . . viven en las altas
mesetas.**   A great part of the inhabitants of Colombia . . . live in the high
tablelands.

In the first example the verb is in the singular to agree with the singular collective
noun **la población**, used after **La mayor parte de,** *The greater part of, Most (of)*; in
the next two examples, however, the verb is in the plural to agree with the plural
noun **habitantes**, used after **La tercera parte de,** *One (A) third of*, and **Una gran
parte de,** *A great (large) part of*.

5. Forms of **criar**, *to grow, raise*, and **variar**, *to vary*

A few verbs ending in **-iar**, like **criar** and **variar**, require a written accent on the
final stem vowel **i** in the three singular forms and the third person plural of the present
indicative tense: **crío, crías, cría, criamos, criáis, crían**.   Many other common
verbs, like **estudiar**, *to study*, do not have the accented **i**.

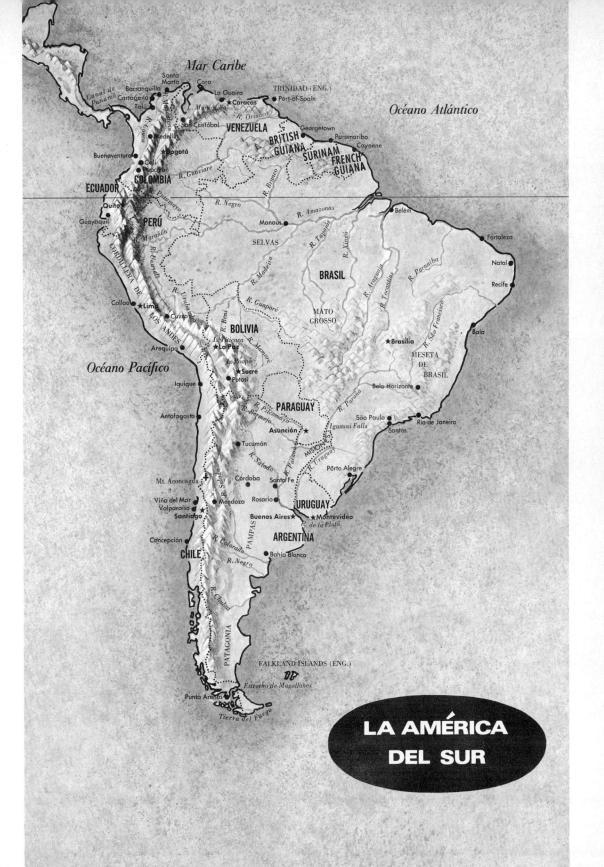

Mar Caribe

Océano Atlántico

Canal de Panamá

Santa Marta
Barranquilla
Cartagena
Tolú
L. Maracaibo
La Guaira
Coro
TRINIDAD (ENG.)
Port-of-Spain
★ Caracas
San Cristóbal
VENEZUELA
R. Orinoco
Georgetown
BRITISH GUIANA
Paramaribo
Cayenne
SURINAM
FRENCH GUIANA
R. Magdalena
R. Cauca
Medellín
Buenaventura
★ Bogotá
Cali
Popayán
COLOMBIA
R. Guaviare
R. Branco
ECUADOR
Quito
Putumayo
R. Negro
Guayaquil
PERÚ
R. Marañón
R. Amazonas
Belém
Manaus
Fortaleza
SELVAS
R. Ucayali
R. Tapajós
R. Xingú
Natal
R. Madeira
BRASIL
Recife
CORDILLERA DE
Callao
★ Lima
Cuzco
R. Urubamba
R. Guaporé
R. Beni
MATO GROSSO
R. Araguaia
R. Tocantins
R. Parnaíba
Baía
Arequipa
L. Titicaca
★ La Paz
BOLIVIA
R. Mamoré
★ Brasília
R. São Francisco
LOS ANDES
L. Poopó
★ Sucre
Potosí
MESETA DE BRASIL
Océano Pacífico
Iquique
R. Pilcomayo
R. Bermejo
PARAGUAY
R. Paraná
Belo Horizonte
Antofagasta
Asunción ★
São Paulo
Río de Janeiro
Santos
Iguassú Falls
Tucumán
R. Salado
MISIONES
Pôrto Alegre
Mt. Aconcagua
R. Salado
Córdoba
Santa Fe
R. Paraná
R. Uruguay
URUGUAY
Viña del Mar
Valparaíso
★ Santiago
Mendoza
Rosario
Buenos Aires ★
★ Montevideo
R. de la Plata
Concepción
R. Colorado
PAMPAS
ARGENTINA
CHILE
Bahía Blanca
R. Negro
R. Chubut
PATAGONIA
FALKLAND ISLANDS (ENG.)
Estrecho de Magallanes
Punta Arenas
Tierra del Fuego

LA AMÉRICA DEL SUR

LA AMÉRICA DEL SUR

Hoy vamos a mirar otro mapa que tenemos en la pared. Es el mapa de la América del Sur. Como Vds. saben, es un continente muy grande. Hay nueve repúblicas en que se habla español, y una, el Brasil, donde se habla portugués. El Brasil es un país muy grande; en realidad, es más grande que los Estados Unidos.

Venezuela y Colombia están en el norte del continente. Caracas es la capital de Venezuela, y Bogotá, la[1] de Colombia.

Colombia tiene costas en el Mar Caribe[2] y también en el Océano Pacífico. Además de[3] Colombia, las repúblicas de la costa del Océano Pacífico son el Ecuador, el Perú y Chile. Quito, Lima y Santiago son las capitales de estos tres países. Como Vds. pueden ver, Chile es un país muy largo y estrecho.

La Argentina, en el sur, es un país muy rico. Buenos Aires, su capital, tiene más de nueve millones de habitantes y es una

---

[1] **la,** *that.*   [2] **el Mar Caribe,** *the Caribbean Sea.*   [3] **Además de,** *Besides.*

Partial view of Caracas, Venezuela

ciudad muy moderna. En las ciudades de la Argentina hay mucha industria. En la pampa, una región muy fértil, se produce un poco de todo — trigo,[1] maíz, alfalfa, por ejemplo[2] —, y se cría mucho ganado.[3]

El Uruguay es el país más pequeño de la América del Sur. Su tierra es fértil también. La tercera parte[4] de sus habitantes viven en la capital, Montevideo. Hay muchas playas[5] bonitas cerca de la ciudad y en la costa del Río de la Plata. Bolivia y el Paraguay están en el interior del continente y no tienen costa. La Paz, Bolivia, es la capital más alta del mundo. Asunción, una ciudad muy antigua, es la capital del Paraguay.

La América del Sur tiene tres ríos grandes: el Amazonas, que es el río más grande del mundo, el Orinoco, en el norte, y el sistema del Río de la Plata.

---

[1] **trigo,** *wheat.*   [2] **por ejemplo,** *for example.*   [3] **se cría mucho ganado,** *much cattle (livestock) is raised.*   [4] **La tercera parte,** *One (A) third.*   [5] **playas,** *beaches.*

Pocitos Beach, Montevideo, Uruguay

Jungle vegetation and native dwelling, Colombia

El continente tiene montañas, llanuras,[1] desiertos y selvas,[2] y el clima varía según[3] la altura. Una gran[4] parte de los habitantes de Colombia, el Ecuador, el Perú, Bolivia y Chile viven en las altas mesetas y en los valles de la cordillera de los Andes. Es difícil ir de un país a otro, especialmente si uno tiene que cruzar[5] las montañas y los ríos.

La mayor parte de la población[6] de la Argentina y del Uruguay es de origen europeo. En el Ecuador, el Perú y Bolivia, por lo contrario,[7] hay muchos indios, especialmente en los pueblos y ciudades de los Andes. En el Paraguay la población india es muy numerosa. En los otros países la mezcla[8] de razas es la nota más característica de la población.

---

[1] **llanuras,** *plains.*   [2] **selvas,** *forests.*   [3] **según,** *according to.*   [4] **gran,** *great.*   (When **grande** precedes a singular noun it becomes **gran** and means *great.*)   [5] **cruzar,** *to cross.*   [6] **La mayor parte de la población,** *Most of the population.*   [7] **por lo contrario,** *on the contrary.*   [8] **mezcla,** *mixture.*

16

PREGUNTAS

1. ¿Qué mapa vamos a mirar hoy?   2. ¿Es grande o pequeño el continente?   3. ¿En cuántas repúblicas se habla español?   4. ¿Qué país es más grande que los Estados Unidos?   5. ¿Qué lengua se habla en el Brasil?

6. ¿Qué países están en el norte?   7. ¿Cuáles son las repúblicas de la costa del Océano Pacífico?   8. ¿Cuál es la capital del Perú?   9. ¿Cuál es la capital de Chile? 10. ¿Cómo es Chile?

11. ¿Cómo es la Argentina?   12. ¿Cuál es su capital?   13. ¿Cuántos habitantes tiene Buenos Aires?   14. ¿Dónde hay mucha industria?   15. ¿Qué se produce en la pampa?

16. ¿Es grande el Uruguay?   17. ¿Cuál es su capital?   18. ¿Tiene muchos habitantes Montevideo?   19. ¿Qué hay cerca de la ciudad?   20. ¿Qué países están en el interior del continente?   21. ¿Cuál es la capital de Bolivia?   22. ¿Dónde está Asunción?

23. ¿Cuál es el río más grande del mundo?   24. ¿Dónde está el Orinoco? 25. ¿Varía el clima del continente? 26. ¿Dónde viven muchos habitantes de los países de la costa del Pacífico?   27. ¿Es fácil ir de un país a otro?

28. ¿En qué países es de origen europeo la mayor parte de la población?   29. ¿En qué países hay muchos indios?   30. ¿Cuál es la nota más característica de la población en los otros países?

LECTURA III

A. Estudio de palabras

1. Observations on Spanish cognates (Continued).

a. The Spanish ending **-oso** is often equivalent to English *-ous*: famoso, *famous*. *What are the meanings of* montañoso *and* numeroso?

b. Many English words beginning with *s* followed by a consonant have Spanish cognates beginning with **es** plus the consonant. Give the English for: escuela, España, español, especial, estado, estudiar.

c. As we have seen in the previous Lecturas, the Spanish endings **-cio, -cia** = English *-ce*; **-io, -ia** = *y*; **-dad** = *-ty*; and **-ción** = *-tion*. Give the English cognates of: importancia; colonia, necesario; prosperidad; civilización, exportación, vegetación.

2. *Compare the meanings of the following pairs of words*: cultura *and* cultural; importancia *and* importante; centro *and* central; industria *and* industrial; montaña *and* montañoso.

3. Try to grasp the meaning of the words in heavy type from the context, without using the end vocabulary. The words in heavy type appear again in the reading selection.

algo
> Quiero comer **algo**.
> Juan busca **algo**.
> Vamos a leer **algo** interesante.

What is the meaning of **algo**? Did you conclude that **algo** means *something*?

acerca de
> Él va a hablar **acerca de** la exportación de petróleo.
> Vamos a leer algo **acerca de** México.
> Es un estudio importante **acerca de** las lenguas indias.

What is the meaning of **acerca de**?

llegar (a)
> Vamos a **llegar a** Monterrey a las cinco de la tarde.
> ¿A qué hora **llega** usted **a** su casa por la noche?
> Para **llegar a** la capital es necesario cruzar muchas montañas muy altas.

What is the meaning of **llegar a**?

la fuente
> La capital tiene avenidas anchas, con **fuentes**, árboles y flores.
> En los parques que adornan la ciudad se ve un gran número de **fuentes**.
> Hay una **fuente** muy bonita en el barrio antiguo.

What is the meaning of **fuente**?

todavía
> **Todavía** no pronuncian el español bien.
> No es hora de comer **todavía**.
> Hay muchos que **todavía** hablan sus lenguas indias.

Did you conclude that **todavía** means *yet* or *still*?

B. Aspectos gramaticales

1. Position of adjectives.   Shortened forms of adjectives

> **nuestro buen vecino**   our good neighbor
> **Es un gran desierto.**   It is a great desert.
> **La mayor parte de la población . . .**   The greater part of the population . . .

Certain common adjectives, like **bueno, mejor, malo, peor, grande, mayor,** often precede the noun, although they may follow the noun to place more emphasis on the adjective than on the noun.

Before masculine singular nouns **bueno** and **malo** are shortened to **buen** and **mal**; otherwise they retain their regular form: **nuestros buenos vecinos**.

Grande becomes **gran** before either a masculine or feminine singular noun.   When it precedes the noun, it often means *great*; when **grande** follows the noun, it regularly means *large, big*: **un país grande**.   Also, see page 16, footnote 4.

2. Use of the reflexive as a substitute for the passive voice

> **Se cría mucho ganado.**   Much livestock is raised.
> **Se produce un poco de todo.**   A little of everything is produced.
> **Se ve un gran número de fuentes.**   A great number of fountains is seen.

In Spanish, the passive voice is often expressed by using the reflexive object **se** before the third person of the verb, which is singular or plural, depending on the number of the subject.   The subject usually follows the verb in this construction.

3. Present indicative of stem-changing verbs, Class I

> **Mazatlán y Acapulco se encuentran en la costa del Océano Pacífico.**
> Mazatlán and Acapulco are on the coast of the Pacific Ocean.

El clima es tropical y llueve mucho.   The climate is tropical, and it rains a
  great deal.

The verbs **encontrarse**, *to find oneself, itself,* etc., *be found, be,* and **llover**, *to rain,*
which appear in the above sentences, are stem-changing verbs of Class I.   In verbs
of this Class, the stem vowel **o** becomes **ue**, and **e** becomes **ie** when stressed, that is,
in the three singular forms and in the third person plural of the present indicative
tense: **me encuentro, te encuentras, se encuentra, nos encontramos, os
encontráis, se encuentran**.

The present indicative of **llover** (although usually used only in the third person
singular, it may be used figuratively, as in English, in all persons) is: **lluevo, llueves,
llueve, llovemos, llovéis, llueven**.

Stem-changing verbs of Class I end in **-ar** and **-er** in the infinitive.   Verbs of this
type are indicated thus: **encontrarse (ue), llover (ue)**.

The Folkloric Ballet of Mexico performing a wedding dance, Isthmus of Tehuantepec

MÉXICO

Hoy vamos a leer algo acerca de México, nuestro buen vecino[1] al sur de los Estados Unidos. El Río Grande, que pasa entre el estado de Texas y cuatro estados mexicanos, forma parte de la frontera con México. En la otra parte de la frontera están nuestros estados de California, Arizona y Nuevo México.

La Carretera[2] Panamericana va desde Nuevo Laredo hasta Guatemala. Pasa por Monterrey, ciudad industrial de mucha importancia, y por la capital, la ciudad de México. Para llegar a la capital, que está en la meseta central, es necesario cruzar muchas montañas muy altas.

La capital está situada en el Distrito Federal y tiene más de seis millones de habitantes. Es el centro comercial y cultural del país. Muchas de las colonias[3] de la capital tienen avenidas anchas[4] y casas nuevas de una arquitectura muy moderna, pero las colonias pobres tienen casas viejas y calles estrechas y antiguas. Por todas partes[5] se ve un gran número de fuentes, árboles y flores, especialmente en los parques que adornan la ciudad. Los magníficos edificios comerciales dan una buena idea del progreso y de la prosperidad de la capital.

Entre las ciudades importantes se encuentran[6] Monterrey, Guadalajara, Saltillo, San Luis Potosí, Puebla y Taxco. Veracruz, un puerto que tiene mucha importancia, está en la costa del Golfo de México. En el este del país también está el puerto de Tampico, importante por la exportación de petróleo. Los puertos de Mazatlán y Acapulco, este último[7] famoso por sus playas bellas y sus hoteles modernos, se encuentran en la costa del Océano Pacífico. Mérida es la ciudad principal de la península de Yucatán.

---

[1] **buen vecino,** *good neighbor.* [2] **Carretera,** *Highway.* [3] **colonias,** *districts.* [4] **avenidas anchas,** *wide avenues.* [5] **Por todas partes,** *Everywhere.* [6] **se encuentran,** *are found, are.* (**Encontrarse** often means approximately the same as **estar,** although it retains something of its original meaning, *to find itself, be found, be.*) [7] **este último,** *this last one.*

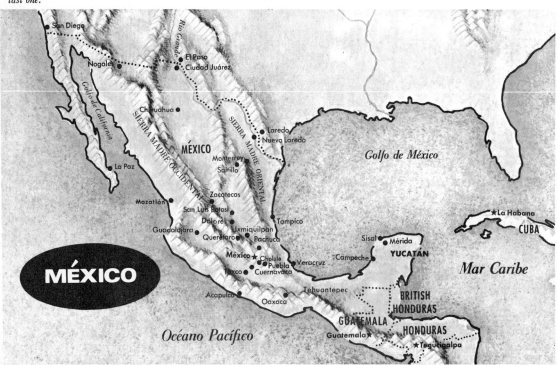

Satellite City, supermodern subdivision of Mexico City

Paseo de la Reforma, Mexico City

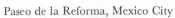

Paseo de la Reforma, Mexico City

México es el país más montañoso de la América del Norte. Las dos cordilleras principales son la Sierra Madre Occidental, que está en el oeste, y la Sierra Madre Oriental, situada en el este. En las montañas hay oro, plata y otros minerales. México tiene varios volcanes. El Popocatépetl y el Iztaccíhuatl se encuentran cerca del valle central y están cubiertos de nieve[1] casi todo el año. El volcán más nuevo, el Paricutín, está al sudeste de Guadalajara. El Orizaba, el pico más alto del país, se encuentra entre Puebla y Veracruz.

El norte de México es un gran desierto. En el sur, en cambio,[2] en el istmo de Tehuantepec, la vegetación es abundante porque el clima es tropical y llueve mucho. La mayor parte de los mexicanos viven en la meseta central, que tiene un clima muy agradable por[3] la altura en que se encuentra.

Aunque el español es la lengua nacional de México, la civilización del país es una mezcla de la cultura primitiva de los indios y de la cultura de los españoles. Una gran parte de los mexicanos son mestizos, es decir,[4] tienen sangre[5] india y española. Los indios que viven en las ciudades hablan español, pero en ciertas regiones aisladas,[6] hay muchos que todavía hablan sus lenguas indias.

---

[1] **cubiertos de nieve,** *covered with snow.*   [2] **en cambio,** *on the other hand.*   [3] **por,** *because of.*   [4] **es decir,** *that is to say.*   [5] **sangre,** *blood.*   [6] **aisladas,** *isolated.*

Pyramid of the Sun, near Mexico City

A diver leaps into the Pacific, Acapulco, Mexico

PREGUNTAS

1. ¿Qué vamos a leer hoy? 2. ¿Qué río pasa entre los Estados Unidos y México? 3. ¿Por dónde pasa la Carretera Panamericana? 4. ¿Qué es necesario cruzar para llegar a la capital?

5. ¿Dónde está la capital? 6. ¿Cuántos habitantes tiene la capital? 7. ¿Cómo son muchas colonias? 8. ¿Qué se ve por todas partes? 9. ¿Cómo son los edificios comerciales?

10. ¿Cuáles son algunas ciudades importantes? 11. ¿Qué es Veracruz? 12. ¿Dónde está situada Veracruz? 13. ¿Por qué es importante Tampico? 14. ¿Por qué es famoso Acapulco? 15. ¿Dónde está Mérida?

16. ¿Cómo se llaman las dos cordilleras principales? 17. ¿Qué minerales hay en las montañas? 18. ¿Hay volcanes en México? 19. ¿Dónde se encuentran? 20. ¿Cuál es el pico más alto? 21. ¿Qué parte de México es un gran desierto? 22. ¿Cómo es el clima del istmo de Tehuantepec? 23. ¿Dónde viven la mayor parte de los mexicanos? 24. ¿Cómo es el clima de la meseta central?

25. ¿Cuál es la lengua nacional de México? 26. ¿Qué podemos decir de la civilización del país? 27. ¿Hablan español todos los indios?

LECTURA IV

A. Estudio de palabras

Observations on Spanish cognates (Continued)

1. Exact cognates. Pronounce the following words in Spanish, taking care to stress the proper syllable: canal, central, general, interior, original, popular, principal, tropical.

2. Adverbs in -*ly*. The Spanish ending **-mente** is often equivalent to English -*ly*: especialmente, *especially*. *What is the meaning of* principalmente?

3. Verb cognates

a. The English verb has no ending: comprender (*to comprehend, understand*), formar, pasar (*to pass*).

b. Spanish verbs in **-ar** often end in -*ate* in English: cultivar, predominar.

c. The English verb ends in -*e*: consumir.

4. Approximate and less approximate cognates. Pronounce the following words aloud and then observe the English meaning: isla, *island*; literatura, *literature*; maíz, *maize, corn*; origen, *origin*; orquesta, *orchestra*; producto, *product*; ritmo, *rhythm*; tabaco, *tobacco*.

B. Aspectos gramaticales

1. Gender of nouns

> **El avión llega a San Francisco a las seis de la tarde.**
> **¿Comprende usted todos los problemas?**
> **Cada región tiene sus propias costumbres.**

Despite the fact that **avión**, (*air*)*plane*, ends in **-ión**, and that **problema**, *problem*, ends in **-a**, both nouns are masculine.
　　Nouns ending in **-umbre** are feminine: **la costumbre**, *custom*.
　　What is the gender of **ciudad**, **población**, and **región**?

2. Forms of adjectives

> **la cultura indígena**　　the native (Indian) culture
> **los productos indígenas**　　the native products

Adjectives in **-na** have but one form for the masculine and feminine singular: **indígena**, *native*, (in America) *Indian*.

3. The definite article with names of countries, places, and cities

la Argentina	**el Uruguay**	**el Perú**	**El Salvador**
el Brasil	**el Paraguay**	**el Ecuador**	**los Estados Unidos**
la Florida	**la Habana**	**La Paz**	**Los Ángeles**

The definite article regularly forms a part of a number of place names, although today many Spanish-speaking persons omit the article with names of countries, except with **El Salvador**, which means *The Savior*. With names of certain cities, the article is usually retained: **la Habana**, *Havana*.

Remember that the definite article must be used with proper nouns when they are modified: **la América Central**, **la América del Sur**, **la Cuba tropical y romántica**. (But combinations like **Norteamérica**, **Hispanoamérica**, **Centroamérica**, are considered compound words, and the definite article is not used with them.)

4. Use of the neuter pronoun **lo**

> **El tabaco es uno de los productos originales del Nuevo Mundo; también lo es el maíz.** Tobacco is one of the original products of the New World; maize (corn) is also.

The neuter pronoun **lo** is used with **ser** and a few other verbs to represent a previously expressed idea. In the example, **lo** stands for **uno de los productos originales del Nuevo Mundo**. (The English equivalent, *it*, *one*, *so*, is usually omitted.)

5. Uses of **tener que** and **hay que**

a. **Tenemos que ir de México a Panamá.** We have to go from Mexico to Panamá.
Es difícil ir de un país a otro, especialmente si uno tiene que cruzar las montañas. It is difficult to go from one country to another, especially if one has to cross the mountains.

The idiomatic expression **tener que** plus an infinitive expresses necessity and means *to have to*, *must*.

b. **Hay que saber algo acerca de la cultura indígena.** It is necessary to know something about the native culture.
Hay que estudiar mucho. One must study hard.

Hay que plus an infinitive means *it is necessary to* or the indefinite subject *one*, *we*, *you*, *they*, etc., *must*. Note that this construction can only be used impersonally, that is, without a definite personal subject. If a personal subject is expressed (even if the subject is an indefinite pronoun—see the use of **uno** in the second example above, under *a*), **tener que** must be used.

C. Repaso de verbos *(Verb review)*.   Irregular present indicative of **ir**, **ser**, **tener**, and **venir**

SUBSTITUTION DRILL.   Note the model sentence.   Use the cues listed in the drill to form new sentences, making the verb agree with the subject:

MODEL: Yo hablo español.
      Nosotros   Nosotros hablamos español.

1. El profesor va en avión.
   (Usted, Tú, Yo, Ellos)
2. Juan es de origen mexicano.
   (Yo, Ellos, Nosotros, Ustedes)

3. María tiene que estudiar más.
   (Ellos, Ustedes, Nosotros, Yo)
4. Su padre viene mañana.
   (Jorge y su padre, María, Yo,
   Nosotros)

LOS OTROS PAÍSES HISPANOAMÉRICANOS

Si vamos en avión de México a Panamá, pasamos por cinco de las repúblicas que forman la América Central: Guatemala, El Salvador, Honduras, Nicaragua y Costa Rica. Estos pequeños países cultivan café, bananas y otros productos tropicales que consumimos en los Estados Unidos. Panamá es importante especialmente por el canal del mismo nombre.

En Costa Rica la mayor parte de los habitantes son de origen europeo. En Guatemala predomina la población india. En los otros países de la América Central la mayor parte de los habitantes son mestizos. La población negra se encuentra principalmente en las costas. El clima es tropical en las costas, pero es agradable en las mesetas altas.

Dos pequeñas repúblicas hispanoamericanas se encuentran en el Mar Caribe. Cuba es una isla bastante grande que está muy cerca de los Estados Unidos. En media hora, más o menos, podemos ir en avión desde la Florida hasta la Habana. Muchas canciones y muchos bailes que son muy populares en nuestro país vienen de la Cuba tropical y romántica. Y nuestras orquestas tocan rumbas, congas y otros ritmos latinoamericanos. El tango, otro ritmo popular, no es de Cuba; es de la Argentina. La samba es del Brasil.

La República Dominicana es parte de la isla de Santo Domingo. En esta isla se encuentra Haití, otra república pequeña, en donde se habla francés. Así vemos que se hablan tres lenguas romances en la América

29

latina: el español, el portugués y el francés. La isla de Puerto Rico pertenece[1] a los Estados Unidos, pero por su lengua y su cultura forma parte del mundo hispánico.

En todas estas islas la vegetación es tropical y hermosa. Algunos de los productos principales son la caña de azúcar,[2] el café y el tabaco. El tabaco es uno de los productos originales del Nuevo Mundo; también lo[3] es el maíz, que hoy día se encuentra en todas partes de América.

En todas las islas del Mar Caribe se encuentran muchos habitantes de origen africano. Hay una gran influencia negra en la literatura, la música y las costumbres de esta región. Ya sabemos que en todos los países latinoamericanos hay varias razas y no debemos olvidar[4] que cada región tiene sus propias[5] costumbres.

En las lecturas siguientes[6] vamos a continuar nuestro estudio de España y de los países hispanoamericanos. Para comprender los problemas de la América española hay que saber[7] algo acerca de la cultura indígena y de la cultura europea; en realidad, hay que saber algo de la historia, de la vida y del pensamiento[8] de todo el mundo hispánico.

---

[1] **pertenece,** *belongs.*   [2] **la caña de azúcar,** *sugar cane.*   [3] The neuter pronoun **lo** is used to refer to the predicate of the preceding clause, which is understood in this clause.   [4] **olvidar,** *forget.*   [5] **propias,** *own.*   [6] **siguientes,** *following.*   [7] **hay que saber,** *one must (it is necessary to) know.*   [8] **pensamiento,** *thought.*

Downtown Guatemala City

Inspecting bananas, Guatemala

Working on Cachi Dam, Costa Rica

Cutting sugar cane, Puerto Rico

Shoe factory, Ponce, Puerto Rico

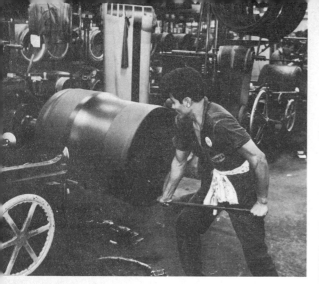

Tire plant, Guatemala City

Shrimp boat, El Salvador

Tending coffee plants

Container department of paint factory,
Dominican Republic

PREGUNTAS

1. ¿Cuántos países forman la América Central?   2. ¿Cuáles son?   3. ¿Son grandes?
4. ¿Qué cultivan en la América Central?   5. ¿Por qué es importante Panamá?

6. ¿En qué país son de origen europeo la mayor parte de los habitantes?   7. ¿Dónde hay muchos indios?   8. ¿Hay negros en la América Central?   9. ¿Cómo es el clima?

10. ¿Qué es Cuba?   11. ¿Dónde está situada?   12. ¿Qué tocan nuestras orquestas? 13. ¿De dónde es el tango?   14. ¿De dónde es la samba?

15. ¿Qué repúblicas se encuentran en la isla de Santo Domingo?   16. ¿Qué lengua se habla en Haití?   17. ¿Qué lenguas romances se hablan en la América latina? 18. ¿A qué país pertenece Puerto Rico?

19. ¿Cómo es la vegetación en todas estas islas?   20. ¿Cuáles son algunos de los productos principales?   21. ¿Qué productos son originales de las Américas?

22. ¿En qué encontramos una gran influencia negra?   23. ¿Qué hay en todos los países latinoamericanos?

24. ¿Qué vamos a continuar en las lecturas siguientes?   25. ¿Qué hay que saber para comprender los problemas de la América española?

LECTURA V

PRESENTACIÓN

A. Estudio de palabras

1. Observations on Spanish cognates (Continued)

a. Approximate cognates. Pronounce the following words aloud, give the English cognates, and indicate the variations: civilización, completo, corredor, corresponder, diccionario, especial, famoso, introducción, misión, territorio.

b. Deceptive cognates. In Spanish **realizar** means *to realize, carry out*, and not *to realize, understand vividly*. **Recordar (ue)** has two meanings: with a personal subject it means *to remember*; with a thing as subject it means *to recall (to one), remind (one) of*. (See below, under C,2.)

2. *Compare the meanings of the following pairs of words*: exploración, *exploration, and* explorador, *explorer*; interés, *interest, and* interesante, *interesting*; realidad, *reality, and* realizar, *to realize, carry out*; verdad, *truth, and* verdadero, *true, real*.

3. It will help you in increasing your vocabulary to take note of words of opposite meanings. How many of the following words do you recognize?

ancho—estrecho	ir—venir	pequeño—grande
bueno—malo	más—menos	recordar—olvidar
este—oeste	mucho—poco	también—tampoco
fácil—difícil	norte—sur	viejo—nuevo

B. Aspectos gramaticales

1. Plural of nouns

As you know, nouns which end in a consonant add **-es** to form the plural. Note that final **-z** changes to **c** before **-es**: **cruz**, *cross, pl.* **cruces**; **nuez**, *nut, pl.* **nueces**; **vez**, *time, occasion, pl.* **veces**.

2. Shortened forms of adjectives

Santo (not **Santa**) is shortened to **San** before all names of masculine saints, except those beginning with **Do-** or **To-**:

San Francisco St. Francis	**San José** St. Joseph
BUT: **Santo Domingo** St. Dominic	**Santa Inés** St. Agnes
Santo Tomás St. Thomas	**Santa María** St. Mary

34

Santa also means *Holy*: **Santa Fe**, *Holy Faith*; **Santa Cruz**, *Holy Cross*.

Try to give the meaning of: San Antonio, San Carlos, San Felipe, San Jorge, San Luis, San Pablo, Santa Ana, Santa Clara, Santa Rosa.

3. The definite article with place names

When a common noun is used as a place name, the definite article is often added as part of the name.   Note the following: **El Paso**, *The Pass*; **Las Cruces**, *The Crosses*; **Las Vegas**, *The Fertile Lands* (generally by the bank of a river), **Los Ángeles**, *The Angels*.

4. The definite article used as a demonstrative

Caracas es la capital de Venezuela, y Bogotá, la de Colombia. Caracas is the capital of Venezuela, and Bogotá, that of Colombia.

Hay muchas misiones bien conocidas en California, como las de Santa Bárbara y San Juan Capistrano. There are many well-known missions in California, like those of Santa Barbara and San Juan Capistrano.

Before a phrase beginning with **de**, Spanish uses the definite article (which originated from the Latin demonstrative), instead of the demonstrative pronoun. **El (la, los, las) de** is translated *that (those) of, the one(s) of (with, in)*.

C. Repaso de verbos

1. Irregular present indicative of **conocer, saber, poder,** and **ver**

SUBSTITUTION DRILL.   Use the cues listed in the drill to form new sentences making the verb agree with the subject:

a. *María* no conoce a José.
   (*Nosotros, Yo, Tú, Ustedes*)

b. *Usted* sabe leer el español.
   (*Tú, Él, Tomás y Carlos, Yo*)

c. *Yo* puedo ir ahora.
   (*Nosotros, Usted, Ellos, Tú*)

d. *Nosotros* vemos árboles y flores en el patio.
   (*Tú, Yo, Ellas, Usted*)

2. Present indicative of stem-changing verbs, Class I: **encontrarse, recordar**

SUBSTITUTION DRILL:

a. En esta isla se encuentra *Haití.*
   (dos repúblicas, nosotros, ella, yo)

b. *Inés* no recuerda la canción.
   (Yo, Nosotros, Usted, Tú)

c. *Sus balcones* recuerdan la arquitectura española.
   (Su balcón, Su patio, Sus patios, Su fuente)

ESPAÑA EN AMÉRICA

La exploración y la colonización de América son principalmente obra[1] de España. Hay que recordar que en realidad la palabra «América» no significa solamente los Estados Unidos, sino los dos continentes, la América del Norte y la América del Sur. A veces usamos la palabra «norteamericano» cuando hablamos de los habitantes de los Estados Unidos, pero este término tampoco es exacto,[2] porque México y la América Central forman parte de la América del Norte también.

Para los norteamericanos las exploraciones que realizaron[3] los españoles en una gran parte de nuestro territorio tienen un interés especial. Exploradores como Ponce de León, Cabeza de Vaca, Hernando de Soto, Coronado y Cabrillo pertenecen también a la historia de los Estados Unidos. Desde San Francisco hasta el sur del continente podemos ver hoy día las ruinas de las antiguas misiones españolas. Hay muchas misiones bien conocidas en California, como las de Santa Bárbara y San Juan Capistrano.

[1] **obra**, *work.*   [2] **este término tampoco es exacto**, *this term is not exact either.*   [3] **realizaron**, *carried out, realized.*

"Landing of Hernando de Soto in Florida." Artist unknown.

Balcony in Ronda, southern Spain

Patio of San Miguel Mission, California

En California, Arizona, Nuevo México, Texas, la Florida y otros lugares[1] hay casas y edificios de estilo español. Sus balcones, corredores, portales,[2] tejados,[3] y patios con flores y fuentes recuerdan la arquitectura española. La verdadera casa española tiene ventanas con rejas de hierro[4] y un patio, que está en el centro de la casa y que tiene una fuente, flores y pájaros.[5] En las ciudades y en los pueblos la plaza corresponde al patio de la casa. Muchas veces se encuentran cafés al aire libre en las plazas.

Varios estados de nuestro país tienen nombres de origen español: la Florida, la tierra de las flores; Nevada, la tierra de la nieve; Colorado, la tierra roja; y Montana, la montaña. California tiene el nombre de una isla que se menciona en una antigua novela española. Muchas ciudades tienen nombres españoles, como Fresno, El Paso, San Antonio, Santa Fe, Las Cruces, Las Vegas, San Diego, San José, San Francisco, Sacramento y Los Ángeles, cuyo nombre completo es El pueblo de Nuestra Señora, la Reina[6] de los Ángeles. También muchos ríos, valles y montañas tienen nombres españoles, como el Río Grande, el Sacramento, el Nueces, el Brazos y la Sierra Nevada.

Son innumerables las palabras españolas que se usan todos los días en inglés. Si no saben Vds. lo que significan las palabras

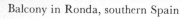

[1] **lugares,** *places.*   [2] **portales,** *doorways.*   [3] **tejados,** *roofs (of tiles).*   [4] **rejas de hierro,** *iron grills, gratings.*
[5] **pájaros,** *birds.*   [6] **Reina,** *Queen.*

38

siguientes, pueden buscarlas en un diccionario inglés: *adiós, adobe, amigo, alpaca, arroyo, banana, bolero, bronco, burro, cargo, cordillera, corral, coyote, chinchilla, chocolate, fiesta, hacienda, hombre, mantilla, mesa, mosquito, parasol, paseo, patio, plaza, pronto, pueblo, rodeo, sierra, sombrero, tapioca.* ¿Conocen Vds. otras?

Las palabras siguientes también son de origen español: *alligator* (el lagarto, *lizard*), *buckaroo* (vaquero, *cowboy*), *calaboose* (calabozo, *dungeon*), *canyon* (cañón), *canoe* (canoa), *desperado* (desesperado, *desperate, one in despair*), *hurricane* (huracán), *hoosegow* (juzgado, *court of justice*), *lasso* (lazo), *lariat* (la reata), *maize* (maíz), *mustang* (mesteño), *palaver* (palabra), *savvy* (¿sabe?), *tobacco* (tabaco), *vamoose* (vamos), *vanilla* (vainilla).

Debemos a los españoles muchas frutas y otros productos y varios animales que tenemos hoy día en las Américas. Las naranjas,[1] los limones, las aceitunas,[2] y las uvas,[3] por ejemplo, son de España; de allí también son el trigo, el arroz,[4] la caña de azúcar y otras plantas, y varios animales domésticos, como el caballo, la vaca,[5] el toro,[6] la oveja[7] y el cerdo.[8] El resto del mundo también debe mucho a España por la introducción en Europa de frutas y legumbres,[9] como el maíz, el chocolate, la patata, el camote,[10] el tabaco, el tomate y la vainilla, que tuvieron[11] su origen en América.

Ranchos de Taos Mission, New Mexico

Santa Barbara Mission, California

---

[1] **naranjas,** *oranges.* [2] **aceitunas,** *olives.* [3] **uvas,** *grapes.* [4] **arroz,** *rice.* [5] **vaca,** *cow.* [6] **toro,** *bull.*
[7] **oveja,** *sheep.* [8] **cerdo,** *pig.* [9] **legumbres,** *vegetables.* [10] **camote,** *sweet potato.* [11] **tuvieron** (pret. of **tener**), *had.*

39

Corridor, National Palace, Madrid

PREGUNTAS

1. ¿A qué país debemos principalmente la exploración y la colonización de América?
2. ¿Qué significa la palabra «América»?   3. ¿Qué palabra usamos cuando hablamos de los habitantes de los Estados Unidos?   4. ¿Por qué no es exacto este término? 5. ¿Qué nombres de exploradores recuerda Vd.?   6. ¿Qué ruinas podemos ver hoy día?   7. ¿Conoce Vd. los nombres de algunas misiones de California?

8. ¿Cómo son las casas y los edificios de estilo español?   9. ¿Cómo es la verdadera casa española?   10. En las ciudades, ¿qué corresponde al patio de la casa?   11. ¿Qué se encuentra muchas veces en las plazas?

12. ¿Cuáles de nuestros estados tienen nombres españoles?   13. ¿Qué significa la palabra «Colorado»?   14. ¿La Florida?   15. ¿Nevada?   16. ¿Qué ciudades tienen nombres españoles?   17. ¿Qué palabras españolas se usan en inglés?   18. ¿Qué productos debemos a los españoles?   19. ¿Qué animales debemos a España?   20. ¿Qué productos debe el resto del mundo a España?

LECTURA VI

PRESENTACIÓN

A. Estudio de palabras

1. Observations on Spanish cognates (Continued)

a. Less approximate cognates. Pronounce the following words aloud, note the English cognates, and indicate the variations: camello, *camel*; círculo, *circle*; conmemorar, *to commemorate*; chimenea, *chimney, fireplace*; entusiasmo, *enthusiasm*; establo, *stable*; extraño, *strange*; indicar, *to indicate*.

b. Deceptive cognates. Note the deceptive meaning of the following: asistir a, *to attend*; distinto, *different* (a much more frequent meaning than *distinct*); pastor, *shepherd*.

2. *Compare the meanings of the following*: noche, *night*, medianoche, *midnight, and* Nochebuena, *Christmas Eve*; puerta, *door*, puerto, *port, and* portero, *doorkeeper, janitor*; costumbre, *custom, and* acostumbrar, *to be accustomed to, have the custom of*; carta, *letter, and* cartero, *letter carrier, postman*.

B. Aspectos gramaticales

1. Use of the article in appositional phrases

a. The article (either definite or indefinite) is omitted when the parenthetical information is considered as necessary to identify the antecedent (see also 1, *a*, page 146):

Las familias ponen nacimientos, costumbre que ... The families set up manger scenes, a custom that ...
el seis de enero, día de la Epifanía the sixth of January, the day of Epiphany

b. The definite article is used when the appositional phrase contains information regarded as well known:

La Habana, la capital de Cuba Havana, the capital of Cuba

c. The indefinite article is used only when the appositional information is stressed:

el cinco de mayo, una fiesta mexicana the fifth of May, a Mexican holiday

2. Use of the article with expressions of time

The days of the month and the days of the week (and equivalent expressions) are usually preceded by the definite article, except when used in the dating of letters and the like. No preposition corresponding to the English *on* is used:

Se saludan todos así el día 25 de diciembre. All greet one another that way on the 25th of December.

La víspera de la Navidad se celebra una misa a la medianoche. On Christmas Eve, a Mass is celebrated at midnight.

3. The infinitive after a preposition

al pasar por las calles on (upon) passing through the streets, when they pass through the streets

después de preparar el nacimiento after preparing the manger scene

la costumbre de poner árboles de Navidad the custom of setting up Christmas trees

In Spanish, the infinitive, not the present participle, is regularly used after a preposition. **Al** plus an infinitive is the equivalent to English *on* (*upon*) plus the present participle. This construction may also be translated as a clause beginning with *when*.

4. Reflexive verbs

Reflexive verbs are much more common in Spanish than in English. The verb **encontrarse** (**ue**), *to find oneself*, has appeared often in the text as a substitute for **estar**, *to be*.

An accent mark is required on the vowel **u** in the singular and third person plural forms of the present indicative tense of **reunirse**, *to gather, meet*: **me reúno, te reúnes, se reúne, nos reunimos, os reunís, se reúnen**.

5. Reflexive constructions

Several reflexive constructions are illustrated in the reading selection:

a. Reflexive substitute for the passive:

Todas las noches se celebran las «posadas». Every evening the "posadas" are celebrated.

b. The plural reflexive pronouns may be used with reciprocal meaning:

Se saludan todos así. All greet one another that way.

c. **Se** used as an indefinite subject. To form impersonal constructions corresponding to the English use of *one, they, we, you* (indefinite), *people*, Spanish uses **se**, with the verb in the third person singular (since **se** is considered the singular subject):

Se le llama la misa del gallo. It is called Midnight Mass (*lit.*, Mass of the cock).

6. Present and preterit indicative of stem-changing verbs, Class II

> **Esta noche no dormimos.**   Tonight we are not sleeping.
> **Todo duerme en derredor.**   Everything around is sleeping.

The verb **dormir**, *to sleep*, is a stem-changing verb of Class II.   In verbs of this Class, which are certain **-ir** verbs, the stem vowel **o** becomes **ue**, and **e** becomes **ie**, when stressed, as in Class I verbs, which end in **-ar** and **-er**: **duermo, duermes, duerme, dormimos, dormís, duermen**.

In addition, the verbs of Class II change **o** to **u** and **e** to **i** in the third person singular and plural of the preterit and in the present participle: **dormí, dormiste, durmió, dormimos, dormisteis, durmieron**; **durmiendo**.

Class II verbs used in the next three Lecturas are: **divertirse**, *to have a good time, amuse oneself* (in VII); **sentir**, *to feel, regret* (in VIII), and **convertirse**, *to be converted*, and **referirse** (**a**), *to refer* (*to*) (in IX).   These verbs are designated thus: **dormir** (**ue, u**), **sentir** (**ie, i**).

LA NAVIDAD[1]

¡Feliz Navidad! ¡Felices Pascuas! En el mundo español se saludan todos[2] así el día 25 de diciembre.

En México las fiestas de Navidad empiezan[3] la noche del 16 de diciembre y no terminan hasta la Nochebuena.[4] Todas las noches se celebran las «posadas», que representan los nueve días que pasaron José y María en su viaje a Belén.[5] En los pueblos y en ciertas colonias de las ciudades los amigos se reúnen[6] y forman una procesión. Van de puerta en puerta[7] llevando las figuritas[8] de José, María, el Niño Jesús, los pastores,[9] las mulas, las vacas y las ovejas. Una persona lleva la estrella[10] de Belén; las otras van detrás cantando. Llaman a cada puerta, pero una voz siempre

contesta que la posada[11] está llena. Cuando la procesión llega a la novena puerta, el dueño de la casa les da permiso para pasar la noche en el establo. Todos entran y colocan las figuritas en un altar que representa el nacimiento[12] del Niño Jesús.

En cada «posada», después de preparar el nacimiento, los niños rompen la piñata. Ésta es una olla de barro[13] adornada con papeles de muchos colores y llena de frutas, dulces, nueces[14] y juguetes[15] de toda clase. Se cuelga[16] en el patio o en una sala de la casa, y los niños forman un círculo debajo de ella. Con los ojos vendados,[17] uno de los niños trata tres veces de romper la piñata con un palo.[18] Si no la rompe, otro niño trata de hacerlo. Por fin[19] se rompe

[1] **Navidad,** *Christmas.*   [2] **se saludan todos,** *all greet one another.*   [3] **empiezan,** *begin.*   [4] **Nochebuena,** *Christmas Eve.*   [5] **Belén,** *Bethlehem.*   [6] **se reúnen,** *meet, gather.*   [7] **de puerta en puerta,** *from door to door.*   [8] **figuritas,** *small figures.*   [9] **pastores,** *shepherds.*   [10] **estrella,** *star.*   [11] **posada,** *inn.*   [12] **nacimiento,** *manger scene.*   [13] **Ésta...barro,** *This is a clay jar.*   [14] **nueces,** *nuts.*   [15] **juguetes,** *toys.*   [16] **Se cuelga,** *It is hung.*   [17] **Con... vendados,** *Blindfolded.*   [18] **palo,** *stick.*   [19] **Por fin,** *Finally.*

School children breaking a "piñata," Mexico

la piñata, y los niños corren a recoger todo lo que cae. Cuando hay varias piñatas, a veces una de ellas está llena de agua o de harina.[1] También hay piñatas en otros países hispanoamericanos, especialmente en la América Central.

En general, no tienen árboles de Navidad en el mundo español. Los niños no cuelgan sus medias[2] en las chimeneas, en primer lugar,[3] porque no las hay,[4] y en segundo lugar, porque la tradición es distinta. Los niños creen que, si han sido[5] buenos, los Reyes Magos[6] les traen regalos, pero no el día de la Navidad, sino el seis de enero, día de la Epifanía.[7] La Epifanía conmemora la visita de los tres reyes de Oriente, Gaspar, Melchor y Baltasar, que siguieron[8] el camino que les indicó la estrella de Belén para ir a adorar al Niño Jesús y para llevarle ofrendas de oro, mirra e[9] incienso. Los niños creen que los Reyes Magos van a Belén cada año y que, al pasar por las calles, les dejan sus regalos. La víspera[10] del seis de enero ponen sus zapatos en el balcón y, a veces, un poco de paja[11] para los camellos. La verdad es que hoy día algunas familias han adoptado[12] la costumbre de poner árboles de Navidad, así como la de enviar tarjetas de felicitación.

En España y en los países hispanoamericanos casi todas las familias ponen nacimientos, costumbre que también tienen muchas familias norteamericanas. La víspera de la Navidad, es decir la Nochebuena,

se celebra una misa[13] a la medianoche. Se le llama la misa del gallo.[14] Después de asistir a[15] la misa, todos van a casa a cenar. Durante las fiestas de Navidad acostumbran cantar villancicos[16] y cantos como éstos:

> Esta noche no dormimos,
> que es santa Nochebuena,
> y tenemos que llevarle
> a María la enhorabuena.[17]

> * * * * * * *

> ¡Oh, Peregrina agraciada![18]
> ¡Oh, bellísima María!
> Yo te ofrezco el alma mía[19]
> para que tengas posada.[20]

> —Pastores, venid,[21] venid,
> veréis lo que no habéis visto,[22]
> en el portal de Belén,
> el nacimiento de Cristo.

> Los pastores y zagalas[23]
> caminan hacia el portal,
> llevando llenos de frutas
> el cesto[24] y el delantal.[25]

El día de Navidad es muy general hacer regalos a todas las personas que durante el año le han prestado[26] a uno algún servicio, como el portero, el sereno[27] y el cartero.

Se celebra la víspera del Año Nuevo en casi todos los países del mundo. En España hay una costumbre muy extraña. Unos

---

[1] **harina,** *flour.*   [2] **medias,** *stockings.*   [3] **en primer lugar,** *in the first place.*   [4] **no las hay,** *there aren't any.*
[5] **han sido,** *they have been.*   [6] **Reyes Magos,** *Wise Men (Kings).*   [7] **Epifanía,** *Epiphany.*   [8] **siguieron,** *followed.*
[9] Before words beginning with **i-, hi-,** Spanish uses **e,** *and,* for **y.**   [10] **víspera,** *eve.*   [11] **paja,** *straw.*   [12] **han adoptado,** *have adopted.*   [13] **misa,** *Mass.*   [14] **Se le ... gallo,** *It is called Midnight Mass* (lit., Mass of the cock).   [15] **asistir a,** *attending.*   [16] **villancicos,** *carols.*   [17] **la enhorabuena,** *congratulations.*   [18] **¡Oh ... agraciada!** *Oh, graceful Pilgrim!*   [19] **el alma mía,** *my heart.*   [20] **para ... posada,** *in order that you may have lodging.*   [21] **venid,** *come.*
[22] **veréis ... visto,** *you will see what (something) you have not (never) seen.*   [23] **zagalas,** *shepherdesses.*   [24] **cesto,** *basket.*
[25] **delantal,** *apron.*   [26] **han prestado,** *have performed.*   [27] **sereno,** *night watchman.*

minutos antes de la medianoche todos toman doce uvas en la mano. A cada campanada del reloj[1] comen una uva para tener buena suerte[2] durante el año nuevo.

Al sonar la última campanada, todos aplauden mucho y gritan con gran entusiasmo: «¡Feliz Año Nuevo!» o «¡Próspero Año Nuevo!»

PREGUNTAS

1. ¿Cómo se dice *Merry Christmas* en español?   2. ¿Cuándo empiezan las fiestas de Navidad en México?   3. ¿Cuándo terminan?   4. ¿Qué representan las posadas? 5. ¿Qué forma la gente por la noche?   6. ¿Adónde va la procesión?   7. ¿Qué llevan? 8. ¿Qué contesta una voz cuando llaman a las puertas?   9. ¿Qué pasa cuando llegan a la novena puerta?   10. ¿Dónde colocan las figuritas?   11. ¿Qué representa el altar?

12. ¿Qué hacen los niños en cada posada?   13. ¿Qué es la piñata?   14. ¿De qué está llena?   15. ¿Dónde se cuelga la piñata?   16. ¿Qué hacen los niños cuando se rompe la piñata?

17. ¿Dónde cuelgan sus medias los niños norteamericanos?   18. ¿Por qué no cuelgan sus medias los niños españoles?   19. ¿Quiénes les traen regalos a los niños españoles? 20. ¿En qué día los traen?   21. ¿Qué conmemora la Epifanía?   22. ¿Qué hacen los niños españoles la víspera del seis de enero?   23. ¿Qué costumbre han adoptado muchas familias españolas?

24. ¿Cómo se llama la víspera de la Navidad?   25. ¿Qué se celebra esa noche? 26. ¿Qué hacen todos después de asistir a la misa?   27. ¿Qué canciones se cantan durante las fiestas de Navidad?

28. ¿A quiénes se hacen regalos el día de Navidad?   29. ¿Qué costumbre extraña hay en España para celebrar el Año Nuevo?   30. ¿Qué gritan todos al sonar la última campanada?

[1] **cada ... reloj,** *each stroke of the clock.*   [2] **suerte,** *luck.*

Carved door,
cathedral of Salamanca,
Spain

LECTURA VII

PRESENTACIÓN

A. Estudio de palabras

1. Observations on Spanish cognates (Continued)

a. Approximate cognates.   Pronounce the following words aloud, give the English cognates, and indicate the principles involved in recognizing them: adornar, aniversario, celebrar, dedicar, independencia, religioso, representar, revolucionario, sociedad.

b. Less approximate cognates.   Pronounce the following words aloud, note the English cognates, and indicate the variations: católico, *Catholic*; movimiento, *movement*; héroe, *hero*; máscara, *mask*; grotesco, *grotesque*; solemne, *solemn*; espléndido, *splendid*.

2. *Compare the meanings of:* baile, *dance, and* bailar, *to dance*; comida, *meal, dinner, and* comer, *to eat, dine*; fiesta, *festival, holiday, and* festivo, *festive*; viaje, *trip*, viajar, *to travel, and* viajero, *traveler*.

3. The opposites of the following words appear in the reading selection: dar, empezar, el fin, entrar.   Can you give them?

4. Try to grasp the meaning of the words in heavy type from the context.

la fecha
> Hoy es lunes; pero ¿cuál es la **fecha**?
> Antonio no escribió la **fecha** en la carta.
> Esa **fecha** conmemora el fin de la guerra.

What is the meaning of **fecha**?   Did you conclude that **fecha** means *date*?

durar
> ¿Cuánto tiempo **duró** la última guerra?
> La ceremonia **duró** más de una hora.
> Estas fiestas **duran** dos o tres días.

What is the meaning of **durar**?

la tertulia
> Vamos a celebrar una **tertulia** esta tarde.
> Ese día hay regalos, **tertulias** y comidas.
> Hay una **tertulia** esta noche para celebrar el cumpleaños de Ana.

What is the meaning of **tertulia**?

48

la alegría

> El 25 de diciembre es un día de mucha **alegría**.
> Durante el Carnaval reina la **alegría** por todas partes.
> Con el fin de la Semana Santa vuelve la **alegría**.

What is the meaning of **alegría**?

B. Aspectos gramaticales

1. The definite article for the possessive

> **La gente se pone la ropa más elegante para ir a la iglesia.**   The people
> put on their most elegant clothing to go to church.

The definite article is often used instead of the possessive adjective with a noun which
represents a part of the body or an article of clothing, and sometimes with other
articles closely associated with the subject, when this noun is the object of a verb or
preposition.

2. **Pero** and **sino**, *but*

> **Llaman a cada puerta, pero una voz contesta que la posada está llena.**
> They knock at each door, but a voice replies that the inn is full.
> **Esa fecha no conmemora el fin de la guerra, sino el principio de la lucha.**
> That date does not commemorate the end of the war, but the beginning of the
> struggle.

Sino, *but*, is used in place of **pero** in an affirmative statement which contains no verb
and which contradicts a preceding negative statement in the same sentence.

3. Use of prepositions

a. The choice of prepositions is not always the same in Spanish and English.   Compare the following phrases and sentences:

> **al día siguiente**   on the following day
> **de una manera solemne**   in a solemn manner
> **por la tarde (noche)**   in the afternoon (evening)
> **Adornan de flores los altares.**   They adorn the altars with flowers.
> **Vamos en avión.**   We are going by plane.

b. Note that the preposition (and the definite article) is regularly repeated in
Spanish:

> **Este santo es el patrón de los burros, de las mulas y de los caballos.**
> This saint is the patron of donkeys, mules, and horses.

C. Repaso de verbos

Present indicative of **divertirse, ponerse, traer,** and **volver**

SUBSTITUTION DRILL.   Use the cues listed in the drill to form new sentences, making the verb agree with the subject:

1. *Todos* se divierten mucho.
   (Tú, Nosotros, Él, Yo)

2. *Todo el mundo* se pone la ropa más elegante.
   (Yo, Tú, Nosotros, Todos)

3. *Los Reyes* les traen regalos.
   (Ustedes, Yo, Nosotros, Usted)

4. *José* vuelve tarde a casa.
   (Yo, Nosotros, Ellos, Tú)

Dancing the "sevillana,"
Andalusian dance, Spain

FIESTAS

Los países de habla española celebran muchas fiestas. Algunas son nacionales; otras son religiosas. Nosotros celebramos el aniversario de nuestra independencia el cuatro de julio; los mexicanos celebran el suyo[1] el diez y seis de septiembre. En México esa fecha no conmemora el fin de la guerra de la independencia, sino el principio de una larga lucha contra los españoles. Honra a Miguel de Hidalgo, un sacerdote[2] católico que el día quince de septiembre de 1810 pronunció las palabras que al día siguiente[3] iniciaron el movimiento revolucionario. Todas las repúblicas hispanoamericanas honran a sus héroes nacionales y celebran el aniversario de su independencia. Muchas veces estas fiestas duran dos o tres días.

El mundo católico dedica cada día del año a uno o a varios santos. Cuando bautizan[4] a un niño, éste recibe el nombre de un santo y cada año celebra el día de su santo más bien que[5] el aniversario de su nacimiento. Es un día de mucha alegría en que hay regalos, tertulias y comidas.

En España hay muchas fiestas típicas que combinan elementos religiosos y festivos. Por ejemplo, la verbena, que se celebra la víspera del día del santo patrón, es una feria semejante a los carnavales de nuestro país. La romería, que honra también a algún santo, consiste en una excursión a la capilla[6] del santo, que a veces está lejos del pueblo. Después de las ceremonias religiosas en la capilla, se celebra una fiesta que se parece a[7] un *picnic*. Todos comen y cantan y bailan hasta la hora de volver al pueblo.

El día de San Antón es interesante porque este santo es el patrón de los burros, de las mulas y de los caballos. El diez y siete de enero adornan a los animales y los llevan a recibir la bendición[8] de San Antón.

---

[1] **el suyo,** *theirs.*   [2] **sacerdote,** *priest.*   [3] **al día siguiente,** *on the following day.*   [4] **bautizan,** *they baptize.*
[5] **más bien que,** *rather than.*   [6] **capilla,** *chapel.*   [7] **se parece a,** *resembles.*   [8] **bendición,** *blessing.*

"Paso" of the Virgin, Holy Week, Seville, Spain

El veinte y ocho de diciembre, Día de los Inocentes,[1] es para los españoles lo que el primero de abril es para nosotros. Todos tratan de dar bromas a[2] sus amigos y se divierten mucho.

Otras fiestas importantes son el Carnaval y la Pascua Florida.[3] El Miércoles de Ceniza[4] marca el fin del Carnaval y el principio de los cuarenta días de la Cuaresma.[5] En las fiestas de Carnaval casi todo el mundo se pone una máscara y un traje grotesco y sale a la calle para tirar confeti y serpentinas. Por la noche hay bailes, y reina[6] la alegría por todas partes.

Durante la Cuaresma se celebran las procesiones religiosas de la Semana Santa, que empieza el Domingo de Ramos[7] y termina el Domingo de Resurrección.[8] En Sevilla, España, se observa esta semana de una manera solemne y espléndida. Muchas sociedades religiosas forman procesiones que pasan por las calles llevando pasos[9] grandes que representan la Pasión de Cristo en forma impresionante y hermosa. Las procesiones terminan el Viernes Santo. Con el Sábado de Gloria[10] vuelve la alegría. Por la noche se tocan las campanas de todas las iglesias. El Domingo de Resurrección se llama la Pascua Florida porque en todas las iglesias adornan de flores los altares. Igual que[11] en nuestro país, la gente se pone la ropa más elegante para ir a la iglesia. Por la tarde generalmente hay corridas de toros.[12]

---

[1] **Día de los Inocentes** = *April Fool's Day*. (An **inocente** is a gullible person or one easily duped.)   [2] **dar bromas a,** *to play tricks on.*   [3] **Pascua Florida,** *Easter.*   [4] **Miércoles de Ceniza,** *Ash Wednesday.*   [5] **Cuaresma,** *Lent.*   [6] **reina,** *reigns.*   [7] **Domingo de Ramos,** *Palm Sunday.*   [8] **Domingo de Resurrección,** *Easter Sunday.*   [9] **pasos,** *floats.* (**Pasos** are the heavy platforms on which life-sized figures representing Christ, the Virgin, and other persons who figured in the Passion of Christ are carried through the streets of Seville during Holy Week by members of the churches and religious societies.)   [10] **Sábado de Gloria,** *Holy Saturday.*   [11] **Igual que,** *The same as.*   [12] **corridas de toros,** *bullfights.*

Paving a street with flowers for Corpus Christi Day, Sitges, near Barcelona

One of many satirical "monuments" erected in the squares of Valencia, Spain, and burned the night of St. Joseph's Day, March 19

PREGUNTAS

1. ¿En qué día celebramos el aniversario de nuestra independencia?   2. ¿Cuándo lo celebran en México?   3. ¿A quién honran los mexicanos?   4. ¿Quién fue Hidalgo?

5. Cuando bautizan a un niño español, ¿qué recibe él?   6. ¿Qué celebran los españoles cada año?   7. ¿Qué hay en ese día?   8. ¿Cuándo se celebra una verbena? 9. ¿A quién honra la romería?   10. ¿Qué hacen todos después de las ceremonias religiosas?

11. ¿De qué es patrón San Antón?   12. ¿Qué día es el veinte y ocho de diciembre? 13. ¿Qué tratan de hacer todos?

14. ¿Qué marca el Miércoles de Ceniza?   15. ¿Qué hace casi todo el mundo en las fiestas de Carnaval?   16. ¿Qué hay por la noche?   17. ¿Cuándo empieza la Semana Santa?   18. ¿Cuándo termina?   19. ¿Qué llevan en las procesiones en Sevilla? 20. ¿Qué hace todo el mundo el Domingo de Resurrección?

LECTURA VIII

PRESENTACIÓN

A. Estudio de palabras

1. The Spanish ending **-dor** often indicates one who performs or participates in an action: jugador, *player*; espectador, *spectator*; explorador, *explorer*.

2. *Observe the relation in meaning of the following words*: jugar, *to play*, jugador, *player*, *and* juego, *game*; toro, *bull*, *and* torero, *bullfighter*; afición, *fondness*, *and* aficionado, *fan*, *one who is fond of*; espectáculo, *spectacle*, *and* espectador, *spectator*; varios, *various*, *several*, *and* variedad, *variety*; correr, *to run*, *and* corrida (de toros), *running* (*of bulls*), *bullfight*; significar, *to mean*, *and* significado, *meaning*.

3. Try to grasp the meaning of the words in heavy type from the context.

matar
> **Mataron** a su padre en la guerra.
> ¿Cuántos toros **matan** en las corridas?
> Cada torero **mata** dos toros.

What is the meaning of **matar**?   Did you conclude that **matar** means *to kill*?

la lástima
> Jorge está enfermo.   Es una **lástima**.
> No podremos ir a la verbena.   ¡Qué **lástima**!
> En las corridas de toros los extranjeros sienten mucha **lástima** por el toro.

What is the meaning of **lástima**?

mientras
> ¿Puede usted esperarme **mientras** tomo café?
> Terminé la composición **mientras** ella hablaba con Carlos.
> **Mientras** esperan el principio de la corrida, una banda toca piezas de música.

What is the meaning of **mientras**?

la pareja
> ¿Vienen cuatro personas?   —Sí, señor; vienen dos **parejas**.
> Luis y su esposa forman una **pareja** interesante.
> Una **pareja** de jugadores se opone a otra **pareja**.

What is the meaning of **pareja**?

B. Aspectos gramaticales

1. Forms of nouns and adjectives

The adjectives of nationality **maya**, *Maya, Mayan,* and **azteca**, *Aztec,* have but one ending for both the masculine and the feminine.   As we know, adjectives of nationality may be used as nouns: **el maya**, *the Mayan*; **el azteca**, *the Aztec.*

2. Adjective phrases with **de** plus a noun

> **el árbol de Navidad**   the Christmas tree
> **la carrera de caballos**   the horse race
> **la corrida de toros**   the bullfight
> **el juego de pelota**   the ball game (here, the Basque game of *jai alai*)
> **la pieza de música**   the musical number, piece of music
> **la plaza de toros**   the bullring

In Spanish, nouns are rarely used as adjectives to modify directly other nouns, as they often are in English.   Instead, an adjective phrase introduced by the preposition **de** (or occasionally **para**) is normally used.

3. Use of prepositions

a. As we have seen in Lectura VII, the choice of prepositions is not always the same in Spanish and English.   Compare the following phrases:

> **montados a caballo**   mounted on horseback
> **echar por tierra**   to throw to the ground

b. Certain Spanish verbs take a direct object directly, without the preposition needed in English:

> **Hoy vamos a mirar otro mapa.**   Today we are going to look at another map.
> **Esperan el principio de la corrida.**   They wait for (await) the beginning of the bullfight.
> **Sus balcones y patios recuerdan la arquitectura española.**   Their balconies and patios remind one of (recall to one) Spanish architecture.

Note that the prepositions *at, for, of* are included in the English meaning of the verbs **mirar, esperar, recordar.**   The personal **a**, of course, is used when the direct object is a person:

> **Esperamos a Felipe.**   We are waiting for Philip.

4. **Hace**, meaning *ago, since*

> **Hace muchos años los gauchos argentinos tenían un juego llamado «el pato».**   Many years ago the Argentine gauchos had a game called "the duck".

When **hace** is used with an expression of time in a sentence which is in a past tense, it regularly means *ago*, or *since*.

5. Forms of **jugar**, to play (*a game*)

Jugar is the only verb in Spanish in which **u** changes to **ue** when the stem is stressed. The present indicative of **jugar** is: **juego, juegas, juega, jugamos, jugáis, juegan.** The first person singular preterit is **jugué.**

Playing "el pato"

LOS DEPORTES[1]

En el mundo hispánico hay una gran variedad de deportes. No sólo los hombres, sino también las mujeres toman parte en los deportes, especialmente en el golf, el tenis y la natación.[2] Muchos deportes son de origen inglés o norteamericano, pero otros, como la pelota o el *jai alai* y la corrida de toros, son de origen español. El fútbol, de estilo *soccer*, es muy popular, y algunos de los estadios tienen una capacidad de 50,000 a 120,000 espectadores. También son populares el béisbol, el básquetbol, las carreras de caballos,[3] el polo, el boxeo, la caza,[4] la pesca,[5] en realidad, todos los deportes que se conocen en los Estados Unidos y en el resto del mundo.

Muchas personas creen que hay corridas de toros en todos los países de habla española, pero la verdad es que se encuentran solamente en ciertos países, como en España, México, Colombia, Venezuela y el Perú.

La corrida de toros es un espectáculo muy popular en estos países, aunque no le gusta a todo el mundo. Los domingos por la tarde los aficionados[6] van a la plaza de toros[7] para ver a sus toreros predilectos.[8] Generalmente hay tres toreros y cada uno mata dos toros. Mientras los espectadores esperan el principio de la corrida, una banda toca piezas de música. A las cuatro en punto[9] comienza la corrida. Después del desfile de todos los que[10] toman parte en el espectáculo, entra el primer toro. Si el toro es bravo[11] y el torero valiente, todos aplauden y se emocionan mucho.[12] Muchos extranjeros no comprenden el significado de la corrida y sienten[13] mucha lástima por el toro. Para apreciar la corrida hay que comprender el arte y la destreza[14] del torero y de las otras personas que toman parte en el espectáculo.

---

[1] **deportes,** *sports.*   [2] **natación,** *swimming.*   [3] **carreras de caballos,** *horse races.*   [4] **caza,** *hunting.*   [5] **pesca,** *fishing.*   [6] **aficionados,** *fans.*   [7] **plaza de toros,** *bullring.*   [8] **predilectos,** *favorite.*   [9] **en punto,** *sharp.*   [10] **desfile ... que,** *parade of all those who.*   [11] **bravo,** *fierce.*   [12] **se emocionan mucho,** *(they) become very excited.*   [13] **sienten,** *they feel.*   [14] **destreza,** *skill.*

La pelota es el famoso juego vasco,[1] del norte de España. Se juega[2] en un frontón[3] que tiene tres paredes: una alta, que está frente a los jugadores, otra a un lado y la tercera, detrás. Los espectadores se sientan en el lado abierto. Para lanzar[4] la pelota, los jugadores usan una cesta[5] de forma curva. Una pareja de jugadores se opone a otra pareja. Es un juego muy rápido y para jugarlo bien es necesario ser muy ágil. Es popular no sólo en España, sino también en Cuba, en México y en otros países del Nuevo Mundo. También se juega en algunas ciudades de los Estados Unidos.

El béisbol, el deporte nacional de los Estados Unidos, es también el deporte nacional de Cuba. En Venezuela, en México, en la América Central y en la República Dominicana hay una gran afición por el béisbol. Varios equipos[6] de estos países celebran concursos[7] internacionales. Hoy día muchos jugadores de nuestros equipos profesionales son de la América española.

Hace muchos años los gauchos argentinos tenían un juego llamado «el pato».[8] Era un juego muy peligroso[9] y por eso[10] lo prohibieron las autoridades. Montados a caballo, los jugadores luchaban por la posesión de una pelota bastante grande y pesada[11] que tenía mangos.[12] Los jugadores se arrojaban[13] sobre sus adversarios, les pegaban con el látigo,[14] y con las boleadoras[15] trataban de echar por tierra al caballo.[16] Para ganar la partida había que llevar la pelota unos seis o siete kilómetros.

---

[1] **vasco,** *Basque.*   [2] **Se juega,** *It is played.*   [3] **frontón,** *court.*   [4] **lanzar,** *to throw.*   [5] **cesta,** *wickerwork racket.* [6] **equipos,** *teams.*   [7] **concursos,** *contests.*   [8] **pato,** *duck.*   [9] **peligroso,** *dangerous.*   [10] **por eso,** *because of that.* [11] **pesada,** *heavy.*   [12] **mangos,** *handles.*   [13] **se arrojaban,** *threw themselves.*   [14] **les pegaban con el látigo,** *they beat them with their whips.*   [15] **boleadoras,** *lariat with balls at one end, thrown so as to twist around an animal's legs.* [16] **trataban ... caballo,** *they tried to throw the horse to the ground.*

Playing *jai alai*

Ahora hay una forma moderna del juego, mucho menos peligrosa, que tiene elementos del polo y del básquetbol.

En la época de los mayas y de los aztecas había un juego de pelota semejante al básquetbol.   Sin usar las manos ni la cabeza, los jugadores tenían que pasar una pelota de hule[1] por un anillo[2] que estaba en una pared.   La influencia de este juego en el origen del básquetbol moderno es dudosa.[3] Hoy día el básquetbol es muy popular en todos los países latinoamericanos.

[1] **hule,** *rubber.*   [2] **anillo,** *ring.*   [3] **dudosa,** *doubtful.*

(*Right*) A bullfighter plays the bull with his cape
(*Below*) Bullring, Madrid

PREGUNTAS

1. ¿Hay una gran variedad de deportes en el mundo hispánico? 2. ¿En qué deportes toman parte las mujeres? 3. ¿Cuáles son dos deportes de origen español? 4. ¿Es popular el fútbol? 5. ¿Qué capacidad tienen algunos estadios? 6. ¿Qué otros deportes son populares?

7. ¿Hay corridas de toros en todos los países de habla española? 8. ¿Le gusta a todo el mundo la corrida de toros? 9. ¿Adónde van los aficionados los domingos por la tarde? 10. ¿Cuántos toreros hay generalmente en una corrida? 11. ¿Cuántos toros mata cada uno? 12. ¿A qué hora comienza la corrida? 13. ¿Cuándo aplauden todos? 14. ¿Qué hay que comprender para apreciar una corrida?

15. ¿Dónde se juega la pelota? 16. ¿Cuántas paredes tiene un frontón? 17. ¿Qué usan los jugadores para lanzar la pelota? 18. ¿Es rápido el juego? 19. ¿Dónde es popular? 20. ¿En qué países hay una gran afición por el béisbol? 21. ¿De dónde son muchos jugadores de nuestros equipos profesionales?

22. ¿Qué juego tenían los gauchos de la Argentina? 23. ¿Por qué lo prohibieron las autoridades? 24. ¿Qué juego había durante la época de los mayas y los aztecas? 25. ¿Qué tenían que hacer los jugadores? 26. ¿Es popular el básquetbol en los países latinoamericanos?

LECTURA IX

PRESENTACIÓN

A. Estudio de palabras

1. *Observe the relation in meaning of the following*: cultivar, *to cultivate, and* cultivo, *cultivation*; beber, *to drink, and* bebida, *drink*; médico, *doctor, and* medicina, *medicine*; conde, *count, and* condesa, *countess*; importante, *important, and* importancia, *importance*; llegar, *to arrive, and* llegada, *arrival*; origen, *origin, and* originarse, *to originate*; habitar, *to inhabit, and* habitante, *inhabitant*.

2. Since adverbs are often formed by adding **-mente** to the feminine singular of adjectives, give the corresponding adverb for: antiguo, completo, exacto, general, solo.

3. Give the Spanish word for the native of each of the following countries or areas: España, Francia, Inglaterra, Italia, México, el Paraguay, el Perú, Portugal, la América española, la América del Norte.

4. The opposites of the following words appear in the reading selection: buen, después de, frío, mucho, mujer, nuevo, pequeño. Can you give them?

5. Try to grasp the meaning of the words in heavy type from the context.

quedar, quedarse
> Tengo que irme; no puedo **quedarme**.
> Muchos hombres tuvieron que **quedarse** a vivir cerca de los campos de cultivo.
> La condesa **quedó** completamente bien.

What is the meaning of **quedar(se)**? Did you conclude that **quedar(se)** means *to stay, remain, be (left)*?

la ley
> Todos debemos conocer y observar las **leyes**.
> Sin **leyes** la sociedad no podría durar.
> En las repúblicas el pueblo establece las **leyes**.

What is the meaning of **ley**?

la moneda
> **La moneda** tiene su uso principal en el comercio.
> Antiguamente se hacían las **monedas** de oro o de plata.
> ¿Podré pagarlos con estas **monedas**?

What is the meaning of **moneda**?

la leyenda

Hay muchas **leyendas** acerca de la ciudad de México.

Los aztecas tenían muchas **leyendas** interesantes.

Dice una **leyenda** que el chocolate era la única bebida que tomaba Moctezuma.

What is the meaning of **leyenda**?

B. Aspectos gramaticales

1. The relative adjective **cuyo**

> **el cacao, cuyo nombre botánico significa . . .**   the cacao, whose botanical name means . . .
>
> **el chicle, cuya leche se usa para hacer goma de mascar . . .**   chicle, the milk of which is used for making chewing gum . . .

The relative adjective **cuyo, -a, -os, -as**, *whose, of whom, of which*, agrees in gender and number with the object possessed, and refers to persons as well as things.

2. **Hacer** in time clauses

> **Hace seis meses que estudio el español.**   I have been studying Spanish for six months (*lit.*, It makes six months that I study Spanish).
>
> **Le dio un polvo con el que los incas curaban esa misma fiebre desde hacía varios siglos.**   He gave him a powder with which the Incas had been curing that same fever for several centuries.

In Spanish, **hace** followed by a word indicating a period of time (**hora, día, mes, año**, etc.) plus **que** and a present tense verb, or a present tense verb plus **desde hace** plus a period of time, is used to indicate an action begun in the past and still in progress. The present perfect tense is used in English in this construction.

   Hacía followed by a period of time plus **que** and a verb in the imperfect tense, or the imperfect tense plus **desde hacía** plus a period of time, is used to indicate an action which had been going on for a certain length of time and was still continuing when something else happened. The pluperfect tense is used in English.

   Desde may be used with an expression of time in a similar construction:

> **Desde entonces el mundo tiene una medicina importante.**   Since that time the world has had an important medicine.

3. Present and preterit indicative of stem-changing verbs, Class III

> **Se usa la palabra *mate* para referirse a la calabaza en que se sirve.** The word *maté* is used to refer to the gourd in which it is served.

The verb **servir**, *to serve* (and, also, **seguir**, *to follow*, used in Lectura VI; see page 46, footnote 8) is a stem-changing verb of Class III.   Verbs of this class, which are certain **-ir** verbs, change the stem vowel **e** to **i** when stressed, as in the present indicative: **sirvo, sirves, sirve, servimos, servís, sirven**.   In addition, verbs of Class III change **e** to **i** in the third person singular and plural of the preterit, and in the present participle: **sirvió, sirvieron; sirviendo**.   Class III verbs are designated: **servir (i, i)**.

ÁRBOLES Y PLANTAS

Como ya sabemos, América ha dado al mundo una gran variedad de árboles y de plantas de mucha importancia. Se cree que la planta que hoy día conocemos con el nombre de maíz se originó en el sur de México o en algún lugar de la América Central. En los tiempos de los mayas, los indios que habitaban esa región antiguamente, había una planta silvestre[1] llamada *teocentli*. En la lengua de los mayas *teo* significaba divino y *centli*, maíz. Es evidente que la planta era para ellos una cosa divina, el maíz de los dioses.[2] Poco a poco[3] los mayas y otras tribus indígenas aprendieron a cultivar el *teocentli*, que con el tiempo se convirtió[4] en lo que hoy llamamos el maíz. El cultivo y el desarrollo[5] de esta planta tuvieron una gran influencia en la vida de esas tribus, puesto que[6] muchos hombres tuvieron que quedarse a vivir cerca de los campos de cultivo para cuidar y cosechar[7] el grano. Así se establecieron pueblos permanentes que, al necesitar leyes y crear[8] una organización social, dieron origen a la civilización indígena. En realidad, puede decirse que el maíz fue la base de esta civilización; todavía hoy, el maíz es uno de los productos más importantes del mundo.

Siglos antes de la llegada de los españoles al Nuevo Mundo, ya se conocía otra planta indígena de las regiones tropicales de América, el cacao. No se sabe exactamente dónde se originó. Las palabras *chocolate* y *cocoa* designan en inglés el producto de las semillas[9] del cacao, cuyo nombre botánico significa alimento[10] de los dioses. La palabra *chocolate* viene de dos palabras: *xococ*, agrio,[11] y *atl*, agua.

Muchos años antes del descubrimiento de América los habitantes de México y de la América Central ya usaban el chocolate. Los aztecas usaban las semillas del cacao para pagar el tributo a su emperador Moctezuma y como moneda en el comercio. Dice una leyenda que el chocolate era la única bebida[12] que tomaba Moctezuma y que todos los días tomaba por lo menos[13] cincuenta jícaras.[14] El conquistador de México, Hernán Cortés, y sus soldados también tomaban chocolate. Fueron los españoles del Nuevo Mundo quienes[15] llevaron el chocolate a Europa. El chocolate es hoy uno de los alimentos predilectos de todo el mundo.

Otra planta también conocida antes de la llegada de los españoles es la yerba mate. Es parecida al naranjo[16] y se cultiva en la Argentina, el Paraguay y el Brasil. Con ella se hace una bebida que a veces llaman el té paraguayo. Se prepara con agua caliente y se bebe por un pequeño tubo de metal o de madera[17] que se llama bombilla. Se usa la palabra *mate* para referirse a la

---

[1] **silvestre,** *wild.* [2] **dioses,** *gods.* [3] **Poco a poco,** *Little by little.* [4] **se convirtió,** *was converted.* [5] **desarrollo,** *development.* [6] **puesto que,** *since.* [7] **cuidar y cosechar,** *to care for and harvest.* [8] **al necesitar leyes y crear,** *upon needing laws and (needing) to create.* [9] **semillas,** *seeds.* [10] **alimento,** *food.* [11] **agrio,** *sour.* [12] **bebida,** *drink.* [13] **por lo menos,** *at least.* [14] **jícaras,** *cups.* [15] **Fueron ... quienes** = Los españoles del Nuevo Mundo **fueron quienes** (*the ones who*). [16] **parecida al naranjo,** *similar to the orange tree.* [17] **madera,** *wood.*

Native huts and coconut palms on the Salado River, Honduras

Sorting cacao beans, Costa Rica

calabaza[1] en que se sirve; también se emplea como forma abreviada de *yerba mate*. Esta bebida es tan tradicional en esos países como el té en Inglaterra. Todas las clases sociales toman el *mate* además del café.

Ricardo Palma, famoso autor peruano, nos relata una leyenda muy interesante de otra planta. A principios del siglo diez y siete el nuevo virrey[2] don[3] Luis Fernández de Cabrera, conde de Chinchón, llegó al Perú. Su esposa, la condesa, era una mujer muy hermosa. Al poco tiempo[4] la condesa se puso[5] muy enferma de una fiebre alta que hoy día los médicos llaman malaria. Nadie sabía curarla y todos estaban muy tristes. Parecía que la señora iba a morir, y todos decían que solamente un milagro[6]

podía salvarla. Un día un indio anciano vino a ver al virrey y le dio un polvo con el que los incas curaban esa misma fiebre desde hacía varios siglos.[7] La condesa pronto quedó completamente bien, y desde entonces el mundo tiene[8] una medicina importante. Por haber curado[9] a la condesa de Chinchón, se dio el nombre de «chinchona» a esta medicina, que se hacía de la cáscara[10] de un árbol peruano. Hoy día se le llama quinina.

En las regiones de los Andes se encuentra otra planta, la coca, que ha tenido mal efecto en la vida de los indios. Para combatir el hambre, el frío y la fatiga, muchos de ellos todavía mascan hojas de coca,[11] que contienen cocaína. Las hojas de coca les sirven de estimulante, pero

---

[1] **calabaza**, *gourd*.   [2] **virrey**, *viceroy*.   [3] **don**, a title not translated.   [4] **Al poco tiempo**, *After a short time.*   [5] **se puso**, *became.*   [6] **milagro**, *miracle.*   [7] **un polvo … siglos**, *a powder with which the Incas had been curing that same fever for several centuries.*   [8] **tiene**, *has had.*   [9] **Por haber curado**, *Because of having cured.*   [10] **cáscara**, *bark.*   [11] **mascan hojas de coca**, *chew coca leaves.*

Drying tobacco leaves, Colombia

Drying sisal hemp, El Salvador

Cacao plant and pods

hacen mucho daño al[1] sistema nervioso. Se dice que si tienen bastantes hojas que mascar, los indios de los Andes pueden trabajar varios días sin comer y sin descansar.

Aquí no podemos mencionar todas las plantas que se originaron en las dos Américas. Algunas de ellas son la vainilla; el chicle, cuya leche se usa para hacer goma de mascar;[2] la yuca, de que se saca la *tapioca*; y un gran número de frutas tropicales que no tienen nombre en inglés. Y no debemos olvidar otros productos como el chile, el tomate, el camote, el tabaco, la calabaza,[3] el algodón y la patata. La patata, que en muchas partes de la América española llaman papa, se originó en los Andes. Los españoles la llevaron a España a principios del siglo diez y seis, y ha llegado a ser[4] uno de los alimentos más importantes del mundo.

[1] **hacen mucho daño al,** *do much harm to the.*   [2] **goma de mascar,** *chewing gum.*   [3] **calabaza,** *pumpkin, squash.*
[4] **ha llegado a ser,** *it has become.*

Forestry development — hauling logs
to paper mill, Mexico

Tuxtepec paper mill, southern Mexico

PREGUNTAS

1. ¿Dónde se originó el maíz?   2. ¿Cómo se llamaba la planta silvestre?   3. ¿Qué indios vivían en esa región?   4. ¿Qué era la planta para ellos?   5. ¿Por qué se quedaron los indios cerca de los campos?   6. En realidad, ¿cuál fue la base de la civilización indígena?

7. ¿Qué otra planta indígena se conocía en las regiones tropicales?   8. ¿Cuáles son algunos productos modernos de las semillas del cacao?   9. ¿Para qué usaban las semillas los aztecas?   10. Según una leyenda, ¿quién tomaba mucho chocolate?   11. ¿Lo tomaban también los españoles?

12. ¿Dónde se cultiva la yerba mate?   13. ¿A qué árbol es parecida?   14. ¿Con qué se prepara el mate?   15. ¿Quiénes toman esta bebida?

16. ¿Quién fue Ricardo Palma?   17. ¿En qué siglo llegó al Perú don Luis Fernández de Cabrera?   18. ¿Quién se puso muy enferma de una fiebre alta?   19. ¿Qué le dio al virrey un indio anciano?   20. ¿Qué nombre se dio a la medicina?

21. ¿Qué hojas mascan hoy día los indios de los Andes?   22. ¿Por qué las mascan?   23. ¿Qué pueden hacer los indios si las mascan?   24. ¿Cuáles son otras plantas de las Américas?   25. ¿Para qué se usa la leche del chicle?   26. ¿Cuáles son otros productos de las Américas?   27. ¿Dónde se originó la patata?   28. ¿Cuándo la llevaron a Europa los españoles?

LECTURA X

PRESENTACIÓN

A. Estudio de palabras

1. Less approximate cognates. Pronounce the following words aloud, note the English cognates, and indicate the variations: invasor, *invader*; establecer, *to establish*; imperio, *empire*; gobierno, *government*; acueducto, *aqueduct*; teatro, *theater*; avanzado, *advanced*; reconquista, *reconquest*; cantidad, *quantity*; maravilla, *marvel*; espiritual, *spiritual*; matrimonio, *matrimony, marriage*; unidad, *unity*; enérgico, *energetic*.

2. *Compare the meanings of*: comercio, *commerce*, and comerciante, *merchant*; obra, *work*, and obrero, *workman*; guerra, *war*, and guerrero, -a, *warlike*; poder, *to be able*, poderío, *power*, and poderoso, *powerful*; explorar, *to explore*, exploración, *exploration*, and explorador, *explorer*; descubrir, *to discover*, descubridor, *discoverer*, and descubrimiento, *discovery*; nombre, *name*, and nombrar, *to name, appoint*; agricultor, *agriculturist, farmer*, and agricultura, *agriculture*.

3. The opposites of the following words appear in the reading selection: antiguo, cerca de, el fin, primero, terminar, triste. Can you give them?

4. Try to grasp the meaning of the words in heavy type from the context.

el poblador
> ¿Quiénes fueron los primeros **pobladores** de la península?
> Los **pobladores** buscaban las regiones más fértiles.
> Los **pobladores** traían semillas y animales domésticos.

What is the meaning of **poblador**? Did you conclude that **poblador** means *settler*?

el dibujo
> ¿Qué representan esos **dibujos**?
> Son **dibujos** de animales pintados hace veinte mil años.
> ¿Se hacen los **dibujos** solamente con pluma?

What is the meaning of **dibujo**?

ayudar
> Si me **ayudas**, terminaré pronto.
> Hay que **ayudar** a los pobres.
> Los reyes decidieron **ayudar** a un explorador italiano.

What is the meaning of **ayudar**?

el párrafo

Hay varios **párrafos** en esta página.

Lea usted el primer **párrafo**.

En los **párrafos** siguientes vamos a repasar la historia de España.

What is the meaning of **párrafo**?

B. Aspectos gramaticales

1. Forms of nouns of nationality

El (**la**) **celta**, *Celt*, and **el** (**la**) **inca**, *Inca*, are additional nouns of nationality with but one ending for the masculine and for the feminine.

2. Additional notes on the position of adjectives

Whenever an adjective is changed from its normal position, the speaker or writer gives a subjective or personal interpretation of the noun.   Therefore, position of adjectives may vary according to subject matter, style, and individual feeling or emotion.   You have observed that **bueno** and **malo** usually precede the noun, although they may follow to distinguish characteristics of the noun.   Other common adjectives like **hermoso**, **bonito**, **pequeño**, and the like, may precede or follow the noun (see also 3, page 157).   The following sentence from this Lectura offers a good example of adjectives which express qualities which are generally thought of in co nnection with the nouns in this particular situation:

La famosa Alhambra, con sus magníficos patios, sus bellos jardines y sus alegres fuentes . . .   The famous Alhambra, with its magnificent patios, its beautiful gardens, and its cheerful fountains . . .

3. Use of **entrar** and **salir**

Entrar, *to enter*, requires the preposition **en** before an object, and **salir**, *to leave*, requires **de**.   If no object is expressed, **en** and **de** are omitted.

No se sabe la época en que entraron en la península.   The epoch in which they entered the peninsula is not known.

Colón salió de España con tres carabelas.   Columbus left Spain with three caravels.

Los dos jóvenes salen (**entran**).   The two young men leave (enter).

4. Forms of verbs in **-uir**: **construir**, *to construct*

Se construyeron teatros, acueductos y otras obras públicas.   Theaters, aqueducts, and other public works were constructed.

Verbs ending in **-uir** insert **y** except before the endings beginning with **i,** and change unaccented **i** between vowels to **y.** The present indicative of **construir** is, accordingly: **construyo, construyes, construye, construimos, construís, construyen.** The preterit is: **construí, construiste, construyó, construimos, construisteis, construyeron.** The present participle is **construyendo.**

LA ESPAÑA ANTIGUA

La historia de España presenta muchos contrastes. España ha tenido épocas de gloria y períodos de decadencia. En los párrafos siguientes vamos a repasar la historia de España desde sus orígenes hasta el descubrimiento de América, el hecho[1] más notable, sin duda, de su larga historia.

Los primeros pobladores de la península fueron los iberos,[2] pero no se sabe ni su origen ni la época exacta en que entraron en la península. Cerca de Santander, en el norte de España, se conservan, en las cuevas[3] de Altamira, dibujos de animales pintados hace unos veinte o treinta mil años. Los fenicios,[4] considerados como los primeros comerciantes del mundo, llegaron a la península hacia el siglo XI antes de Jesucristo[5] y fundaron la ciudad de Cádiz. Hubo[6] otros invasores: los celtas,[7] en el norte, principalmente en Galicia; los griegos,[8] que se establecieron en la costa del Mar Mediterráneo; y los cartagineses,[9] que dominaron la península desde el siglo VI hasta el III antes de Jesucristo. Los romanos estuvieron en España unos seis siglos. Durante esa época la península llegó a ser una de las provincias más importantes del imperio romano. En España los romanos dejaron su lengua, sus costumbres, su religión, sus leyes y sus ideas sobre el gobierno; se construyeron[10] teatros, acueductos, caminos, puentes[11] y otras obras públicas.

Buen ejemplo de la obra de los romanos es el acueducto de Segovia, que está en uso todavía. Está construido de piedras grandes, sin argamasa[12] de ninguna clase. Otra obra romana es el teatro de Sagunto, que está al norte de la ciudad de Valencia.

A la caída[13] del imperio romano, ocuparon la península los visigodos[14] y otras tribus germánicas. Los últimos invasores fueron los moros,[15] que entraron en España en 711 y no fueron expulsados hasta 1492. Córdoba fue el centro de la civilización de los

---

[1] **hecho,** *event, deed.*   [2] **iberos,** *Iberians.*   [3] **cuevas,** *caves.*   [4] **fenicios,** *Phoenicians.*   [5] **antes de Jesucristo,** *B.C.*   [6] **Hubo,** *There were.*   [7] **celtas,** *Celts.*   [8] **griegos,** *Greeks.*   [9] **cartagineses,** *Carthaginians.*   [10] **se construyeron,** *were built.*   [11] **puentes,** *bridges.*   [12] **argamasa,** *mortar.*   [13] **caída,** *fall.*   [14] **visigodos,** *Visigoths.*   [15] **moros,** *Moors.*

Restored Castle of la Mota, Medina del Campo, Spain

View of Toledo, Spain,
with the Alcántara Bridge
over the Tagus River

moros, considerada en el siglo X como la más avanzada de Europa. No lejos de Córdoba está Granada, que fue la última capital de los moros. Allí se encuentra la famosa Alhambra, con sus magníficos patios, sus bellos jardines y sus alegres fuentes. Al abandonar a[1] España, los moros dejaron en ella influencias decisivas en la lengua, la literatura, la arquitectura, el arte, la música, el comercio y la agricultura.

Durante la guerra de la reconquista, que duró casi ocho siglos, surgieron los reinos[2] de León, Navarra, Aragón, Galicia y Castilla. Castilla, que se llamó así por la gran cantidad de castillos que se construyeron para la defensa contra los moros, llegó a ser, con el tiempo, el reino principal del país. En el siglo XI el castellano empezó a predominar sobre los demás dialectos romances hablados en la península. Se comenzó a cantar en la nueva lengua la vida guerrera[3] de la época. En ese siglo vivió el Cid, el gran héroe nacional de España, cuya tumba está en la catedral de Burgos, una de las más bellas de Europa.

Para ver la más grande de todas las catedrales góticas de Europa hay que ir a Sevilla. La torre de la catedral, la Giralda, construida por los moros, tiene fama de ser una de las más hermosas del mundo. Hay un refrán[4] español que dice: «Quien[5] no ha visto a Sevilla, no ha visto maravilla». Hay otro que dice: «Quien no ha visto a Granada, no ha visto nada».

Con el matrimonio de Fernando de Aragón con Isabel de Castilla, en 1469, consiguió[6] España la unidad política; poco después los Reyes Católicos terminaron la conquista de Granada para realizar la unidad espiritual. El año de 1492 representa

---

[1] The personal **a** is often used before unmodified place names.   [2] **surgieron los reinos,** (there) appeared the kingdoms.
[3] **guerrera,** warlike.   [4] **refrán,** proverb.   [5] **Quien,** He (The one) who.   [6] **consiguió,** attained.

The Generalife, summer palace of the Moorish Kings, Granada, Spain

Giralda Tower, Seville, Spain

Conseguida[2] la unidad religiosa y política, los Reyes Católicos comenzaron a interesarse en la expansión del país y por fin decidieron ayudar a un pobre explorador italiano, Cristóbal Colón. Colón salió de España con tres carabelas, la Pinta, la Santa María y la Niña; el doce de octubre de 1492, después de unos setenta días de viaje, llegó a una pequeña isla del Mar Caribe. Tomó posesión de ella en nombre de los Reyes Católicos, y la llamó San Salvador.[3]

Antes de volver a España, Colón exploró otras islas y estableció el primer pueblo español del Nuevo Mundo el 25 de diciembre, por lo cual[4] dio al pueblo el nombre de Navidad. Como Colón creía que había llegado a la India, dio el nombre de «indios» a los habitantes de las islas.

En el segundo viaje de Colón los españoles trajeron semillas, árboles frutales y varios animales domésticos. Los frailes,[5] los obreros[6] y los agricultores que acompañaron a Colón iniciaron la gran obra de la exploración y la colonización del Nuevo Mundo.

La América española ha dado el nombre del gran descubridor a una nación, Colombia, y a dos ciudades de Panamá, Cristóbal y Colón. En los Estados Unidos también hay ciudades que llevan el nombre de *Columbia* o *Columbus*. El mundo debe mucho a Cristóbal Colón. Este hombre enérgico y valiente sentó[7] un buen ejemplo para los hombres que vinieron a América durante las épocas siguientes.

para los españoles el fin de la guerra contra los moros y el principio de una época de gloria y poderío.[1] En el siglo XVI España llegó a ser la nación más poderosa del mundo.

---

[1] **poderío,** *power, dominion.*   [2] **Conseguida,** *After having attained.*   [3] **San Salvador,** *Saint (Holy) Savior.*   [4] **por lo cual,** *for which reason.*   [5] **frailes,** *friars.*   [6] **obreros,** *workmen.*   [7] **sentó,** *set.*

Reproduction of the "Santa María," of Columbus

Columbus takes leave of Ferdinand and Isabella

PREGUNTAS

1. ¿Quiénes fueron los primeros pobladores de la península? 2. ¿Qué se conserva cerca de Santander? 3. ¿Quiénes fueron los fenicios? 4. ¿Cuándo llegaron a la península? 5. ¿Qué ciudad fundaron ellos? 6. ¿Quiénes fueron otros invasores? 7. ¿Cuántos siglos estuvieron en España los romanos? 8. ¿Qué dejaron allí? 9. ¿Qué construyeron? 10. ¿Cuáles son dos ejemplos de la obra de los romanos?

11. ¿Quiénes ocuparon la península después de los romanos? 12. ¿Quiénes fueron los últimos invasores? 13. ¿En qué año entraron? 14. ¿Hasta cuándo vivieron allí? 15. ¿Por qué fue importante Córdoba? 16. ¿Cuál fue la última capital de los moros? 17. ¿Qué se encuentra allí?

18. ¿Cuántos siglos duró la reconquista? 19. ¿Cuál es el origen del nombre de Castilla? 20. ¿Quién fue el Cid? 21. ¿Dónde está su tumba? 22. ¿Cuál es la catedral gótica más grande de Europa? 23. ¿Qué es la Giralda? 24. ¿Qué refrán hay sobre Sevilla? 25. ¿Sobre Granada?

26. ¿Cómo consiguió España la unidad política? 27. ¿Qué llegó a ser España en el siglo XVI? 28. ¿A quién decidieron ayudar Fernando e Isabel? 29. ¿Cómo se llamaban las tres carabelas de Colón? 30. ¿En qué día llegó a una pequeña isla? 31. ¿Qué nombre dieron a la isla?

32. ¿Cuándo fundó Colón el primer pueblo del Nuevo Mundo? 33. ¿Qué nombre dio a los habitantes de las islas? 34. ¿Quiénes acompañaron a Colón en su segundo viaje? 35. ¿Qué trajeron estos españoles a América? 36. ¿Qué nación lleva el nombre de Colón?

LECTURA XI

A. Estudio de palabras

1. Less approximate cognates. Pronounce the following words aloud, note the English cognates, and describe the variations: navegar, *to navigate, sail*; tempestad, *tempest, storm*; estimar, *to esteem*; mencionar, *to mention*; fabuloso, *fabulous*; fortaleza, *fort, fortress*; apóstol, *apostle*; jesuita, *Jesuit*; dominico, *Dominican*.

2. Deceptive cognates. **Conservar** means *to keep, preserve*, as well as *to conserve*. **Desgracia** means *misfortune*, not *disgrace*.

3. *Compare the meanings of*: relatar, *to relate*, and relato, *tale, story*; esclavo, *slave, and* esclavitud, *slavery*; misión, *mission, and* misionero, *missionary*; rico, *rich, and* riqueza(s), *riches, wealth*; cristiano, *Christian, and* cristianismo, *Christianity*; la orden, *command, religious order (association)*, ordenar, *to order, and* ordenarse (de sacerdote), *to be ordained, take orders (as a priest)*. **El orden** means *order* in the sense of *arrangement*.

4. Try to grasp the meaning of the words in heavy type from the context.

la mitad

> Exploraron esas regiones durante la primera **mitad** del siglo XVI.
> Fray Junípero Serra vino a América en la segunda **mitad** del siglo XVIII.
> Queda una naranja para los dos; puedo darle a usted la **mitad**.

What is the meaning of **mitad**? Did you conclude that **mitad** means *half*?

renacer

> Las flores **renacen** en la primavera.
> **Renació** una vez más el interés en esta leyenda.
> **Renacer** significa nacer otra vez.

What is the English meaning of **renacer**?

las legumbres

> Muchas veces las **legumbres** forman parte de las comidas.
> La patata y el tomate son **legumbres** importantes.
> Les enseñó nuevos métodos para el cultivo de las **legumbres**.

What is the meaning of **legumbres**?

en vez de

    En vez de estudiar, ella pasa el tiempo en el teatro.

    En vez de aprender ese refrán, yo aprendería éste.

    En vez de las fabulosas ciudades sólo encontró tristes pueblos.

What is the meaning of **en vez de**?

B. Aspectos gramaticales

1. The passive voice

    La ciudad fue fundada en 1565 por Menéndez de Avilés. The city was founded in 1565 by Menéndez de Avilés.

    Los jesuitas fueron expulsados de España y sus colonias en 1769. The Jesuits were expelled from Spain and its colonies in 1769.

    Fray Junípero Serra fue nombrado presidente de las misiones. Friar Junípero Serra was appointed president of the missions.

The passive voice is formed in Spanish by **ser** with the past participle, which agrees in gender and number with the passive subject.   This construction is used when an action is performed with the agent expressed or clearly implied (first example, above). It is also used, especially with a person as subject, to place stress on the action (second and third examples).   The agent is usually expressed by **por**.

   When the subject is a thing and the agent is not expressed, the reflexive substitute for the passive is regularly used.   In this construction no special stress is placed on the action:

    Todavía se ven los restos de estos monumentos. The remains of these monuments can still be seen (*i.e.*, are still visible).

   Do not confuse the true passive, which expresses action, with the use of **estar** plus a past participle to express the state which results from the action of a verb (see the following section).

2. **Estar** with the past participle to denote resultant condition

    Contaban que las ciudades estaban situadas al norte de México. They would relate that the cities were situated to the north of Mexico.

    Las casas estaban cubiertas de oro puro. The houses were covered with pure gold.

    Está construido de piedras grandes, sin argamasa de ninguna clase. It is constructed of large stones, without mortar of any kind.

Estar is used with a past participle to describe a state or condition which is the result of a previous action; in this construction the past participle is used as an adjective and agrees with the subject like any other adjective.   (As we have seen in the Lecturas, certain reflexive verbs like **encontrarse, hallarse,** and **verse** are often substituted for **estar** with past participles, and in such cases normally retain something of their literal meanings; see footnote 6, page 22, Lectura III.)

Do not confuse this use of **estar** with a past participle with the true passive, explained in the preceding section, or with the reflexive substitute for the passive, both of which are used when an action is involved.

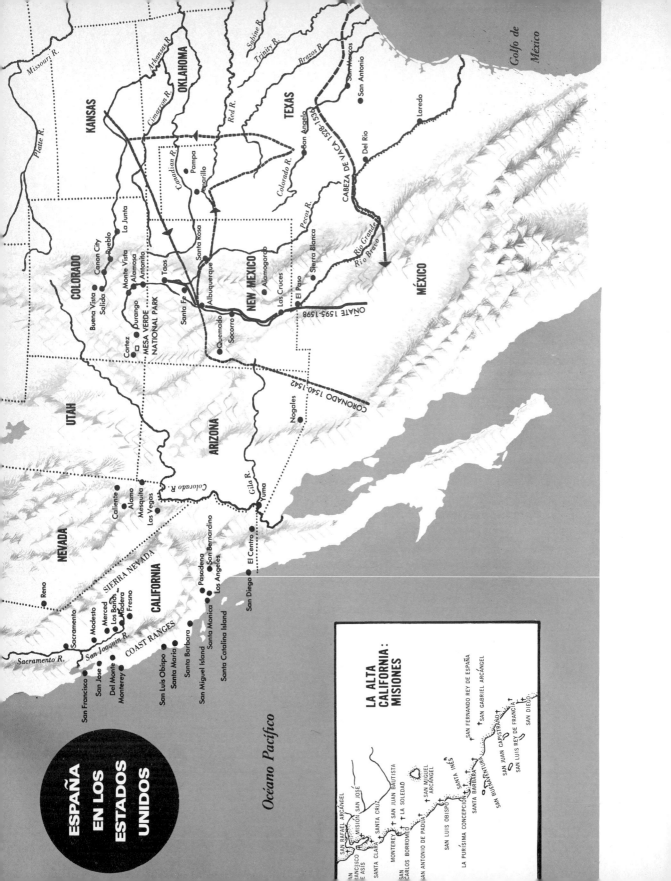

ESPAÑA
EN LOS
ESTADOS
UNIDOS

LA ALTA CALIFORNIA: MISIONES

EXPLORADORES Y MISIONEROS

Durante la primera mitad del siglo XVI los españoles exploraron el territorio de los Estados Unidos que se extiende desde la Florida hasta California. El primer europeo que atravesó[1] el continente fue Cabeza de Vaca. Después de explorar el interior de la Florida con Pánfilo de Narváez en 1528, navegó por las costas del Golfo de México hasta llegar a la región que hoy se conoce como Texas. Una terrible tempestad destruyó su barco, quedando vivos sólo Cabeza de Vaca y tres compañeros. Los cuatro españoles vivieron varios años como esclavos de los indios, pero con el tiempo los indios llegaron a estimar mucho a Cabeza de Vaca como curandero.[2] Poco a poco, caminando de pueblo en pueblo hacia el oeste, atravesó largas distancias y por fin llegó a la costa del Pacífico, en el norte de México, en 1536.

Por desgracia,[3] los españoles creían que todo el Nuevo Mundo era tan rico como la Nueva España,[4] y los indios, sabiendo que nada les interesaba a los españoles tanto como el oro, hablaban de pueblos adornados de oro y de piedras preciosas. La más conocida de estas leyendas es la de las Siete Ciudades de Cíbola, situadas al norte de México, en donde las casas estaban cubiertas de oro puro. Al llegar a México Cabeza de Vaca, renació una vez más el interés en esta leyenda. Fray Marcos de Niza decidió ir en busca de estas ciudades para convertirlas a la fe católica. Después de caminar

muchos días por lo que ahora son los estados de Nuevo México y Arizona, un día vio a lo lejos[5] lo que él creyó que eran las Siete Ciudades. Volvió a México a contar su descubrimiento y, naturalmente, cada vez que el relato se repetía, crecía más la riqueza imaginada.

Por fin se organizó una expedición que había de ser una de las más notables de todas. En 1540 Francisco Vásquez de Coronado salió de México en busca de las Siete Ciudades de Cíbola. Llegó hasta donde ahora están los estados de Texas y Kansas, pero en vez de las fabulosas ciudades de oro y de piedras preciosas, sólo encontró tristes pueblos de adobe. Unos soldados de esta expedición fueron los primeros europeos que vieron el Gran Cañón del Río Colorado. A los dos años[6] Coronado volvió a México, triste y desilusionado.

La ciudad más antigua de los Estados Unidos fue fundada en la Florida el seis de septiembre de 1565 por Menéndez de Avilés. Éste construyó primero una fortaleza cerca del lugar donde ahora está San Agustín, el primer establecimiento permanente construido en nuestro país por los europeos.

El primer pueblo español en el valle del Río Grande fue fundado por Juan de Oñate en 1598, pero al poco tiempo los españoles tuvieron que abandonarlo; once años más tarde establecieron la ciudad de

---

[1] **atravesó,** *crossed.*   [2] **curandero,** *medicine man.*   [3] **Por desgracia,** *Unfortunately.*   [4] **la Nueva España,** *New Spain* = **México**   (see page 125, footnote 14)   [5] **a lo lejos,** *in the distance.*   [6] **A los dos años,** *After two years.*

Father Junípero Serra

Father Bartolomé de las Casas

Santa Fe. En seguida, construyeron una iglesia, que es una de las más antiguas del país.

Entre otros muchos[1] exploradores bien conocidos hay que mencionar a Juan Rodríguez Cabrillo, un portugués que estaba al servicio del gobierno español, y que en 1542 descubrió la Alta California.[2]

Los españoles vinieron a América no sólo para buscar riquezas, sino también para convertir a los indios a la fe cristiana. Por eso los misioneros acompañaron a los exploradores por todas partes. Entre los misioneros se destaca[3] el padre Bartolomé de las Casas, el apóstol de los indios. Acompañó a Colón a América y se estableció primero en La Española.[4] Hombre de

corazón noble y bondadoso, dedicó toda su vida a defender a los indígenas contra las injusticias de la esclavitud y contra su explotación por los españoles. En 1510 se ordenó de sacerdote y al poco tiempo ingresó en[5] la orden de los dominicos. Predicó[6] por todas partes de la Nueva España, defendiendo a los indios con la pluma y con la palabra.[7]

Los franciscanos también vinieron al Nuevo Mundo con los conquistadores y los exploradores, y durante más de dos siglos habían de acompañarlos por los dos continentes. La orden franciscana convirtió al cristianismo a miles de indios. Los franciscanos aprendieron las lenguas de los indios y les enseñaron artes y oficios[8] útiles

---

[1] Adjectives of quantity and numerals preferably follow **otros, -as.**   [2] **la Alta California,** *Upper California* (the name used for the present state of California during the colonial period).   [3] **se destaca,** *stands out.*   [4] **La Española,** *Hispaniola* (the name given to the island on which Haiti and the Dominican Republic are now situated).   [5] **ingresó en,** *he entered, became a member of.*   [6] **Predicó,** *He preached.*   [7] **con la pluma y con la palabra,** *writing and talking.*   [8] **oficios,** *crafts, trades.*

y nuevos métodos para el cultivo de plantas y legumbres. Fundaron pueblos, iglesias, misiones, escuelas y universidades.

Las órdenes religiosas fundaron muchas misiones en Texas, Nuevo México, Arizona y California. El que ha visitado San Antonio ha visto sin duda el Álamo, que fue misión en los tiempos coloniales. O si uno ha estado en Tucson, Arizona, ha visto la famosa misión de San Xavier del Bac, fundada por el célebre padre jesuita, Eusebio Kino. El hermoso edificio que vemos allí hoy día se terminó a fines del[1] siglo XVIII.

Cuando los jesuitas fueron expulsados de España y de sus colonias en 1769, muchas misiones que ellos habían construido pasaron a manos de los franciscanos. Fray Junípero Serra, que había venido a América desde la isla de Mallorca en la segunda mitad del siglo XVIII, fue nombrado presidente de las misiones de la Baja California y de todas las que habían de establecerse en la Alta California. Durante muchos años dio clases en las escuelas franciscanas de la Nueva España, pero por fin, en 1769, partió de México con don Gaspar de Portolá para establecer misiones en la Alta California. Empezando con la misión de San Diego, fundada en ese mismo año, el padre Junípero Serra estableció una larga serie de misiones. En 1823 había veinte y una misiones entre San Diego y San Francisco. A lo largo del Camino Real[2] todavía se ven los restos de estos monumentos, que conmemoran la gloria de la obra de los misioneros españoles.

[1] **a fines de,** *towards the end of.* [2] **A lo largo del Camino Real,** *Along the King's Highway.*

San Xavier del Bac Mission, Tucson, Arizona

The bells of San Gabriel Mission, California

PREGUNTAS

1. ¿Qué territorio exploraron los españoles durante el siglo XVI?   2. ¿Quién fue el primer europeo que atravesó el continente?   3. ¿Por dónde navegó?   4. ¿Cuántos españoles quedaron vivos después de la tempestad?   5. ¿Cómo vivieron varios años? 6. ¿Adónde llegó por fin Cabeza de Vaca?

7. ¿Qué creían los españoles acerca del Nuevo Mundo?   8. ¿De qué hablaban los indios?   9. ¿Cuál es la más conocida de estas leyendas?   10. ¿De qué estaban cubiertas las casas?   11. ¿Quién decidió ir en busca de estas ciudades?   12. ¿Por dónde caminó?   13. ¿Halló las Siete Ciudades?   14. ¿Quién salió de México en busca de las Siete Ciudades en 1540?   15. ¿Qué encontró?   16. ¿Cuándo volvió a México?

17. ¿Cuál es la ciudad más antigua de los Estados Unidos?   18. ¿Qué fundó Juan de Oñate?   19. ¿Qué descubrió Cabrillo?

20. ¿Quiénes acompañaron a los españoles a América?   21. ¿Quién fue el apóstol de los indios?   22. ¿A qué dedicó toda su vida?   23. ¿En qué orden religiosa ingresó? 24. ¿Qué otra orden vino al Nuevo Mundo?   25. ¿Qué aprendieron los franciscanos? 26. ¿Qué les enseñaron a los indios?   27. ¿Qué fundaron los franciscanos?   28. ¿Qué fue el Álamo?   29. ¿Qué misión fundó el padre Eusebio Kino?

30. ¿Cuándo vino a América Fray Junípero Serra?   31. ¿De qué fue nombrado presidente?   32. ¿Qué expedición notable partió de México en 1769?   33. ¿Qué misión fundó Fray Junípero Serra en ese mismo año?   34. ¿Cuántas misiones había entre San Diego y San Francisco en 1823?

LECTURA XII

PRESENTACIÓN

A. Estudio de palabras

1. Observations on Spanish cognates (Continued)

a. Approximate cognates. As we have seen, Spanish nouns in **-ista** = English *-ist*: artista, humanista, novelista. The corresponding adjective presents two forms, as in English: **-ista** = English *-ist*, and **-ístico** = English *-istic*. The choice of ending, however, is not always the same in the two languages, and the correct form can be learned only by observation. The adjectives **idealista**, *idealistic*, and **realista**, *realistic*, are especially troublesome for English speakers, who often tend to give them in Spanish the ending found, for example, in **característico**, *characteristic*.

b. Less approximate cognates. Pronounce the following words aloud, note the English cognates, and describe the variations: intrínseco, *intrinsic*; espíritu, *spirit*; lírico, *lyric*; episódico, *episodic*; Renacimiento, *Renaissance*; científico, *scientific*; reflejar, *to reflect*; filósofo, *philosopher*; teólogo, *theologian*; escultor, *sculptor*; arquitecto, *architect*; ocupar, *to occupy*; aventura, *adventure*; sátira, *satire*; enorme, *enormous*; fundador, *founder*; igualar, *to equal*; personaje, *personage, character* (theater).

2. *Compare the meanings of*: poema, *poem*, poesía, *poetry, and* poeta, *poet*; drama, *drama*, dramático, *dramatic, and* dramaturgo, *dramatist*; historia, *history*, histórico, *historical, and* historiador, *historian*; origen, *origin, and* originalidad, *originality*; rico, *rich*, riqueza(s), *riches, and* enriquecer, *to enrich*; humanidades, *humanities, and* humanista, *humanist*; héroe, *hero and* heroína, *heroine*; hacer, *to do, make, and* hazaña, *deed*.

B. Aspectos gramaticales

1. Nouns in **-ista** can be either masculine or feminine: **el artista**, *male artist*: **la artista**, *female artist*.

2. Adjectives in **-ista** have the same form for both genders: **una novela realista**, *a realistic novel*; **de carácter realista**, *of a realistic character*; **dos tipos idealistas**, *two idealistic types*.

3. Verbs which require **a** before an infinitive

    Vamos a repasar la historia de España. We are going to review the history of Spain.

    Los niños corren a recoger todo lo que cae. The children run to pick up everything that falls.

89

España llegó a ser la nación más poderosa del mundo.   Spain came to
be (became) the most powerful nation in the world.

El castellano empieza a predominar.   Castilian begins to predominate.

Volvió a México a contar su descubrimiento.   He returned to Mexico to
relate his discovery.

All verbs expressing motion or movement to a place (such as **ir**, *to go*, **venir**, *to come*,
correr, *to run*, **llegar**, *to come, arrive, reach*, **volver**, *to return*, etc.), the verbs meaning
to begin, and certain others, such as **aprender**, *to learn*, **enseñar**, *to teach, show*,
ayudar, *to help, aid*, and **obligar**, *to oblige*, require **a** before an infinitive.

NOTE: **Volver a** plus an infinitive often means (*to do*) *again*: **Reconquistar significa volver a conquistar**, *To reconquer means to conquer again*.

LA CULTURA ESPAÑOLA A TRAVÉS DE LOS SIGLOS

La literatura española, una de las más ricas del mundo, es a la vez[1] una de las manifestaciones más notables de la cultura española. Es importante no sólo por su valor intrínseco y por la creación de nuevos géneros[2] y de personajes universales, sino también por su influencia en otras literaturas modernas, especialmente en las de Inglaterra y de Francia. Desde el siglo XII hasta el siglo XX la literatura ha expresado directamente el alma y el espíritu de los españoles en su larga y gloriosa historia.

El primer monumento literario de España es un poema épico, *El cantar de Mío Cid*,[3] escrito hacia 1140. Este poema trata de las hazañas del Cid, el famoso héroe nacional, en las luchas de Castilla para reconquistar sus tierras de manos de los moros. Del mismo siglo es otro antiguo monumento, el *Auto de los Reyes Magos*,[4] la primera obra del teatro español. Es una breve composición dramática que narra en forma sencilla el viaje de los tres Reyes Magos a adorar al Niño Jesús.

Uno de los géneros más importantes, no sólo de la Edad Media,[5] sino de todos los siglos, ha sido la poesía lírica y narrativa. De interés especial en España ha sido el romance,[6] pequeño poema narrativo y episódico en versos[7] de ocho sílabas. Los primeros romances históricos fueron probablemente restos de los antiguos poemas épicos, y con el tiempo fueron compuestos otros sobre temas de toda clase. Dando

inspiración a los grandes dramaturgos, poetas líricos y novelistas de los siglos siguientes, ninguna poesía ha contribuido más que el romance a enriquecer la literatura española. Todavía se cantan los romances en España, en la América española y en el suroeste de los Estados Unidos.

Una de las mayores glorias de los Reyes Católicos, Fernando e Isabel, fue el impulso que dieron a las letras y a la cultura en general a fines del siglo XV. Iniciaron el estudio de las humanidades y trajeron a

The cathedral, Burgos, Spain

---

[1] **a la vez,** *at the same time.*   [2] **género,** *genre, literary type.*   [3] **El cantar de Mío Cid,** *The Song (Lay) of the Cid.*
[4] **Auto de los Reyes Magos,** *Play of the Magi.*   [5] **Edad Media,** *Middle Ages.*   [6] **romance,** *ballad.*   [7] **verso,** *line* (of poetry).

(*Left*) Ferdinand of Aragon
(*Below*) Isabella of Castile

España muchos humanistas de Italia, donde se originó la época de la cultura que se llama el Renacimiento. Los Reyes Católicos contribuyeron a la introducción de la imprenta[1] en España en 1474 y fundaron bibliotecas, escuelas y universidades, sobre todo la famosa Universidad de Alcalá de Henares en 1508. Durante su reinado aparecieron algunas de las mejores obras de la literatura española, entre ellas *La Celestina*, en 1499, una de las grandes obras de la literatura universal, y el *Amadís de Gaula*, publicado en 1508, que inició la novela de caballerías[2] en España. En 1492 se publicó la *Gramática castellana* de Nebrija, la primera gramática científica de una lengua moderna, y la víspera de Navidad del mismo año se representaron dos piezas dramáticas de Juan del Encina, llamado el padre del teatro español.

La Celestina, célebre novela dramática, relata la triste historia de los amantes Calisto y Melibea, que viven bajo la influencia de una perversa y astuta vieja, llamada Celestina. Esta obra refleja a la vez el espíritu de la Edad Media y el del Renacimiento, y una de sus características más extraordinarias es que se mezclan por primera vez[3] en la prosa el idealismo puro y el realismo crudo. Después de *Don Quijote*, *La Celestina* ocupa el primer lugar en la literatura española.

Un género literario que había de gozar de[4] una gran popularidad durante el siglo XVI fue la novela de caballerías. El *Amadís de Gaula*, según Cervantes, fue «el mejor de todos los libros que de este género

---

[1] **imprenta,** *printing.*   [2] **novela de caballerías,** *novel (romance) of chivalry.*   [3] **por primera vez,** *for the first time.*
[4] **gozar de,** *to enjoy.*

teando me o acotãdo me cruelmẽte. Pues amargas
cient monedas serian estas.ay cuytada de mi en q̃ la-
30 me he metido:que poz me mostrar solicita z essoz
çada pongo mi psona al tablero:q̃ hare cuytada mez
quina de mi:q̃ ni el salir a fuera es puechoso ni la per
seuerãcia carece de peligro. pues yre o toznarme he:
o dubdosa z dura perplexidad: no se qual escoja poz
mas sano : enel osar manifiesto peligro: enla couar-
dia denostada perdida:a donde yra el buey q̃ no are.
Cada camino descubze sus dañosos z hondos barrã
cos.si conel fuerto soy tomada nũca de muerta o en-
cozoçada falto a bien libzar. Si no voy que dira sem
pzonio: que todas estas eran mis fuerças. saber z es-
fuerço ardid: z ofrecimiento. astucia z solicitud. z su
amo calisto que dira. que hara. que pẽsara . sino que
ay nueuo engaño en mis pisadas.z que yo he descu-
bierto la celada:poz hauer mas pzouecho desta otra
parte:como sofistica pzeuaricadoza. o sino se le ofre-

Page of *La Celestina*

se han compuesto, y... único en su arte.»
Esta novela narra las aventuras de Amadís,
el noble, generoso y valiente héroe, que
siempre trata de hacerse digno[1] del amor de
Oriana, la bella y fiel heroína. Ha influido
poderosamente no sólo en la literatura
española, especialmente en la obra de
Cervantes, sino también, por sus numerosas
traducciones, en la de todo el mundo.

El período comprendido entre mediados
del siglo XVI y fines[2] del siglo XVII es
llamado el Siglo de Oro.[3] Es la época de la
conquista y la colonización del Nuevo
Mundo; es la época en que España, bajo los
reinados de Carlos V (1516–1556), de
Felipe II (1556–1598) y de Felipe III
(1598–1621), llegó a ser la nación más
poderosa del mundo; es la época de nuevos
géneros literarios, de grandes historiadores,
filósofos y teólogos, de famosos artistas,
escultores y arquitectos; en fin,[4] es la época
en que España llegó a su apogeo[5] en todos
los aspectos de la civilización y la cultura.
Aquí podemos mencionar solamente unos

[1] **hacerse digno,** *to make himself (become) worthy.* [2] **comprendido... fines,** *comprised between the middle of the ... and the end.* [3] **Siglo de Oro,** *Golden Age.* [4] **en fin,** *in short.* [5] **apogeo,** *height.*

cuantos[1] nombres de gran importancia en la literatura del Siglo de Oro.

En el siglo XVI, bajo la influencia del *Amadís de Gaula*, se escribieron muchísimas novelas de caballerías. Otro tipo de novela idealista de gran popularidad fue la novela pastoril,[2] cuya obra maestra[3] fue la *Diana* (1559) de Jorge de Montemayor.

De carácter realista y enteramente opuesto al de estos dos tipos idealistas es la novela picaresca.[4] En 1554 apareció una de las obras más bellas y más importantes de la literatura española, el *Lazarillo de Tormes*, que dio origen al género. Esta obra cuenta la vida de un pícaro astuto, Lazarillo, y a la vez presenta una sátira poderosa sobre la sociedad española de la época. Enorme fue su influencia en el desarrollo de la novela del resto del mundo, porque con el tiempo la novela picaresca se convirtió en la novela de costumbres.[5]

A Juan del Encina le siguieron en el siglo XVI varios autores dramáticos de importancia, pero el siglo XVII fue la época gloriosa del teatro español. En esta época Lope de Vega, llamado el fénix de los ingenios[6] por los españoles, fue el dramaturgo más popular de España y también uno de los más grandes del mundo. Fue el fundador del drama nacional de su país, además de ser un gran poeta lírico. Él mismo dice que compuso unas 1500 comedias; de ellas se conservan hoy día sólo unas 425.

Otros dramaturgos famosos del mismo período son Ruiz de Alarcón, Tirso de Molina y Calderón de la Barca. En *El burlador de Sevilla* Tirso de Molina presenta por primera vez en forma dramática el personaje de don Juan, una de las grandes creaciones de la literatura universal. Según algunos críticos, solamente don Quijote, Hamlet y Fausto[7] le igualan en originalidad y profundidad.

FREY LOPE FELIZ DE VEGA CARPIO.

Lope de Vega

---

[1] **unos cuantos,** *a few.*   [2] **novela pastoril,** *pastoral romance (novel).*   [3] **obra maestra,** *masterpiece.*   [4] **novela picaresca,** *picaresque novel, romance of roguery.*   [5] **novela de costumbres,** *novel of customs and manners.*   [6] **fénix de los ingenios,** *phoenix (model) of geniuses.*   [7] **Fausto,** *Faust* (created by the German writer Goethe, 1749–1832).

PREGUNTAS

1. ¿Es rica la literatura española?   2. ¿Ha tenido influencia en otras literaturas?
3. ¿Qué ha expresado a través de los siglos?   4. ¿Cuál es el primer monumento literario de España?   5. ¿De qué trata el poema?   6. ¿Cuál es la primera obra del teatro español?   7. ¿Qué es un romance?   8. ¿A qué ha contribuido el romance?

9. ¿Cuál fue una de las mayores glorias de los Reyes Católicos?   10. ¿Qué obra inició la novela de caballerías?   11. ¿En qué año se publicó la gramática de Nebrija?
12. ¿Quién fue el padre del teatro español?   13. ¿Qué relata *La Celestina*?   14. ¿Por qué es importante la obra?   15. ¿Qué narra el *Amadís de Gaula*?

16. ¿Qué período comprende el Siglo de Oro?   17. ¿Qué llegó a ser España durante aquella época?   18. ¿Cuál fue la obra maestra de la novela pastoril?   19. ¿Qué género realista apareció en este período?   20. ¿Cuál es la obra maestra del género?
21. ¿Qué cuenta el *Lazarillo de Tormes*?   22. ¿Por qué fue grande su influencia?

23. ¿Quién fue Lope de Vega?   24. ¿Cuántas comedias compuso?   25. ¿Cuáles son los nombres de otros dramaturgos del mismo período?   26. ¿Qué personaje presentó Tirso de Molina por primera vez?   27. ¿Cuáles son otros grandes personajes de la literatura universal?

LECTURA XIII

A. Estudio de palabras

1. *Compare the meanings of*: cárcel, *prison, jail, and* encarcelamiento, *imprisonment*; venta, *inn, and* ventero, *innkeeper*; ideal, *ideal*, idealismo, *idealism, and* idealista, *idealistic*; real, *real*, realista, *realistic, and* realidad, *reality*; noble, *noble, and* nobleza, *nobility*; escribir, *to write, and* escritor, *writer*; pensar, *to think, and* pensamiento, *thought*; prometer, *to promise, and* promesa, *promise*; hablar, *to speak, and* hablador, *talkative*; caballo, *horse*, caballero, *one who goes mounted, knight, and* caballerías, *chivalry*; regularidad, *regularity, and* irregularidad, *irregularity*; bastante, *enough, and* bastar, *to be enough*; amor, *love*, amante, *lover*, enamorarse, *to fall in love, and* enamorado, *enamored*; mano, *hand, and* manada, *handful, flock*; persona, *person*, personaje, *personage, character, and* personalidad, *personality*.

2. Deceptive cognates. Some words do not have the apparent meaning: **éxito**, *success*; **suceder**, *to happen*; **natural** may mean *native*, as well as *natural*; **comedia** usually means *play*, not necessarily *comedy*; **fama** means *name, reputation*, in addition to *fame*.

B. Aspectos gramaticales

1. Gender of nouns

a. An occasional Spanish noun ending in **-ta** is masculine: **el pirata**, *pirate*; **unos piratas turcos**, *some Turkish pirates*. Recall that **el mapa** (ending in **-pa**) and certain nouns (largely of Greek origin) which end in **-ma** are also masculine: **el clima**, **el drama**, **el poema**, **el sistema**, **el tema**.

b. The nouns **la figura**, *figure*, and **la persona**, *person*, are always used in the feminine form, even when referring to male beings (see also 1, *b*, page 156): **Sancho Panza es una figura muy graciosa**, *Sancho Panza is a very amusing figure*.

c. Nouns in **-tud** are feminine: **la esclavitud**, *slavery*; **la juventud**, *youth*.

2. Verbs which may be followed directly by an infinitive

> **En 1580 Miguel logró volver a su patria.** In 1580 Miguel succeeded in returning to his native land.
>
> **Por fin decidió hacerse caballero andante.** Finally he decided to become a knight errant.

Durante las fiestas de Navidad acostumbran cantar villancicos.   During the Christmas holidays they have the custom of singing carols.

. . . le pareció ser bien darle título . . .   . . . it seemed to him to be proper to confer on her the title . . .   (See, also, page 99, note 10.)

In addition to the very common verbs **poder, deber, saber, querer, desear,** and **esperar,** many other verbs used in this text may be followed directly by an infinitive, such as **conseguir(i, i)** and **lograr,** *to succeed in,* **decidir,** *to decide,* **determinar,** *to decide, determine,* **prometer,** *to promise,* **pensar(ie),** *to plan, intend,* **acostumbrar,** *to be accustomed to, have the custom of,* and **parecer,** *to seem.*

MIGUEL DE CERVANTES

Miguel de Cervantes, el escritor más ilustre de España y uno de los más célebres de la literatura universal, nació en Alcalá de Henares en 1547, probablemente el 29 de septiembre, día de San Miguel. De su juventud se sabe muy poco—fuera de que[1] su familia vivía modestamente—, pero es evidente que adquirió un conocimiento notable de la vida española de aquellos días, como se ve claramente en sus obras literarias.

A la edad de veintidós años se hallaba Cervantes en Italia, donde más tarde se alistó como soldado en el ejército español. En 1571, a pesar de estar muy enfermo, tomó parte en la batalla de Lepanto,[2] en la cual se distinguió mucho. Recibió dos heridas en el pecho y otra en la mano izquierda, que se le quedó inútil el resto de su vida.

Cuando volvía a España en 1575, fue hecho prisionero por unos piratas turcos, que le llevaron a Argel,[3] donde permaneció cautivo cinco años. Como llevaba cartas de recomendación de personas de alta posición, los turcos le tomaron por hombre de gran importancia, pero su familia no tenía bastante dinero para rescatarle.[4] Cinco veces trató de escaparse, pero fue en vano. Por fin, en 1580, fue rescatado y logró volver a su patria, donde esperaba encontrar una vida más próspera.

Habiéndose distinguido en las armas, ahora se dedicó a las letras. Compuso poesías, comedias y una novela pastoril,

Miguel de Cervantes Saavedra

La Galatea (1585), pero no consiguió triunfar en ninguno de estos géneros. En 1587 obtuvo el cargo de comisario para proveer la Armada Invencible, pero no le pagaban con regularidad y en 1592, por irregularidades en sus cuentas, le condenaron a la cárcel por unos meses.

Se cree que en otro encarcelamiento empezó a escribir la primera parte del *Quijote*, que publicó en 1605. Aunque logró la novela un éxito tremendo, Cervantes

---

[1] **fuera de que,** *aside from the fact that.*   [2] See end vocabulary.   [3] **Argel,** *Algiers* (in North Africa).   [4] **rescatar,** *to ransom.*

ganó poco de su venta. Diez años después, en 1615, apareció la segunda parte de la célebre novela. En el mismo año Cervantes publicó sus *Ocho comedias y ocho entremeses.*[1] Las comedias son de poca importancia, pero los entremeses figuran entre los mejores que se han escrito en español. Dos años antes, en 1613, publicó sus *Novelas ejemplares,* que bastarían para establecer la fama del autor. Su última obra, una novela de aventuras, fue *Los trabajos de Persiles y Sigismunda.* Murió Cervantes el día 23 de abril de 1616.

El ingenioso hidalgo don Quijote de la Mancha es una de las obras inmortales de la literatura universal. Un pobre hidalgo, Alonso Quijano el Bueno, se aficionó tanto a[2] la lectura de libros de caballerías que llegó a perder el juicio. Por fin decidió « ... así para el aumento de su honra, como para el servicio de su república,[3] hacerse caballero andante,[4] e irse por todo el mundo con sus armas y caballo a buscar aventuras y a ejercitarse en[5] todo aquello que él había leído que los caballeros se ejercitaban, deshaciendo todo género de agravio,[6] y poniéndose en ocasiones y peligros donde, acabándolos, cobrase eterno nombre y fama.»

Después de limpiar unas armas antiguas y de dar nombre a su caballo, decidió llamarse don Quijote de la Mancha, nombre que, según él, indicaba claramente su linaje y su patria. Luego se dio cuenta de[7] la necesidad de «buscar una dama de quien enamorarse, porque el caballero andante sin amores era árbol sin hojas y sin fruto, y cuerpo sin alma. En un lugar cerca del suyo había una moza labradora de muy buen parecer,[8] de quien él un tiempo anduvo enamorado,[9] aunque, según se entiende, ella jamás lo supo. Se llamaba Aldonza Lorenzo, y a ésta le pareció ser bien darle título[10] de señora de sus pensamientos, y... vino a llamarla Dulcinea del Toboso, porque era natural del Toboso...»

Hechas todas estas prevenciones,[11] salió don Quijote una mañana, sin que nadie le viese, en busca de aventuras. Al anochecer llegó a una venta[12] que tomó por castillo, y aquella misma noche el ventero le armó caballero.[13] Volvió a su pueblo, donde «solicitó a un labrador vecino suyo... Tanto le dijo, tanto le persuadió y prometió, que el pobre villano[14] determinó salirse con él y servirle de escudero. Le decía entre otras cosas don Quijote que se dispusiese a ir con él de buena gana,[15] porque tal vez le podía suceder[16] aventura en que ganase alguna ínsula[17] y le dejase a él gobernador de ella. Con estas promesas y otras tales, Sancho Panza, que así se llamaba el labrador, dejó su mujer e hijos y asentó por[18] escudero de su vecino.»

En la larga serie de aventuras de la novela Cervantes representa el eterno conflicto entre el espíritu ideal e imaginativo del amo y el sentido realista y práctico del escudero. Aunque la locura de don Quijote

---

[1] **entremés,** *a short farce.*   [2] **se aficionó tanto a,** *became so fond of.*   [3] **república,** *country.*   [4] **caballero andante,** *knight errant.*   [5] **ejercitarse en,** *to practice.*   [6] **deshaciendo...agravio,** *righting every type of wrong.* [7] **se dio cuenta de,** *he realized.*   [8] **moza...parecer,** *very good-looking, young farm girl.*   [9] **de quien...enamorado,** *with whom he was in love once upon a time.*   [10] **a ésta...título,** *he thought it proper to confer upon her the title.*   [11] **Hechas... prevenciones,** *Having made all these preparations.*   [12] **venta,** *inn.*   [13] **el ventero le armó caballero,** *the innkeeper dubbed him knight.*   [14] **villano,** *peasant, villager.*   [15] **se dispusiese...gana,** *he should make up his mind to go with him willingly.*   [16] **suceder,** *to happen.*   [17] **ínsula,** *island.*   [18] **asentó por,** *took service as.*

La Plaza de España (Madrid) with statues of Cervantes, Don Quijote, and Sancho Panza

"Don Quijote and Sancho Panza" by Picasso

mueve a risa en muchas ocasiones, no le supera nadie en cortesía, dignidad, humildad, nobleza y generosidad. En cambio, su fiel compañero Sancho Panza es un aldeano[1] crédulo, tímido, hablador, socarrón,[2] algo glotón,[3] y, además, una figura muy graciosa.[4] En vano Sancho trata de hacerle a su amo volver a la realidad; en vano trata de convencerle que no son gigantes los molinos de viento,[5] que no son ejércitos las manadas de carneros,[6] etcétera. A medida que[7] progresa la acción de la novela, especialmente en la segunda parte, las personalidades de caballero y de escudero se desarrollan hasta tal punto que el pobre escudero acaba por creer en la existencia real de los caballeros andantes. Cuando muere su amo, ya en su cabal juicio,[8] a Sancho ya no le parece locura la vida de los caballeros andantes con todos sus nobles ideales.

En esta obra maestra pasa ante nuestros ojos todo el rico panorama del siglo XVII en España. Ninguna obra literaria es más nacional y a la vez más universal, porque su fondo es la humanidad de todos los tiempos y de todos los países del mundo. *El Quijote*, síntesis de todos los géneros de ficción del Siglo de Oro, se ha llamado, y con razón, la novela más célebre del mundo.

---

[1] **aldeano,** *villager.*   [2] **socarrón,** *crafty.*   [3] **algo glotón,** *something of a glutton.*   [4] **graciosa,** *witty, amusing.*
[5] **que no ... viento,** *that the windmills are not giants.*
[6] **manadas de carneros,** *flocks of sheep.*   [7] **A medida que,** *As.*   [8] **cabal juicio,** *right mind.*

Ancient University of Alcalá de Henares, near Madrid

PREGUNTAS

1. ¿En qué año nació Cervantes?   2. ¿Se sabe mucho de su juventud?   3. ¿Dónde se hallaba a la edad de veintidós años?   4. ¿En qué batalla tomó parte?   5. ¿Cuántas heridas recibió?

6. ¿Qué le pasó cuando volvía a España?   7. ¿Adónde le llevaron los piratas? 8. ¿Cuántos años quedó cautivo?   9. ¿Cuántas veces trató de escaparse?   10. ¿Cuándo volvió a España?

11. ¿Qué clase de obras compuso Cervantes primero?   12. ¿Triunfó en estos géneros? 13. ¿Qué cargo obtuvo en 1587?

14. ¿Cuándo publicó la primera parte del *Quijote*?   15. ¿Ganó mucho en la venta de la novela?   16. ¿Cuándo apareció la segunda parte?   17. ¿Qué interés tienen sus entremeses?   18. ¿Qué otras obras publicó?   19. ¿Cuándo murió Cervantes?

20. ¿Cómo llegó a perder el juicio don Quijote?   21. ¿Qué decidió hacer? 22. ¿Por qué decidió buscar una dama de quien enamorarse?   23. ¿Qué hizo don Quijote una mañana?   24. ¿Quién le armó caballero?   25. ¿Qué le prometió don Quijote a Sancho Panza?

26. ¿Qué representa Cervantes en la larga serie de aventuras de don Quijote? 27. ¿Cuáles son algunos de los ideales que representa don Quijote?   28. ¿Qué clase de persona es Sancho Panza?   29. ¿En qué acciones de Sancho podemos ver su sentido realista y práctico?   30. ¿En qué llega a creer Sancho a medida que progresa la acción de la novela?

31. ¿Qué interés social tiene la novela?   32. ¿Por qué puede decirse que ninguna obra literaria es más universal que esta novela?   33. ¿Qué más se ha dicho de esta novela?

LECTURA XIV

PRESENTACIÓN

A. Estudio de palabras

1. Less approximate cognates. Pronounce the following words aloud, note the English cognates, and describe the variations: interrumpir, *to interrupt*; desilusión, *disillusion*; melancolía, *melancholy*; extenso, *extensive*; reaccionar, *to react*; genio, *genius*; consecuencia, *consequence*; ruta, *route, direction*; maestría, *mastery, skill*; técnico, *technical*; espontáneo, *spontaneous*; andaluz, *Andalusian*; modificado, *modified*; sutil, *subtle*; contemporáneo, *contemporary*; filólogo, *philologist*.

2. *Compare the meanings of:* carácter, *character*, característica, *characteristic trait, and* caracterizar, *to characterize*; país, *country, and* paisaje, *landscape*; sentir, *to feel, and* sentimiento, *sentiment, feeling*; libre, *free*, libertad, *liberty, and* liberal, *liberal*; día, *day, and* diario, *daily*; conocer, *to know, and* conocimiento, *knowledge*; producir, *to produce, and* producción, *production*; presentar, *to present, and* presentación, *presentation, introduction*; ensayo, *essay, and* ensayista, *essayist*; perder, *to lose, and* pérdida, *loss*; pensar, *to think, and* pensador, *thinker*; dominio, *domination*, dominar, *to dominate, and* predominar, *to predominate*; tipo, *type, and* típico, *typical*; vivir, *to live, and* vivo, *live, living*.

3. Deceptive cognates. **Actual** means *present, present-day*. **Diverso**, as in the case of English *diverse*, means both *different* and *varied*.

4. Try to grasp the meaning of the words in heavy type from the context.

la lágrima
> La niña está triste; tiene **lágrimas** en los ojos.
> ¿Hay algo tan poderoso como las **lágrimas** de una mujer?
> Al reunirse con su madre, se mezclaron **lágrimas** y risas.

What is the meaning of **lágrima**?

la falta
> Su preocupación mayor es la **falta** de dinero.
> Observamos la **falta** de interés en el tema.
> Protestaban contra la **falta** de ideas progresivas.

What is the meaning of **falta**?

señalar
> Tuvimos que **señalarle** el camino nuevo.
> ¿Quiere usted **señalar** los rasgos principales de su obra?
> En sus artículos **señalaban** los defectos de los españoles de la época.

What is the meaning of **señalar**? Did you conclude that **señalar** means *to point at (out)*, *indicate*?

B. Aspectos gramaticales

1. Forms of adjectives

Note that the adjectives **impresionista**, *impressionistic*; **individualista**, *individualistic*, and **optimista**, *optimistic*, do not present the ending one might expect from the English: **apasionado e impresionista**, *passionate and impressionistic*; **de una manera optimista**, *in an optimistic manner*.

2. The neuter article **lo**

> **En algunas de sus novelas se presenta el conflicto entre lo antiguo y lo moderno.**   In some of his novels the conflict between the (what is) old and the (what is) modern is presented.

The neuter article **lo** is used with masculine singular adjectives to form an expression almost equivalent to an abstract noun.   The translation of this abstract idea or concept varies according to the context (see also page 147).

LA LITERATURA ESPAÑOLA MODERNA

Durante el siglo XVII España comenzó a perder su poderío político y militar. A la decadencia política la siguió la cultural, y en el siglo siguiente se produjeron[1] pocas obras de valor literario. Solamente en el último tercio del siglo XVIII, con escritores como Gaspar Melchor de Jovellanos y Juan Meléndez Valdés, empezaron a renacer las actividades literarias, si bien[2] fueron interrumpidas otra vez por las guerras contra Napoleón y las represiones de Fernando VII.

Con el fin del reinado de Fernando VII en 1833 y la vuelta a España de los liberales que habían sido desterrados[3] o que se habían refugiado en tierras extranjeras, brotó[4] el romanticismo, especialmente en la poesía y en el drama. Por lo general, este movimiento en España se caracteriza por su índole[5] nacional; los escritores empezaron de nuevo a buscar inspiración en la historia nacional, en el paisaje, en el cristianismo y en la completa libertad artística. Para ellos el arte era individualista y les proporcionaba[6] oportunidad para la libre expresión de sus sentimientos y de su emoción personal.

Entre los escritores del período romántico en España se destacan José de Espronceda, poeta lírico, el Duque de Rivas y José Zorrilla, poetas también y autores de leyendas y dramas históricos basados en la historia nacional. El último de los grandes poetas románticos fue Gustavo Adolfo Béc-quer, autor también de cuentos y leyendas en prosa. Sus famosas *Rimas* expresan su desilusión, su melancolía y su pesimismo, características de la obra romántica en general. Ejemplos de sus *Rimas* son:

Los suspiros son aire y van al aire.
Las lágrimas son agua y van al mar.
Dime, mujer: cuando el amor se olvida,
    ¿Sabes tú adónde va?

* * * * *

Hoy la tierra y los cielos me sonríen;[7]
Hoy llega al fondo de mi alma el sol;
Hoy la he visto...la he visto y me ha
    mirado...
        ¡Hoy creo en Dios!

* * * * *

¿Qué es poesía? dices mientras clavas[8]
En mi pupila tu pupila azul;
¿Qué es poesía? ¿Y tú me lo preguntas?
        Poesía...eres tú.

En el mismo período había escritores que comenzaron a cultivar el artículo de costumbres,[9] en que presentaban cuadros y tipos realistas de la vida diaria, y en que a la vez señalaban los defectos de los españoles de la época. Los costumbristas prepararon el terreno para la novela realista, que surgió en el último tercio del siglo XIX. Entre los muchos novelistas ocupa el primer lugar Benito Pérez Galdós (1843–1920), el

---

[1] **se produjeron,** *were produced.*   [2] **si bien,** *although.*   [3] **desterrados,** *exiled.*   [4] **brotó,** *burst forth.*   [5] **índole,** *character, nature.*   [6] **proporcionaba,** *it offered.*   [7] **me sonríen,** *smile at (upon) me.*   [8] **clavas,** *you fix.*   [9] **artículo de costumbres,** *article of customs and manners.*

(*Center*) Rubén Darío; (*Moving clockwise*) Benito Pérez Galdós;
Jacinto Benavente; Miguel de Unamuno; Juan Ramón Jiménez

maestro de la novela española moderna.
No fue un novelista regional, como Alarcón,
Pereda, Palacio Valdés, Blasco Ibáñez y
otros escritores de la época, sino el novelista
de toda España. Presenta en su extensa
obra todas las regiones y todos los tipos—en
fin, toda la historia española del siglo XIX.
Ningún otro novelista español, con la
excepción de Cervantes, le supera en el
genio creador y en el conocimiento de la
vida y del carácter humano. Es el novelista
más nacional y al mismo tiempo el más
universal de la España moderna. En algunas de sus mejores novelas, como *Doña
Perfecta* y *Gloria*, se presenta el conflicto
entre lo antiguo y lo moderno, entre el

fanatismo y la tolerancia, y casi siempre el
protagonista trata de elevarse sobre el
medio social en que vive. Pérez Galdós
luchó siempre por la verdad, la justicia,
la libertad y el progreso.

El año de 1898 tuvo grandes consecuencias
en España, primero en la historia política y
después en la vida intelectual. Con la
pérdida de Cuba, de Puerto Rico y de las
Islas Filipinas en la guerra con los Estados
Unidos, un grupo de escritores jóvenes, que
se ha llamado «la generación del 98»,
comenzó a protestar contra el tradicionalismo, los defectos del gobierno español y la
falta de ideas progresivas en el país. En su
clamor por un nuevo espíritu nacional,

ensayistas,[1] novelistas, dramaturgos y poetas produjeron un notable renacimiento de las letras españolas que llegó a su apogeo en los primeros años del siglo veinte.

Algunas de las personalidades más importantes de este grupo fueron el gran pensador Miguel de Unamuno, que ha dejado una larga serie de ensayos, de novelas y de poesías, Azorín, ensayista y fino crítico literario, y Ortega y Gasset, filósofo y ensayista.

Otro movimiento literario que influyó mucho en la España de los primeros años del siglo actual[2] fue el modernismo, contribución del Nuevo Mundo a la madre patria. El nicaragüense Rubén Darío fue el maestro reconocido de este movimiento, que realizó muchas innovaciones de metro, de forma, de lenguaje y de ideas. Enorme ha sido la influencia de Darío y de otros poetas hispanoamericanos sobre la poesía española del siglo XX. Con el tiempo los poetas españoles, como Juan Ramón Jiménez, que en 1956 recibió el Premio Nobel de Literatura, y Antonio Machado, reaccionaron contra el modernismo para buscar rutas más personales en su producción artística.

El dramaturgo más eminente del teatro contemporáneo es Jacinto Benavente, otro escritor español que recibió el Premio Nobel de Literatura (1923). Aunque su teatro es muy diverso, sus mejores comedias se caracterizan por la ironía sutil, por la fina sátira, por la maestría en la estructura técnica y por la presentación exacta y artística de la sociedad contemporánea, con todos sus defectos e injusticias.

Las obras dramáticas más espontáneas del siglo actual son los sainetes[3] y las comedias de los hermanos Álvarez Quintero, que han dejado en sus producciones cuadros vivos de la vida andaluza, llenos de gracia, de emoción y de optimismo. Otro dramaturgo del siglo XX es Gregorio Martínez Sierra, autor de una larga serie de comedias en que interpreta de una manera optimista e idealista el carácter español, especialmente el alma femenina.

No se ha cultivado la novela tanto como el ensayo, la poesía y el teatro en el siglo XX. En la primera parte del siglo el vasco Pío Baroja fue uno de los novelistas más populares. Continúa en él el realismo de los novelistas anteriores, pero modificado por el fondo lírico y personal de su sensibilidad. Subjetivo, apasionado e impresionista, es un escritor típico de «la generación del 98.»

Entre los novelistas que comenzaron a escribir después de la guerra civil española de 1936–1939 se ha distinguido especialmente don Camilo José Cela. La producción novelística de Cela muestra muchos rasgos de la novela europea contemporánea. Uno de sus rasgos principales es la nota personal; otros son la presencia de preocupaciones morales y sociales y su dominio del lenguaje.

Otras grandes figuras de la literatura española del siglo XX son el poeta y dramaturgo Federico García Lorca, autor del *Romancero gitano*,[4] y de tres tragedias rurales bien conocidas en nuestro país, *Bodas de sangre*,[5] *Yerma* y *La casa de Bernarda Alba*, y los dramaturgos Alejandro Casona y Antonio Buero Vallejo.

---

[1] **ensayistas,** *essayists.*   [2] **actual,** *present.*   [3] **sainete,** *one-act farce.*   [4] **Romancero gitano,** *Gypsy Ballad Book.*
[5] **Bodas de sangre,** *Blood Wedding.*

El filólogo más eminente de la España contemporánea es don Ramón Menéndez Pidal, autor, entre otros muchos estudios, de *Orígenes del español*, y *La España del Cid*.

En estos últimos años, especialmente desde la guerra civil española, un gran número de escritores y eruditos se han trasladado a las Américas. Algunos, como los poetas Jorge Guillén y Pedro Salinas y los eruditos Américo Castro y Tomás Navarro Tomás, han trabajado como profesores en este país. Otros, como el dramaturgo Alejandro Casona y el poeta Juan Ramón Jiménez, se dedicaron a sus labores en varios países hispanoamericanos, pero todos han continuado cultivando las letras para la mayor gloria de la cultura hispana.

PREGUNTAS

1. ¿Cuándo empezó España a perder su poderío político y militar? 2. ¿Qué puede decirse de la literatura en el siglo XVIII? 3. ¿Cuándo brotó el romanticismo? 4. ¿En qué géneros se vio especialmente? 5. ¿Dónde empezaron a buscar inspiración los escritores? 6. ¿Cuáles son los nombres de tres escritores románticos? 7. ¿Qué escribió Bécquer? 8. ¿Qué expresan sus *Rimas*?

9. ¿Qué comenzaron a cultivar otros escritores del mismo período? 10. ¿Qué presentaban en los artículos de costumbres? 11. ¿Quién fue el maestro de la novela moderna? 12. ¿Cuáles son los nombres de algunos novelistas regionales? 13. ¿Qué presentó Pérez Galdós en su obra? 14. ¿Qué conflictos se presentan en algunas de sus novelas? 15. ¿Qué ideales defendió siempre?

16. ¿Qué perdió España en 1898? 17. ¿Qué nombre se ha dado al grupo de escritores jóvenes de este período? 18. ¿Contra qué comenzaron a protestar? 19. ¿Quiénes son algunos escritores de este grupo? 20. ¿Quién fue el maestro del modernismo?

21. ¿Quién es el autor más eminente del teatro contemporáneo español? 22. ¿Qué escribieron los hermanos Álvarez Quintero? 23. ¿Quién es otro dramaturgo contemporáneo? 24. ¿Quién es Pío Baroja? 25. ¿Qué rasgos muestra Camilo José Cela en su producción novelística? 26. ¿Quiénes son otras grandes figuras de la literatura española del siglo XX? 27. ¿Cuáles son algunas de las obras de García Lorca? 28. ¿Cuáles son algunas obras de Menéndez Pidal? 29. ¿Dónde han vivido muchos escritores y eruditos en los últimos años? 30. ¿Qué han continuado cultivando?

LECTURA XV

PRESENTACIÓN

A. Estudio de palabras

1. Less approximate cognates. Pronounce the following words aloud, note the English cognates, and describe the variations: adecuadamente, *adequately*; escena, *scene*; espontaneidad, *spontaneity*; melodía, *melody*; método, *method*; místico, *mystic*; anónimo, *anonymous*; detalle, *detail*; discípulo, *disciple, pupil*; maravilloso, *marvelous*; perfeccionar, *to perfect*; simplificar, *to simplify*.

2. *Compare the meanings of*: rey, *king*, reina, *queen*, reinar, *to reign, and* reinado, *reign*; componer, *to compose*, compositor, *composer, and* composición, *composition*; música, *music*, músico, *musician, and* musical, *musical*; fuerte, *strong*, fuertemente, *strongly, and* fuerza, *strength*; dibujar, *to draw, paint*, dibujo, *drawing, and* dibujante, *draftsman*; color, *color*, colorido, *coloring, and* colorista, *colorist*; intérprete, *interpreter, and* interpretación, *interpretation*; flor, *flower, and* florecer, *to flourish*; varios, *various, several*, variado, *varied, and* variedad, *variety*; pintor, *painter*, pintar, *to paint, and* pintura, *painting*.

3. Deceptive cognates. Note the following: la infanta, *princess* (daughter of royalty); el representante, *representative (n.)*; el sentido, *sense, feeling*, and, also, *meaning*.

B. Aspecto gramatical

Spanish equivalents of *to become*

> **Don Quijote decidió hacerse caballero andante.** Don Quijote decided to become a knight errant.
> **Al poco tiempo la condesa se puso muy enferma.** After a short time the countess became very ill.
> **En el siglo XVI España llegó a ser la nación más poderosa del mundo.** In the sixteenth century Spain became the most powerful nation in the world.
> **Con el tiempo esta planta se convirtió en lo que hoy llamamos el maíz.** In the course of time this plant became what today we call maize (corn).
> **Durante el período romántico la pintura española se vuelve convencional.** During the romantic period Spanish painting becomes conventional.

As shown in the Lecturas, Spanish has many graphic equivalents of the English verb *to become*, which is rendered according to the specific meaning in each case. **Hacerse** plus a noun or a few adjectives like **rico** means *to become*, denoting conscious effort.

Ponerse, with an adjective or participle, is used to indicate a change in physical, mental, or emotional state.   **Llegar a ser**, with nouns, indicates the final result or culmination of a process.   **Convertirse en**, with nouns, is used to indicate any change, natural or unexpected.   **Volverse**, generally with adjectives, is used to denote a violent or radical change.   Other constructions will be found in your reading.

Etching from "The Art of Bullfighting" by Goya

LAS ARTES ESPAÑOLAS

No solamente la literatura sino todas las artes han florecido en España: la pintura, la música, la arquitectura, la escultura y las artes manuales. Se necesitarían muchas páginas para tratar adecuadamente de todas ellas. Aquí sólo podremos hacer algunas observaciones sobre la pintura a partir de fines[1] del siglo XV. A continuación se dedicarán algunos párrafos a la música en la época moderna.

Como la política española dominaba en los Países Bajos[2] y en Italia desde fines del siglo XV, los artistas españoles iban a aquellos países a estudiar, y los flamencos[3] y los italianos venían a España a trabajar. Gracias a este intercambio llegaban a España las ideas y métodos de afuera. Sin embargo,[4] el espíritu nacional era tan fuerte que en general el arte de los españoles nunca se sometió mucho a las influencias extranjeras.

El pintor más importante de la última parte del siglo XV fue Bartolomé Bermejo. Hacia 1474–1477 pintó el magnífico cuadro, «Santo Domingo de Silos,»[5] en el cual a la técnica flamenca agregó[6] elementos hispánicos, como el vigoroso realismo y la gran riqueza de detalles. Se observan rasgos

---

[1] **a partir de fines,** *since the end.* [2] **Países Bajos,** *Low Countries* (the Netherlands or Holland). [3] **flamencos,** Flemish. [4] **Sin embargo,** *Nevertheless.* [5] For this painting and others mentioned in this **Lectura,** see art section between pages 118–119. [6] **agregó,** *he added.*

semejantes en una hermosa obra anónima de la misma época, «La Virgen de los Reyes Católicos» (hacia 1491).

En el primer tercio del siglo XVI el arte de Hernando Yáñez de la Almedina representa el triunfo del Renacimiento italiano. A pesar de la fuerte influencia italiana, el alto sentido religioso de la pintura española prevalece en el arte de Luis de Morales, *el Divino* (¿1517?–1586).

En la segunda mitad del siglo Alonso Sánchez Coello (1531–1588), discípulo del holandés Antonio Moro, crea el tipo del nuevo retrato cortesano,[1] como en el retrato de una de las hijas de Felipe II, la Infanta[2] Isabel Clara Eugenia. Con la escuela de los continuadores de este pintor se relaciona el bello retrato anónimo de la Reina Isabel de Borbón, primera mujer de Felipe IV (murió en 1644).

El primer gran pintor del Siglo de Oro fue El Greco (¿1548?–1614). Desde la isla de Creta, donde nació, fue a Venecia, como tantos otros artistas, para estudiar con los maestros italianos. Hacia el año 1577 llegó a Toledo, no lejos de Madrid, donde desarrolló y perfeccionó su arte, llegando a ser uno de los pintores más originales e individualistas del mundo. Gran parte de su obra artística comprende una larga serie de retratos e innumerables cuadros religiosos, en que demuestra su sentido místico y su maestría en el uso del colorido. Su obra maestra, «El entierro[3] del Conde de Orgaz,» que encierra muchos aspectos del alma española, fue pintada para la pequeña

iglesia de Santo Tomé de Toledo, donde podemos admirarla hoy día.

Diego Velázquez (1599–1660), de Sevilla, tiene el honor de ser el genio más ilustre de la pintura de su época. Gran realista, este pintor de la corte del rey Felipe IV (1621–1665), presentó en sus lienzos[4] todos los aspectos de la vida y la sociedad de su tiempo, todo ello con una claridad y una precisión no conocidas antes. Para ver las obras maestras de Velázquez hay que visitar el Museo del Prado en Madrid, uno de los museos más importantes de Europa. Algunas de sus mejores obras son «Las meninas,»[5] «Las hilanderas,»[6] «Los borrachos»[7] y «La rendición de Breda,»[8] llamado a menudo «Las lanzas».

En el cuadro «Las meninas,» considerado por muchos como la obra maestra de Velázquez, vemos a la infanta Margarita, rodeada de su corte de meninas y enanos.[9] Detrás de ellos aparecen una dueña[10] y un cortesano,[11] y al lado de ellos se halla el pintor mismo, ocupado en dibujar al rey y a la reina, quienes se supone están parados donde se halla el espectador y se reflejan en un espejo que está en la pared del fondo.

Realista también fue José de Ribera (1591–1652), que muy joven pasó a Italia para perfeccionar su arte. El dominio de los efectos de luz, forma y color, el naturalismo y la nota dramática y apasionada caracterizan la obra de este gran pintor, que halló su inspiración en los motivos[12] religiosos. La fusión del realismo con el idealismo espiritual se realiza en Francisco

---

[1] **cortesano,** *courtly.*   [2] **Infanta,** *Princess.*   [3] **entierro,** *Burial.*   [4] **lienzos,** *canvases.*   [5] **meninas,** *Little Ladies in Waiting.*   [6] **hilanderas,** *Spinning Girls.*   [7] **borrachos,** *Drinkers.*   [8] **La rendición de Breda,** *The Surrender of Breda* (a town in Holland taken from the Flemish in 1625 by the Italian General Spínola, who was serving in the Spanish army).   [9] **enanos,** *dwarfs.*   [10] **dueña,** *chaperone.*   [11] **cortesano,** *courtier.*   [12] **motivos,** *motifs, themes.*

de Zurbarán (1598–1664) y en Bartolomé Esteban Murillo (1618–1682). Continuaron con éxito las excelencias del arte naturalista de Ribera, pero se distinguen de éste por su manera de serenar y simplificar la realidad. Zurbarán es considerado como el más fiel intérprete de la vida religiosa. Los dos saben producir también maravillosas figuras femeninas, en que realzan[1] la belleza y elegancia de la mujer andaluza.

Tanto en la pintura como[2] en la literatura, el siglo XVIII ofrece poco de interés. Sin embargo, a fines del siglo aparecieron las primeras obras de Francisco Goya (1746–1828), uno de los pintores más originales del mundo moderno. Aunque de familia humilde, Goya llegó a ser el pintor de la corte de Carlos IV y de Fernando VII y dejó una gran cantidad de retratos de las dos familias reales, pintados con un realismo y una franqueza que asombran.[3] En su extensa y variada obra vemos, en realidad, toda la historia de su época. Al lado de los cuadros que representan claramente la brutalidad de la guerra de la independencia, después de la invasión de Napoleón en 1808, hay una larga serie de cartones[4] o modelos para tapices,[5] en que

---

[1] **realzan,** *they enhance.*   [2] **Tanto...como,** *Both...and.*   [3] **asombran,** *are amazing.*   [4] **cartón,** a painting or drawing on strong paper.   [5] **tapices,** *tapestries.*

Etching from "The Disasters of War" by Goya

"Young Girl on a Swing," pen and ink drawing by Goya

Etching from "The Caprices" by Goya

pinta escenas y tipos del pueblo, fiestas, bailes populares y otros aspectos de la vida diaria de la época. Por su realismo, su maestría en la técnica, su espontaneidad, su espíritu crítico, su individualismo y su conocimiento de la época en que vivía, Goya es considerado como uno de los genios de la pintura moderna.

"Peasant from Segovia" by Zuloaga

"Beach of Valencia by Morning Light" by Sorolla

Durante el período romántico la pintura española se vuelve convencional, y los artistas buscan inspiración en obras extranjeras. Sin embargo, hacia fines del siglo XIX, cuando reina el realismo en la literatura y las artes, la pintura tiene su mejor representante en el valenciano Joaquín Sorolla (1863–1923), que se ha distinguido por la luz y el colorido de sus hermosos cuadros de la vida y de las costumbres de su región. Algunos de sus mejores lienzos se encuentran en el museo de la Sociedad Hispánica de Nueva York y en el Museo Metropolitano de la misma ciudad. La obra vigorosa y dramática de Ignacio Zuloaga (1870–1945), gran pintor de la España vieja y tradicional, contrasta fuertemente con la de Sorolla.

La influencia de pintores españoles en el arte de nuestro tiempo es incalculable. Pablo Picasso (1881–   ), que ha pasado muchos años en Francia, es, sin duda, el artista que ha ejercido mayor influencia en la pintura contemporánea. Su arte ha atravesado distintas etapas, desde su período azul («El guitarrista») y período rosa,[1] a través del cubismo («Tres músicos»,) hasta volver, hacia 1920, a las formas naturalistas, aunque no olvida su atracción por las composiciones abstractas y cubistas.

Juan Gris (1887–1927), compañero y discípulo de Picasso, superó a su maestro en el estilo cubista. Juan Miró (1893–   ) es uno de los más grandes pintores de la escuela surrealista. Las obras cubistas y surrealistas del gran dibujante y colorista Salvador Dalí (1904–   ) representan el triunfo de la interpretación libre de la realidad, típica del arte actual.

[1] **rosa,** *pink.*

(*Above*)
Manuel de Falla
(*Right*)
Andrés Segovia

(*Above left*) Pablo Casals
(*Above right*) La Argentina

Puede decirse que la música siempre ha sido muy popular en España entre todas las clases sociales. Gracias a las composiciones de los grandes artistas Albéniz y Granados, la música española moderna ya es conocida en todo el mundo. Albéniz (1860–1909), notable pianista y compositor, ha dado a conocer[1] una gran variedad de ritmos, especialmente melodías andaluzas. Las escenas del pintor Goya han servido de inspiración para *Goyescas*, seis famosas piezas para piano, compuestas por Granados (1867–1916).

Según muchos músicos, Manuel de Falla (1876–1946) es el mejor compositor español moderno. Natural de Andalucía, como Albéniz, compuso las encantadoras melodías llamadas *Noches en los jardines de España*. Se oye mucho en los Estados Unidos su *Danza del fuego*,[2] del famoso ballet *El amor brujo*.[3] Para conocer la pasión, la fuerza y la gran variedad de la música española, uno debe escuchar la música de Manuel de Falla.

Gracias a *la Argentina*, célebre intérprete del baile español en la primera parte del siglo actual, conocemos mejor no sólo el antiguo arte del baile español, sino también la música de Albéniz, Granados, Falla y otros compositores.

[1] **ha dado a conocer,** *has made known.* [2] **Danza del fuego,** *Fire Dance.* [3] **El amor brujo,** *Wedded by Witchcraft.*

Otras grandes figuras españolas del mundo musical que conocemos hoy día en los Estados Unidos son Pablo Casals, violoncelista incomparable, Andrés Segovia, guitarrista sin igual, y José Iturbi, eminente pianista, compositor y director de orquesta.

Leaf of choir book, 15th century Spain

PREGUNTAS

1. ¿Qué artes han florecido en España? 2. ¿Puede decirse que el arte de los españoles se sometió mucho a las influencias extranjeras? 3. ¿Qué gran pintor español vivió en la última parte del siglo XV? 4. ¿Qué rasgos pueden observarse en la obra de Bermejo? 5. ¿Qué representa Yáñez de la Almedina en la historia del arte español? 6. ¿Qué sentido característico da Morales al arte aprendido en Italia? 7. ¿Qué tipo de arte crea Sánchez Coello? 8. ¿Quién fue El Greco? 9. ¿Dónde estudió? 10. ¿A qué ciudad de España llegó? 11. ¿Qué clase de obras pintó? 12. ¿Cuál es su obra maestra?

13. ¿Quién fue el gran pintor realista del Siglo de Oro? 14. ¿Qué presentó en sus lienzos? 15. ¿Dónde están sus obras maestras? 16. ¿Cuáles son algunas de sus obras? 17. ¿Qué personas hay en «Las meninas»? 18. ¿Qué rasgos caracterizan la pintura de Ribera? 19. ¿Qué representan Zurbarán y Murillo en el arte español? 20. ¿Qué puede decirse de sus figuras femeninas?

21. ¿De qué siglo es Francisco Goya? 22. ¿Qué llegó a ser? 23. ¿Qué clase de obras pintó? 24. ¿Cuándo reinó el realismo en las artes? 25. ¿Quién es su mejor representante en la pintura? 26. ¿Dónde se encuentran algunos de sus mejores lienzos? 27. ¿Quiénes son otros pintores contemporáneos?

28. ¿Qué etapas pueden señalarse en la evolución del arte de Picasso? 29. ¿Supera Picasso a Juan Gris en el estilo cubista? 30. ¿Con qué escuela se relaciona Juan Miró? ¿Salvador Dalí?

31. ¿Quién fue Albéniz? 32. ¿Quién fue otro pianista famoso? 33. ¿Qué compuso Falla? 34. ¿Quién ha sido la intérprete más célebre del baile español? 35. ¿Quién es Pablo Casals? 36. ¿Quién es Andrés Segovia? 37. ¿José Iturbi?

LA PINTURA
ESPAÑOLA

A la derecha:
Anónimo LA VIRGEN DE LOS REYES CATÓLICOS
Cortesía, Museo del Prado, Madrid

Debajo, a la derecha:
Luis de Morales LA VIRGEN Y EL NIÑO
Cortesía, Museo del Prado, Madrid

Debajo, a la izquierda:
Bartolomé Bermejo SANTO DOMINGO DE SILOS
Cortesía, Museo del Prado, Madrid

A la izquierda:
Alonso Sánchez Coello LA INFANTA ISABEL CLARA
EUGENIA
Cortesía, Museo del Prado, Madrid

Debajo, a la izquierda:
Anónimo LA REINA ISABEL DE BORBÓN
Cortesía, Museo del Prado, Madrid

Debajo, a la derecha:
Hernando Yáñez de la Almedina SANTA CATALINA
Cortesía, Museo del Prado, Madrid

EL ENTIERRO DEL CONDE DE ORGAZ
Cortesía, Iglesia de Santo Tomé, Toledo. Fotografía de MAS

Arriba, a la izquierda:

SAN MARTÍN Y EL MENDIGO

*Cortesía, National Gallery of Art, Washington, D.C.,
Widener Collection*

Arriba, a la derecha:

LA CORONACIÓN DE LA VIRGEN

Cortesía, Museo del Prado, Madrid

A la derecha:

LA SAGRADA FAMILIA

*Cortesía, National Gallery of Art, Washington, D.C.,
Samuel H. Kress Collection*

EL GRECO

EL GRECO

LA TRINIDAD
Cortesía, Museo del Prado, Madrid

SAN ANDRÉS Y SAN FRANCISCO
Cortesía, Museo del Prado, Madrid

VELÁZQUEZ

LAS MENINAS
Cortesía, Museo del Prado, Madrid

EL PRÍNCIPE BALTASAR CARLOS (detalle)
Cortesía, Museo del Prado, Madrid

LOS BORRACHOS
Cortesía, Museo del Prado, Madrid

VELÁZQUEZ

LA RENDICIÓN DE BREDA
Cortesía, Museo del Prado, Madrid

VELÁZQUEZ

LA CORONACIÓN DE LA VIRGEN
Cortesía, Museo del Prado, Madrid

LAS HILANDERAS
Cortesía, Museo del Prado, Madrid

EL SUEÑO DE JACOB
Cortesía, Museo del Prado, Madrid

LA TRINIDAD
Cortesía, Museo del Prado, Madrid

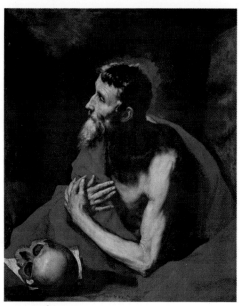

SAN JERÓNIMO
Cortesía, Museo del Prado, Madrid

ZURBARÁN

A la derecha:

LA VISIÓN DE SAN PEDRO NOLASCO

Cortesía, Museo del Prado, Madrid

Debajo, a la derecha:

SANTA CASILDA

Cortesía, Museo del Prado, Madrid

Debajo, a la izquierda:

SANTA LUCÍA

*Cortesía, National Gallery of Art, Washington, D.C.,
Gift of Chester Dale*

MURILLO

LOS NIÑOS DE LA CONCHA
Cortesía, Museo del Prado, Madrid

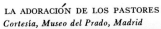

LA ADORACIÓN DE LOS PASTORES
Cortesía, Museo del Prado, Madrid

EL DIVINO PASTOR
Cortesía, Museo del Prado, Madrid

MURILLO

LA PURÍSIMA CONCEPCIÓN
Cortesía, Museo del Prado, Madrid

EL REGRESO DEL HIJO PRÓDIGO
Cortesía, National Gallery of Art, Washington, D.C.,
Gift of the Avalon Foundation

GOYA

EL GENERAL RICARDOS
Cortesía, Museo del Prado, Madrid

EL DOS DE MAYO
Cortesía, Museo del Prado, Madrid

EL TRES DE MAYO
Cortesía, Museo del Prado, Madrid

GOYA

LA VENDIMIA
Cortesía, Museo del Prado, Madrid

EL PARASOL
Cortesía, Museo del Prado, Madrid

AQUELARRE DE BRUJAS
Cortesía, Museo del Prado, Madrid

PICASSO

TRES MÚSICOS
Collection, The Museum of Modern Art, New York.
Mrs. Simon Guggenheim Fund

EL VIEJO GUITARRISTA
Cortesía, "The Art Institute of Chicago"

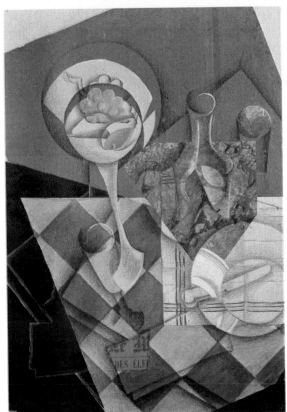

GRIS

NATURALEZA MUERTA CON UN PLATO
DE FRUTAS Y UNA BOTELLA DE AGUA
Cortesía, Rijksmuseum Kröller-Müller Stichting, Otterlo, Holanda

MIRÓ

MURAL DE CERÁMICA (detalle), UNESCO, PARÍS
Cortesía, UNESCO, París. Fotografía de MAS

DALÍ

EL DESCUBRIMIENTO DE AMÉRICA POR CRISTÓBAL COLÓN
*Cortesía, Salvador Dalí y The Gallery of Modern Art including the Huntington
Hartford Collection*

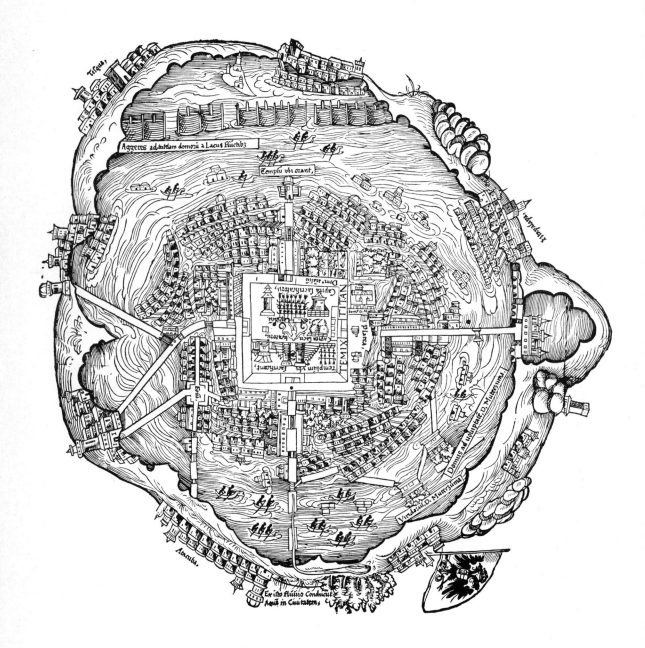

Mapa del lago y de la ciudad de México, 1524

LECTURA I

PRESENTACIÓN

A. Estudio de palabras

Observations on Spanish cognates. You have already learned that the recognition of cognates is of enormous value in learning to read a foreign language. In Part II of this text the principles introduced in this section of Part I are reviewed, sometimes in summary form, and additional observations are made. All examples listed below are taken from the reading selection of Lectura I.

1. Exact cognates. Many Spanish and English words are identical in form and meaning, although the pronunciation is different: anterior *(anterior, earlier)*, capital, civil, cruel, honor, labor, tropical, valor.

2. Approximate cognates. A few principles for recognizing approximate cognates are:

a. The Spanish word has a written accent and/or lacks a double consonant: América, Panamá, rebelión, región, religión.

b. Many English words lack Spanish final **-a, -e, -o** (and sometimes a written accent): azteca, marcha, persona, república; parte; océano, pacífico.

c. Certain Spanish nouns ending in **-cia** (also in **-cio**) end in *-ce* in English: abundancia, distancia, noticia, provincia, prudencia.

d. Certain Spanish nouns ending in **-ia** (**-ía**), **-io** end in *-y* in English: colonia, Epifanía *(Epiphany)*, historia; territorio. (However, note the endings of Biblia, *Bible*, indio, *Indian*, and imperio, *empire*.)

e. Most Spanish nouns ending in **-ción** are feminine and end in *-tion* in English (sometimes the Spanish word lacks a double consonant): acusación, expedición, exploración, institución, nación, situación, vegetación.

f. Certain Spanish nouns ending in **-dad, -tad** end in *-ty* in English: crueldad, sinceridad; dificultad *(difficulty)*, libertad.

g. Spanish adjectives ending in **-oso** end in *-ous* in English: maravilloso, religioso.

h. The Spanish ending **-ador, -edor, -idor**, applied to the stem of an infinitive, often indicates one who performs or participates in an action. *Compare:* conquistar, *to conquer, and* conquistador, *conqueror*; descubrir, *to discover, and* descubridor, *discoverer*; explorar, *to explore, and* explorador, *explorer*. Also note: emperador, *emperor*; gobernador, *governor*.

3. Less approximate cognates. Other words with miscellaneous differences which should be recognized easily, especially in context or when pronounced in Spanish are: bahía, *bay*; barril, *barrel*; cañón, *cannon*; capitán, *captain*; colono, *colonist*; conquista,

conquest; costa, *coast*; cristiano, *Christian*; desierto, *desert*; enemigo, *enemy*; enorme, *enormous*; época, *epoch*; espíritu, *spirit*; falso, *false*; fundación, *foundation, founding*; hostil, *hostile*; intérprete, *interpreter*; isla, *island*; istmo, *isthmus*; militar, *military*; oeste, *west*; permiso, *permission*; prisionero, *prisoner*; representante, *representative*; sudoeste, *southwest*; título, *title*; tribu, *tribe*; vano, *vain*; valle, *valley*.

B. Modismos *(Idioms)* y frases útiles

acabar de + *inf.* to have just + *p.p.*
acercarse a to approach, move toward
al año (día) siguiente (in, on) the following year (day)
al otro lado de on the other side of
al poco tiempo after (in) a short time
dar a to face
darse cuenta de to realize
de nuevo again, anew
dirigirse a to go (direct oneself) to
disfrutar de to enjoy
dos veces twice, two times
en busca de in search of
en ese momento at that moment

esto es that is
hay que + *inf.* one must, it is necessary to
llegar a ser to become
muchas veces many times, often
poco a poco little by little
por medio de by means of
tardar ... en + *inf.* to take ... to, delay ... in
tener que + *inf.* to have to, must
tratar de + *inf.* to try to
tratar de + *obj.* to deal with
unirse a to join, unite with
unos (-as) cuantos (-as) a few, some (few)

C. Aspectos gramaticales[1]

1. **Al** plus an infinitive may be rendered into English by *on (in)*, *upon* plus a present participle, or by a finite verb introduced by *when*, as:

   Al saber Upon learning (finding out), When (he) learned (found out)
   Al volver On returning, When (he) returned

The infinitive may have a subject, in which case it follows the verb:

   al estallar una rebelión when a rebellion broke out
   Al entrar Atahualpa en la plaza When (As) Atahualpa entered the square

2. For a discussion of the passive voice and of the reflexive substitute for the passive in Spanish, see pages 19, 43 and 82.

---

[1] The grammatical points explained in this section are marked in the Lectura with an asterisk, with few exceptions.

An additional use of the reflexive construction as a substitute for the passive occurs when **se** is used impersonally as the subject and the English noun subject is made the object of the Spanish verb.   The object pronoun **le** (*pl.* **les**) is used for a third person masculine object, direct or indirect:

> **Se le critica mucho a Cortés**   Cortés is criticized (People criticize Cortés) a great deal

3. In Spanish when anything is taken away (bought, hidden, etc.) from anyone, the indirect object is used:

> **Para ocultar a los indios la muerte de ...**
> In order to hide from the Indians the death of ...

4. The infinitive is regularly used after the verbs **oír** and **ver**.   Note the use of the infinitive and the difference in meaning of the two expressions which follow:

> **los españoles oyeron decir que ... había un mar enorme ...**
> the Spaniards heard (it said) that ... there was an enormous sea ...
> **oyó hablar ... de tierras maravillosas ...**
> he heard (people talk) ... about marvelous lands ...

5. In the following phrases used in this Lectura and listed separately here, note that the article is omitted in Spanish:

a manos de at the hand(s) of	**por orden de** at (by) the order of
a poca distancia at a short distance	**por primera (tercera) vez** for the first
en nombre de in the name of	(third) time

EXPLORADORES
Y CONQUISTADORES ESPAÑOLES

Durante la primera mitad del siglo XVI los españoles exploraron y conquistaron una gran[1] parte del Nuevo Mundo. En un libro anterior[2] hemos hablado de exploradores, como Coronado, que visitaron por primera vez* los territorios que hoy forman parte del sudoeste de los Estados Unidos. En esta Lectura vamos a tratar de algunos exploradores y conquistadores de otras partes de las dos Américas: Vasco Núñez de Balboa, Hernán Cortés, Francisco Pizarro y Hernando de Soto.

En el año 1510 Núñez de Balboa (1475–1517) guió la expedición de Martín Fernández de Enciso hasta la costa del istmo de Panamá, donde se fundó una colonia. En la Española, hoy Santo Domingo, no le habían dado permiso para formar parte de la expedición, y Balboa había tenido que esconderse en uno de los barriles de provisiones. Enciso le permitió continuar en la expedición al saber* que Balboa conocía bien las tierras adonde iban.

Al poco tiempo Balboa ganó la confianza[3] de los colonos y al estallar una rebelión*, llegó a ser el jefe de la nueva colonia. Hablando con los indios, los españoles oyeron decir* que al otro lado de las montañas había un mar enorme, el Mar del Sur,[4] en el cual navegaban los barcos de una nación poderosa,[5] y que en esa nación podrían encontrar oro en abundancia. Ésta fue la primera noticia que los españoles tuvieron del Océano Pacífico y del imperio de los incas.

En el mes de septiembre de 1513 Balboa, con 150 hombres, salió en busca del Mar del Sur. Como tuvieron que atravesar una región de vegetación tropical y los indios eran hostiles, tardaron diez y nueve días en llegar a la cumbre[6] de las montañas, desde la cual Balboa vio por primera vez el gran océano. En el lugar construyeron una cruz de madera,[7] con los brazos extendidos hacia los dos océanos. Continuando hasta la costa, el 29 de septiembre Balboa entró en el agua y, en nombre del* rey de España, tomó posesión del Mar Pacífico y de todas sus costas y sus islas.

Al volver* a la colonia, Balboa encontró que sus enemigos habían lanzado[8] acusaciones falsas contra él y que el rey había nombrado a Pedrarias Dávila,

---

[1] **gran**, *great*.   [2] Turk and Espinosa: *Foundation Course in Spanish*, *Second Edition*, Heath, 1970.
[3] **confianza**, *confidence*.   [4] **Mar del Sur**, *Southern Sea*.   [5] **en el cual ... poderosa**, *in which the boats of a powerful nation sailed*.   [6] **cumbre**, *summit*.   [7] **cruz de madera**, *wooden cross*.
[8] **habían lanzado**, *had made (launched)*.

hombre cruel y codicioso,[1] gobernador de la colonia.   Balboa se preparaba
para emprender[2] un viaje de exploración al Perú cuando fue detenido por
Pedrarias, que le condenó a muerte[3] en 1517.   La república de Panamá ha
honrado al descubridor dando su nombre a una ciudad y también a la moneda
del país, que se llama *el balboa*.

Hernán Cortés (1485–1547) se embarcó para América a la edad de diez y
nueve años.   En la Española y en Cuba oyó hablar* muchas veces de tierras
maravillosas que estaban al oeste, al otro lado del mar.   Mandado por
Diego Velázquez, gobernador de Cuba, a conquistar a México, resolvió
emprender la conquista por cuenta propia.[4]

La expedición, que constaba de[5] unos 500 soldados, 12 naves, 16 caballos y
unas cuantas armas de fuego,[6] llegó a la costa de México en el mes de abril de
1519.   Después de fundar la ciudad de Veracruz, Cortés quemó[7] todas sus
naves, menos una que mandó a España para anunciar la fundación de la
nueva colonia.   Con la ayuda de algunas tribus indígenas[8] que se convirtieron
en aliados suyos,[9] Cortés y sus soldados invadieron el territorio de los aztecas.
Al acercarse a Tenochtitlán, la capital de los aztecas, el emperador Moctezuma salió a recibirlos, y los españoles pudieron establecerse en la ciudad sin
dificultad.

Comprendiendo que su pequeño ejército[10] estaba a la merced de los aztecas,
los españoles se apoderaron de[11] la persona de Moctezuma y le obligaron a
dar las órdenes que ellos le indicaban.   Poco a poco los aztecas se dieron
cuenta de la situación y se rebelaron contra los invasores.[12]   Por orden de* los
españoles Moctezuma salió a hablar con los indios, quienes le arrojaron una
piedra que le causó la muerte.[13]   Los españoles fueron obligados a salir de la
ciudad la noche del 30 de junio de 1520.   Aquella noche es conocida en la
historia como «la Noche Triste»; en ella Cortés perdió unos 400 soldados.
Al año siguiente, habiendo recibido nuevas fuerzas, Cortés pudo emprender de
nuevo la conquista de Tenochtitlán.

Se le critica mucho a Cortés* por su crueldad, pero hay que reconocer que
ningún conquistador le superó en valor, táctica militar, prudencia y sinceridad
religiosa.   Él mismo empezó la labor de establecer en la Nueva España,[14] esto
es, en México, las instituciones que existían en su época en España.

---

[1] **codicioso**, *covetous, greedy.*   [2] **emprender**, *(to) undertake.*   [3] **le condenó a muerte**, *condemned
him to death.*   [4] **por cuenta propia**, *by himself, on his own (account).*   [5] **constaba de**, *consisted of.*
[6] **armas de fuego**, *firearms.*   [7] **quemó**, *burned.*   [8] **indígenas**, *native, Indian.*   [9] **que ... suyos**,
who became (were converted into) allies of his.   [10] **ejército**, *army.*   [11] **se apoderaron de**, *took
possession of, seized.*   [12] **invasores**, *invaders.*   [13] **le arrojaron ... muerte**, *they threw at him
a stone which caused his death.*   [14] New Spain, which was organized as a Viceroyalty in 1535,
comprised all Spanish territory north of Panama; thus Mexico was called New Spain until its independence from the Mother country in 1821.

Talla en basalto de un Caballero Águila azteca

Uno de los compañeros de Núñez de Balboa, Francisco Pizarro (1475–1541), se asoció con[1] otro soldado, Diego de Almagro, y con el clérigo Hernando de Luque, para emprender la conquista del imperio de los incas. Después de intentarlo[2] en vano dos veces, primero en 1524 y luego dos años después, Pizarro decidió volver a España, donde el rey, Carlos V, le nombró gobernador de las provincias del Perú.

En enero de 1531 Pizarro salió de Panamá por tercera vez.*   Llevaba 37 caballos y unos 180 soldados, entre ellos cuatro hermanos suyos.   Al llegar al norte del Perú, cruzaron montañas, ríos y desiertos en su marcha hacia Cajamarca, donde los esperaba Atahualpa, emperador de los incas.   En el camino se le unieron a Pizarro unos 130 hombres, entre ellos el capitán Hernando de Soto.

Atahualpa, que acababa de derrotar[3] a su hermano Huáscar en una guerra civil, creía que los incas podrían vencer fácilmente a los españoles.   En noviembre Pizarro ocupó la ciudad de Cajamarca, que los incas habían abandonado, y envió a un hermano suyo y a Hernando de Soto a decirle a Atahualpa que el representante de otro gran rey le invitaba a visitarle.   El inca, que estaba a poca distancia* de la ciudad, con un ejército de más de 30,000 hombres, les contestó que lo haría al día siguiente.

Pizarro escondió hombres, caballos y cañones en los edificios que daban a la plaza.   Al entrar Atahualpa en la plaza,* en una litera[4] ricamente adornada, le recibió un padre dominico, Vicente de Valverde.   Ofreciéndole al inca una Biblia, Valverde trató de explicarle, por medio de un intérprete, que debía aceptar[5] la religión cristiana y reconocer el poderío[6] del rey de España. Atahualpa arrojó la Biblia al suelo, contestando que ningún rey era más poderoso que él.   En ese momento los españoles que estaban escondidos atacaron a los indios, matando a muchos de ellos y prendiendo[7] a Atahualpa. Éste,[8] para obtener su libertad, ofreció llenar de oro el cuarto donde le tenían prisionero.   Aunque lo hizo, no le dieron la libertad que le habían prometido. Los españoles lanzaron acusaciones falsas contra él y le condenaron a muerte.

Continuando la conquista del imperio inca, los españoles marcharon al Cuzco, la capital del imperio.   Más tarde Pizarro se dirigió al valle del Rimac, donde, el seis de enero de 1535, en honor de la fiesta de la Epifanía, fundó la Ciudad de los Reyes, después llamada Lima.

Pizarro y Almagro no disfrutaron mucho tiempo de sus riquezas y conquistas.   Surgieron discordias entre los dos.[9]   Almagro fue vencido y

---

[1] **se asoció con**, *joined, formed a partnership with.*   [2] **intentar**, *to try.*   [3] **acababa de derrotar**, *had just defeated (routed).*   [4] **litera**, *litter.*   [5] **debía aceptar**, *he must (should) accept.*   [6] **poderío**, *power.*   [7] **prendiendo**, *seizing.*   [8] **Éste**, *The latter.*   [9] **Surgieron ... los dos**, *Discord (Disagreements) arose between the two.*

«La captura de Atahualpa», según los De Bry,
famosos grabadores flamencos

Hernando de Soto

condenado a muerte por uno de los hermanos del conquistador. Pizarro
murió a manos de* un hijo de Almagro en 1541.

Hernando de Soto (1497–1542) había sido compañero de Pedrarias en
Panamá y de Pizarro en el Perú antes de conseguir, en 1536, el título de
gobernador de Cuba y de la Florida. En 1539 partió de Cuba, con unos 600
hombres, para la Florida, donde esperaba hallar otra tierra tan rica como el
Perú. En el mes de mayo llegó a la bahía del Espíritu Santo, llamada ahora
Tampa Bay.

Durante dos años de Soto exploró los bosques hacia el norte y hacia el
oeste, sin hallar las riquezas que buscaba. La marcha le llevó por las tierras
que hoy forman los estados de la Florida, Georgia, las Carolinas, Alabama y
Misisipí. En la primavera del año de 1541 descubrió el río Misisipí. Durante
el año siguiente de Soto y sus compañeros continuaron sus exploraciones hacia
el oeste, pasando por los estados de Misurí, Arkansas y Oklahoma. Enfermo
y desalentado,[1] de Soto murió el 21 de mayo de 1542. Para ocultar a* los
indios la muerte de su valiente jefe, sus compañeros envolvieron su cuerpo en
una manta, lo llevaron al río y lo arrojaron en sus aguas.

[1] **desalentado**, *discouraged.*

129

PREGUNTAS

1. ¿En qué siglo exploraron y conquistaron los españoles una gran parte del Nuevo Mundo?   2. ¿Quién guió la expedición de Enciso hasta la costa del istmo de Panamá?   3. ¿Qué llegó a ser Balboa?   4. ¿Qué oyeron decir los españoles en Panamá?   5. ¿Por qué tardaron tantos días en llegar a la cumbre de las montañas? 6. ¿Qué vio Balboa desde la cumbre de las montañas?   7. ¿Qué hizo Balboa al llegar a la costa?   8. ¿Qué hicieron los enemigos de Balboa?   9. ¿Cómo murió Balboa?   10. ¿Qué ha hecho la república de Panamá para honrar al descubridor?

11. ¿Cuántos años tenía Cortés cuando se embarcó para el Nuevo Mundo? 12. ¿De qué oyó hablar muchas veces en la Española y en Cuba?   13. ¿Qué resolvió hacer cuando le mandó Diego Velázquez a conquistar a México?   14. ¿Qué nombre dieron a la ciudad que fundaron en la costa de México?   15. ¿Quemó Cortés todas sus naves?   16. Al acercarse los españoles a Tenochtitlán, ¿quién salió a recibirlos?   17. ¿Por qué se apoderaron los españoles de la persona de Moctezuma? 18. ¿Qué hicieron los indios cuando se dieron cuenta de la situación?   19. ¿Qué tuvieron que hacer los españoles la noche del 30 de junio de 1520?   20. ¿Cuándo pudo Cortés emprender de nuevo la conquista de la ciudad?   21. ¿En qué superó Cortés a los otros conquistadores españoles?

22. ¿A quién nombró el rey gobernador de las provincias del Perú?   23. ¿En qué año salió Pizarro de Panamá por tercera vez?   24. ¿Qué tuvieron que cruzar para llegar a Cajamarca?   25. ¿Qué pasó cuando Atahualpa entró en la plaza de Cajamarca?   26. ¿Qué ofreció hacer Atahualpa para obtener su libertad? 27. ¿Cómo y cuándo murió Pizarro?

28. ¿Qué esperaba hallar Hernando de Soto en la Florida?   29. ¿Qué descubrió en el año 1541?   30. ¿Qué tierras exploraron durante el año siguiente?

EJERCICIOS ESCRITOS

A. Uso de modismos y frases hechas *(fixed phrases)*

Escriban oraciones completas empleando las frases siguientes como elemento inicial:

1. La Lectura trata de . . .
2. Acabamos de leer . . .
3. Al saber Enciso que . . .
4. Como tuvieron que . . .
5. A la edad de diez y nueve años . . .
6. Cortés oyó hablar muchas veces . . .
7. En el mes de abril de 1519 . . .
8. Fueron obligados a salir de la ciudad de México . . .

B. Para expresar en español[1]

1. In the year 1510 Balboa arrived in (at) Panama, where, after a short time, he became the leader of the new colony which was founded there.   2. Talking with the Indians, the Spaniards heard that on the other side of the mountains there was an enormous sea.   3. It took Balboa and his men nineteen days to reach the summit, from which they saw the Pacific Ocean for the first time.   4. After taking possession of the great ocean and of all its coasts and its islands in the name of the king of Spain, Balboa returned to the colony, where Pedrarias condemned him to death.   5. When Cortés, who was in Cuba, heard about marvelous lands which were to the west, he resolved to undertake the conquest of that region.   6. He founded the city of Veracruz in 1519; then, he burned all his ships, except one which he sent to Spain.   7. He and his little army were able to settle in Tenochtitlán, but the Aztecs, after the death of their emperor, rebelled against the Spaniards.   8. Finally, Cortés conquered the Aztecs and, like other Spanish conquerors, began to establish the institutions which existed in Spain.   9. Upon reaching Peru on their third expedition, Pizarro and his soldiers had to cross mountains, rivers, and deserts in their march to Cajamarca. 10. Even though Atahualpa filled with gold the room where they held him prisoner, the Spaniards did not give him the freedom that they had promised him.   11. Continuing the conquest of the Inca empire, the invaders marched to Cuzco, and later, on January 6, 1535, Pizarro founded the City of the Kings, called Lima afterwards. 12. Hernando de Soto explored the forests toward the north and the west of Florida in search of a land as rich as Peru before discovering the Mississippi river in the spring of 1541.

C. Temas para un informe escrito

Escriban tres oraciones sobre cada uno de los temas siguientes:

1. Núñez de Balboa descubre el Océano Pacífico.
2. La conquista de Tenochtitlán.
3. Pizarro derrota y prende al emperador de los incas.

[1] In this and similar exercises the instructor may assign all or as few sentences as are considered necessary.

«La Batalla de Araure», por Tito Salas
Simón Bolívar derrotó a los españoles en Araure,
Venezuela

LECTURA II

PRESENTACIÓN

A. Estudio de palabras

Observations on Spanish cognates (Continued). Review the "Estudio de palabras" section of Lectura I, pages 121–122. A number of principles listed there are involved in the observations given below, and, naturally, many words fit more than one category. Also, the student is cautioned against assuming that all Spanish words having the sounds and forms mentioned can be turned into English by the corresponding changes indicated. An occasional word used in Lectura I and also used in this Lectura appears below.

1. Verb cognates

a. The ending of the Spanish infinitive is lacking in English: formar, permitir, representar, resultar.

b. The ending of the Spanish infinitive is *-e* in English: aspirar, continuar, decidir, declarar, invadir, organizar, realizar, retirar.

c. Certain infinitives ending in **-ar** end in *-ate* in English: celebrar, educar, elevar, separar, terminar, venerar.

d. Infinitives with additional differences are: aceptar, *to accept*; concebir (i, i), *to conceive*; distinguir, *to distinguish*; gobernar, *to govern*; iniciar, *to initiate*; ocurrir, *to occur*; proclamar, *to proclaim*; revelar, *to reveal*; sufrir, *to suffer*.

Often it is helpful to think of a similar meaning in English: encontrar (ue), *to encounter, find*; convocar, *to convoke, call*; elevar, *to elevate, raise*; terminar, *to terminate, end*; unir, *to unite, join*.

2. Approximate cognates (comparison of Spanish and English sounds)

a. Spanish initial **e** before a consonant group beginning with **s** (or **x**) = the English consonant group without the initial *e*: España, español, estado, estudio, estudiar.

b. The Spanish **k** sound (**qu** before **e** and **i**, but **c** in other cases, with a few exceptions in which the letter **k** appears) = English *ch* or *(c)k*: convocar, *to convoke*; kilómetro, *kilometer*; monarquía, *monarchy*; atacar, *to attack*.

c. Spanish **f** = English *ph*: triunfante, *triumphant*; triunfo, *triumph*.

d. Spanish **t** = English *th*: autoridad, *authority*; teoría, *theory*; trono, *throne*.

e. Spanish **u** = English *ou*: fundación, *foundation, founding*; fundar, *to found*; grupo, *group*.

3. Less approximate cognates. Other words with miscellaneous differences which should be recognized easily, especially in context or when pronounced in Spanish

are: bandera, *banner*; batalla, *battle*; carrera, *career*; congreso, *congress*; progreso, *progress*; imagen, *image*; nacional, *national*; norteamericano, *North American*; panamericano, *Pan American*; proyecto, *project*; puesto, *post*; razón, *reason*; Virgen, *Virgin*; voluntario, *volunteer*.

4. Keeping in mind the principles stated concerning certain endings of words in the "Estudio de palabras" section of Lectura I, give the meanings of: libertad; conspirador, dictador, libertador; misterioso; conferencia, injusticia, independencia, servicio; familia, revolucionario, victoria.

5. Deceptive cognates. From the outset the student should beware of a number of important cases in which the meaning of the Spanish cognate is quite different from the meaning that might be expected in English. The following examples appear in this Lectura: actual, *present, present-day*; la capital, *capital* (city), which must be distinguished from **el capital**, *capital* (money); la conferencia, *conference*, and *lecture*; la desgracia, *misfortune*; papel, *role*, and *paper*; realizar, *to realize*, in the sense of *to carry out*.

B. Modismos y frases útiles

a caballo   on horseback
a fines de   towards (at) the end of
a principios de   at the beginning of
a través de   across, through
atreverse a   to dare to
dar gritos   to cry out, shout
en poder de   in the hands (power) of
en seguida   at once, immediately
es decir   that is, that is to say
junto con   along with
negarse (ie) a   to refuse to
otra vez   again
poco después   shortly afterwards

poner fin a   to put an end to
ponerse en marcha   to set out, start out
por desgracia   unfortunately
por eso   therefore, for that reason, that's why
por fin   finally, at last
representar el mismo papel que   to play the same role as
sobre todo   especially, above all
tener lugar   to take place
tocarle a uno   to fall to one's lot, be one's turn

C. Aspectos gramaticales

1. The past participle may be used absolutely to express *time, manner, means,* and the like:

> **Conseguida la independencia peruana . . .**   Peruvian independence attained (After *or* When Peruvian independence was attained) . . .
> **Terminada la obra militar . . .**   The military work ended (After the military work was ended) . . .

2. Word order in Spanish.   Contrary to the normal order of subject, verb, object (predicate noun, adjective, etc.) in a declarative sentence, the subject often follows the verb in Spanish.   In general, there is a tendency to avoid ending a Spanish sentence with a verb.   Some typical inversions found in this Lectura are:

a. When the subject is long or followed by a clause, or in relative and adverbial clauses when the verb does not have a noun object expressed:

> **ocurrieron ciertas injusticias . . . que no permitían el progreso . . .**
> certain . . . injustices which did not permit the progress . . . occurred
> **decidieron que había llegado el momento de sublevarse y gobernarse a sí mismas.**   (they) decided that the moment to rebel and to govern themselves had arrived.

b. When an adverbial expression, prepositional phrase, or other types of incidental expressions begin the sentence:

> **Poco después tuvo lugar la misteriosa entrevista de . . ., donde por primera vez se encontraron Bolívar y San Martín.**   Shortly afterwards the mysterious interview of (at) . . ., where Bolívar and San Martín met for the first time, took place.

c. When the reflexive construction is used as a substitute for the passive (see page 123):

> **En esta entrevista se discutieron los planes . . .**   In this interview the plans . . . were discussed
> **se le considera a Hidalgo**   Hidalgo is considered
> **se celebra la fiesta nacional de la república . . .**   the national holiday of the republic is celebrated . . .

At times, however, the subject precedes the verb in the impersonal reflexive construction:

> **A este primer acto de la sublevación se le llama . . .**   This first act of revolt is called . . . (They call this first act of revolt . . .)

3. Even though the article is regularly repeated before nouns in a series, when the nouns are closely related in meaning, the article may be omitted in polished style before all but the first noun:

> **los ideales y sueños**   the ideals and dreams
> **los indios y campesinos**   the Indians and countryfolk
> **un mayor énfasis y apreciación**   a greater emphasis and appreciation

LOS LIBERTADORES

Durante los tres siglos de la dominación española ocurrieron ciertas injusticias económicas y políticas que no permitían el progreso de las colonias.*   A fines del siglo XVIII el ejemplo de la revolución norteamericana (1775) y de la revolución francesa (1789), y las nuevas ideas sobre la libertad y los derechos del hombre dieron esperanzas a los que aspiraban a separarse de la madre patria.[1]   Desde el siglo XVII la monarquía española había perdido poco a poco su poderío.   Cuando Napoleón invadió a España en 1808 y puso en el trono a su hermano José, las colonias decidieron que había llegado el momento de sublevarse y gobernarse a sí mismas.*   En la América española la lucha por[2] la independencia comenzó, por fin, en el año 1810.

Los tres grandes héroes de la independencia de la América española fueron Simón Bolívar, José de San Martín y el padre Miguel Hidalgo.

Simón Bolívar, el libertador del norte de la América del Sur, nació en Caracas, Venezuela, en 1783.   De familia distinguida, fue educado en España.   En 1810 volvió a Venezuela para tomar parte en la rebelión de la colonia contra la dominación española.   Después de varios años de lucha, logró expulsar[3] a los españoles de Venezuela.   En 1819 pasó a Nueva Granada,[4] donde fundó la república de la Gran Colombia, formada por las actuales[5] de Colombia, Panamá, Venezuela y el Ecuador.   En 1823 entró triunfante en Lima, y al año siguiente su ejército ganó la famosa victoria de Ayacucho, poniendo fin a la dominación española en la América del Sur. Conseguida la independencia peruana,* fundó la república del Alto Perú (hoy Bolivia).

Terminada la obra militar,* Bolívar trató de realizar el sueño de su vida: la creación de una gran república hispanoamericana comparable a la de los Estados Unidos de Norteamérica.   Para realizarlo, propuso la formación de la Gran Confederación de los Andes, es decir, la unión de los países del norte del continente bajo la autoridad del mismo Bolívar.   En 1826 convocó en Panamá el primer Congreso Panamericano, pero, por desgracia, las nuevas naciones se negaron a aceptar el plan.   Hasta su muerte, en 1830, Bolívar siguió luchando en vano por lograr la unificación.   La Organización de los Estados Americanos, que recibió su nombre actual en la conferencia panamericana celebrada en Bogotá, Colombia, en 1948, es el resultado de más de un siglo de lucha por realizar los ideales y sueños* de Bolívar.

---

[1] **madre patria**, *mother country*.   [2] **Para** and **por** are used a number of times in this Lectura.
[3] **logró expulsar**, *he succeeded in expelling (driving out)*.   [4] Spain first created the viceroyalty of New Granada in northwestern South America in 1718.   [5] **las actuales**, *the present ones* (= republics).

José de San Martín fue el libertador del sur del continente.   Hijo de un capitán español que vivía en la Argentina, José fue enviado a España para estudiar la carrera militar.   Pasó unos veinte años en el ejército español, donde se distinguió como soldado, sobre todo en la guerra contra Napoleón. En 1812 volvió a la Argentina para ofrecer sus servicios a las fuerzas revolucionarias y durante unos diez años representó en el sur del continente el mismo papel que Bolívar en el norte.   Su marcha a través de los Andes, a principios del año 1817, es una de las hazañas[1] más notables de la historia militar.

El doce de febrero de 1817, con la ayuda del general Bernardo O'Higgins y sus tropas chilenas, San Martín sorprendió a los españoles y los derrotó en la sangrienta[2] batalla de Chacabuco.   Se negó a aceptar el puesto de dictador de Chile y continuó con sus planes para la conquista del Perú.   En 1821 ocupó a Lima, donde se proclamó «Protector del Perú».   Poco después tuvo lugar la misteriosa entrevista de Guayaquil, Ecuador, donde por primera vez se encontraron Bolívar y San Martín.*   En esta entrevista se discutieron los planes* para terminar la guerra de la independencia.   Por razones desconocidas San Martín se retiró de la lucha, y en 1824 le tocó a Bolívar dar el golpe de muerte[3] a las fuerzas españolas en el Perú.

El resto de la vida de San Martín es un relato triste.   Cuando volvió a la Argentina, no quisieron recibirle.   Como Bolívar, había gastado su fortuna luchando por la libertad y por los ideales democráticos.   Su esposa había muerto.   Pobre y desilusionado, partió con su hija para Europa, donde murió unos treinta años después.

En México, es decir, en la Nueva España, la revolución contra los españoles no fue iniciada por militares, sino por el padre Miguel Hidalgo, cura[4] del pequeño pueblo de Dolores, en el estado de Guanajuato.   Hacía muchos años que el padre Hidalgo trabajaba[5] por los derechos de los indios y por el mejoramiento del gobierno.   Se había dedicado al cultivo de la tierra y a la enseñanza de artes y oficios.[6]   El estudio del francés le había permitido conocer las nuevas teorías políticas.   Junto con un grupo de amigos, había concebido el proyecto de realizar la independencia de la Nueva España.

Hidalgo y sus amigos revolucionarios no aspiraban precisamente a la fundación de una república; sólo deseaban establecer un gobierno formado por hombres nacidos en el país.   Pensaban declarar la independencia en el mes de diciembre de 1810, pero un traidor reveló el plan a las autoridades

---

[1] **hazañas**, *deeds.*   [2] **sangrienta**, *bloody.*   [3] **le tocó . . . muerte**, *it fell to the lot of Bolívar to give the death blow.*   [4] **cura**, *priest.*   [5] **Hacía . . . trabajaba**, *For many years Father Hidalgo had been working.*   [6] **enseñanza de artes y oficios**, *teaching of arts (crafts) and trades.*

Bernardo O'Higgins

José de San Martín

«La Batalla de Chacabuco», por J. L. A. T. Géricault

«El Paso de los Andes», por E. Lo Evy

españolas.   La noche del 15 de septiembre uno de los conspiradores descubrió la traición y corrió unos veinte kilómetros a caballo para avisar a Hidalgo.

El día siguiente era domingo, y el cura llamó a misa[1] a los indios y campesinos* del pueblo.   Después de hablar de los abusos y de las injusticias que habían sufrido, los animó a sublevarse contra los españoles.   En un momento de inspiración elevó la imagen de la Virgen de Guadalupe, muy venerada por los indios, y en seguida todos empezaron a dar gritos por la independencia.   A este primer acto de la sublevación se le llama* en la historia de México «el Grito de Dolores».   Seguido de[2] miles de hombres y mujeres indígenas, armados de palos, navajas[3] y machetes, y con la imagen de la Virgen de Guadalupe como bandera oficial, Hidalgo se puso en marcha hacia la ciudad de México.

En el camino miles de voluntarios se unieron a sus fuerzas, pero, por razones desconocidas, Hidalgo no se atrevió a atacar la capital inmediatamente.   Cuando por fin decidió atacar la ciudad, fue rechazado[4] por los españoles, y tuvo que retirarse a Guadalajara, donde organizó un nuevo gobierno.   Unos meses después fue derrotado otra vez.   Él y varios compañeros suyos cayeron en poder de las tropas españolas y todos fueron fusilados.[5]

Aunque Hidalgo fracasó,[6] otros patriotas mexicanos continuaron la lucha hasta conseguir[7] el triunfo final.   Por eso se le considera a Hidalgo* como el padre de la independencia mexicana, y se celebra la fiesta nacional de la república* el 16 de septiembre.   En muchas ciudades y pueblos mexicanos hay calles llamadas «Hidalgo» y «Diez y Seis de Septiembre», y uno de los estados de México lleva su nombre.

---

[1] **misa**, *Mass*.   [2] **Seguido de**, *Followed by*.   [3] **palos, navajas**, *sticks (clubs), knives*.   [4] **fue rechazado**, *he was repulsed (driven back)*.   [5] **fueron fusilados**, *were shot*.   [6] **fracasó**, *failed*.
[7] **continuaron . . . conseguir**, *(they) continued the struggle until they attained*.

«Independencia», (detalle de una pintura mural) por
Juan O'Gorman
El padre Miguel Hidalgo y sus seguidores

PRÁCTICAS ORALES

A. Diálogo.   «En la clase de español»

(El profesor inicia la discusión de la Lectura, «Los libertadores.»)

PROFESOR.   Hoy comenzamos el estudio de las luchas por la independencia en la América española.   ¿Quiénes fueron los tres grandes héroes de la independencia en Hispanoamérica?

ESTUDIANTE.   Si recuerdo bien, fueron Simón Bolívar, José de San Martín y el padre Miguel Hidalgo.

PROFESOR.   ¿Qué nuevas ideas daban esperanzas a los que aspiraban a separarse de España?

ESTUDIANTE.   Las nuevas ideas sobre la libertad y los derechos del hombre daban esperanzas a los que aspiraban a separarse de España.

PROFESOR.   ¿Dónde nació Bolívar y dónde fue educado?

ESTUDIANTE.   Bolívar nació en Caracas, Venezuela, y fue educado en España.

PROFESOR.   ¿Qué hizo Bolívar en 1810?

ESTUDIANTE.   En 1810 Bolívar volvió a Venezuela para tomar parte en la rebelión de la colonia contra la dominación española.

PROFESOR.   ¿Qué importancia tuvo la victoria de Ayacucho, en 1824?

ESTUDIANTE.   La victoria de Ayacucho puso fin a la dominación española en la América del Sur.

PROFESOR.   ¿Cuál fue el gran sueño de Bolívar?

ESTUDIANTE.   Su gran sueño fue la creación de una república hispanoamericana comparable a la de los Estados Unidos en Norteamérica.

PROFESOR.   ¿Quién representó en el sur del continente el mismo papel que Bolívar en el norte?

ESTUDIANTE.   José de San Martín representó en el sur del continente el mismo papel que Bolívar en el norte.

PROFESOR.   ¡Muy bien!   Pero basta por ahora.   Tenemos que pasar a otra parte de la lección.

B. Para formular preguntas en español

Formúlense[1] preguntas para las siguientes contestaciones:

1. El padre Miguel Hidalgo inició la revolución contra los españoles en la Nueva España.   2. Había concebido el proyecto de realizar la independencia de la Nueva España.   3. Hidalgo y sus amigos revolucionarios no aspiraban precisamente a la fundación de una república.   4. La noche del 15 de septiembre uno de los conspiradores descubrió la traición y corrió unos veinte kilómetros a caballo para avisar a Hidalgo.   5. Al día siguiente el cura Hidalgo llamó a misa a los indios y campesinos

---

[1] **Formulen** (subjunctive) + **se** (reflexive), *Formulate*.   The reflexive form of the third person of the present subjunctive is often used in giving directions, or to express an action that is to be done.   This construction is usually found in written instructions.

del pueblo.   6. Habló de los abusos y de las injusticias que habían sufrido y los animó a sublevarse contra los españoles.

7. Al elevar la imagen de la Virgen de Guadalupe, todos empezaron a dar grtios por la independencia.   8. A este primer acto de la sublevación se le llama «el Grito de Dolores».   9. Seguido de miles de hombres y mujeres indígenas, Hidalgo se puso en marcha hacia la ciudad de México.   10. Fue rechazado por los españoles, y tuvo que retirarse a Guadalajara.   11. Él y varios compañeros suyos cayeron en poder de los españoles y todos fueron fusilados.   12. Otros patriotas mexicanos continuaron la lucha hasta conseguir el triunfo final.

EJERCICIOS ESCRITOS

A. Uso de modismos y frases hechas

Escríbanse oraciones completas empleando las frases siguientes:

| a fines de | atreverse a | negarse a | por eso |
| a través de | es decir | por desgracia | tener lugar |

B. Para expresar en español

1. In Spanish America the three great heroes in the struggle for independence were Bolívar, San Martín, and Father Hidalgo.   2. Bolívar, who was born in Caracas and was educated in Spain, returned to Venezuela in 1810 to take part in the rebellion against the mother country.   3. After establishing several republics, he succeeded in giving the death blow to the Spanish forces in the famous battle of Ayacucho.   4. His military work ended, he tried in vain to carry out his dream of the union of all the countries of the north of South America.   5. San Martín, who was sent to Spain to study a (the) military career, spent some twenty years in the Spanish army. 6. After returning to Argentina in 1812, San Martín played the same role in the south of the continent as Bolívar in the north.   7. After defeating the Spaniards in Chile, San Martín refused to accept the post of dictator of the country.   8. He and his soldiers occupied Lima in 1821, but shortly afterwards he withdrew from the struggle.   9. Therefore, it fell to Bolívar's lot to end the war of independence. 10. The revolution in Mexico, that is, in New Spain, was initiated by Father Hidalgo, priest of the small town of Dolores.   11. He had dedicated himself to working for the rights of the Indians and peasants.   12. Even though Hidalgo could not establish a new government, today he is considered as the father of Mexican independence.

C. Dictado (*Dictation*)

The teacher will select lines from page 137 for dictation.   The following terms may be used by the teacher in giving a Dictado: coma, *comma*; punto, *period*; dos puntos, *colon*; punto y coma, *semi-colon*; punto y aparte, *new paragraph*.

La Laguna del Inca, Portillo, Chile

LECTURA III

PRESENTACIÓN

A. Estudio de palabras

1. Approximate cognates (comparative endings of Spanish and English words)

a. Endings of many Spanish nouns

   (1) Spanish **-ismo** = English *-ism*: modernismo, realismo, romanticismo.
   (2) Spanish **-ista** = English *-ist*: ensayista (*essayist*), modernista, novelista, protagonista. *Compare* cuento, *short story, and* cuentista, *short story writer*; periódico, *newspaper, and* periodista, *journalist.*
   (3) Spanish **-mento, -miento** = English *-ment*: mejoramiento, *betterment, improvement*; movimiento, *movement.*
   (Nouns ending in **-ismo, -mento, -miento** are usually masculine; those ending in **-ista** can be masculine or feminine.)

b. Certain Spanish adjectives ending in **-ico, -a** = English *-ic, -ical*: histórico, *historic(al)*; novelístico, *novelistic*; político, *political*; patológico, *pathological*; técnico, *technical*; típico, *typical.*

c. The Spanish adverbial ending **-mente** = English *-ly*: directamente, fielmente (*faithfully*), principalmente.

d. The Spanish infinitive ending **-izar** = English *-ize, -yze*: analizar, *to analyze*; simbolizar, *to symbolize.*

2. Less approximate cognates. Pronounce and note the English meaning of: aislado, *isolated*; análisis, *analysis*; barbarie, *barbarism, lack of culture*; brillante, *brilliant*; civilizador, *civilizing*; corriente, *current*; enérgico, *energetic*; frontera, *frontier*; ilustre, *illustrious*; intrínseco, *intrinsic*; símbolo, *symbol*; víctima, *victim*; demostrar (ue), *to demonstrate, show*; destruir, *to destroy*; explotar, *to exploit*; mencionar, *to mention*; reinar, *to reign.*

3. *Compare the meanings of the following pairs of words:* educar *and* educador; ensayo *and* ensayista; gaucho, *gaucho (cowboy), and* gauchesco, *gaucho, of (pertaining to) the gaucho*; llanura, *plain, and* llanero, *plainsman*; país *and* paisaje, *countryside*; pensar *and* pensador; reflejar, *to reflect, and* reflejo, *reflection*; relatar, *to relate, and* relato, *story, tale.*

4. Deceptive cognates. As in the English cognate, Spanish **diversión** is used in the sense of *amusement* more commonly than in that of *deflection*. Similarly, Spanish **visión** may mean *view* as well as *vision.*

5. In this Lectura find as many words as you can which illustrate each of the following principles: Spanish **-cia** = English *-ce*; **-ia, -io** = *-y*; **-ción** = *-tion*; the verb ending **-ar** = *-ate.*

145

B. Modismos y frases útiles

a menudo   often, frequently
además de   besides, in addition to
al lado de   beside, at (on) the side of
así como   just as
en conjunto   as a whole
en tiempo de   at (in) the time of
en vez de   instead of, in place of
fijarse en   to notice, turn one's
  attention to
frente a   opposite, in the face of

la mayor parte de   most of, the
  greater part of
por lo tanto   therefore
por último   finally, ultimately
servir (i, i) de   to serve as
sin duda   doubtless, without a doubt
soñar (ue) con   to dream of (about)
tener en cuenta   to bear in mind
venir a ser   to become, come to be
volverse (ue)   to become

C. Aspectos gramaticales

1. Some omissions of the indefinite article are:

a. With nouns in apposition if the information is explanatory and not stressed:

> **Facundo Quiroga, gaucho malo de la ancha pampa, . . .**   Facundo
>   Quiroga, a bad gaucho of the broad pampa (plain), . . .
> **El gaucho, hombre independiente, soberbio y enérgico, . . .**   The gaucho,
>   an independent, proud, and energetic man, . . .
> **en los Estados Unidos—país que . . .**   in the United States—a country
>   which . . .

b. Before a form of **ser**, at the beginning of a sentence, or a clause, to add terseness
to the style:

> **Obra clásica . . . es**   A classic work . . . is
> **Gran parte de las novelas contemporáneas son . . .**   A great part of the
>   contemporary novels are . . .
> **Buen ejemplo . . . es**   A good example . . . is

c. After **como** or **de**, meaning *as*:

> **sirvió de tema**   (he) served as a theme (subject)
> **como reflejo**   as a reflection

d. With a predicate noun after **volverse**, *to become*:

> **se vuelve llanero**   he becomes a plainsman

2. The meanings and uses of **mismo, -a**

a. The adjective **mismo, -a,** when used before a noun, usually means (*the*) *same*:

 la prosa del mismo período   the prose of the same period

b. Used after a noun, a subject pronoun, or prepositional form of a personal pronoun, **mismo, -a,** emphasizes the word or phrase it modifies, and means *myself, yourself, itself,* etc., and sometimes *very, very same, even*:

 la naturaleza misma   nature itself, the very same nature
 la llanura misma   the plain itself, the very same plain

 ALSO: **ellos mismos**   they themselves

c. **El mismo** (**la misma,** etc.) **. . . que** means *the same . . . as*:

 los mismos movimientos literarios que   the same literary movements as

d. After adverbs of time and place, the adverb **mismo** means *this* (*that*) *very, right* (*away, now*), and sometimes the word cannot be translated into English.   Examples are: **ahora mismo,** *right away* (*now*); **hoy mismo,** *this very day*; **allí mismo,** *that very place*; **mañana mismo,** *tomorrow* (with emphasis on **mañana**).

3. The meanings and uses of **propio, -a**

a. The adjective **propio, -a,** *proper, suitable,* also has the meaning *own,* (*of*) *one's own*:

 No es propio de María llegar tarde.   It is not proper of Mary to arrive late.
 han llegado a tener una vida propia   (they) have come to have a life of
  their own (their own life)
 comenzó a tener una vida propia   (it) began to have a life of its own (its
  own life)

b. Like **mismo, -a,** it may be used to emphasize the word it modifies.   After a possessive adjective, it is translated *own*; following a noun or a personal pronoun, it is interchangeable with **mismo, -a,** although less widely used.   Examples are: **en su propia casa,** *in his own house*; **ellos propios** (**mismos**), *they themselves*.

4. The neuter article **lo** is used with masculine singular adjectives to form an expression almost equivalent to an abstract noun.   The translation varies according to the context.   Similar uses of the neuter article will appear in subsequent Lecturas.

 Lo extraño y lo patológico atraían siempre a Quiroga . . .   The unusual
  (What was unusual *or* strange) and the pathological (what was pathological)
  always attracted Quiroga . . .

CORRIENTES CULTURALES DE LA
AMÉRICA ESPAÑOLA

En esta Lectura y en las dos siguientes ensayaremos una visión de conjunto[1] sobre las corrientes culturales de la América española. No podremos analizar en unas cuantas páginas la vida cultural de cada uno de los diez y ocho países desde la época de la independencia. Nos limitaremos a mencionar los géneros[2] literarios más importantes y a algunos de los escritores, pintores y músicos que se han distinguido en los últimos dos siglos.

Fijándonos primero en la historia literaria, hay que tener en cuenta que la literatura hispanoamericana se desarrolló[3] durante el siglo XIX bajo la influencia de la española y de la europea, en general. Hallamos, por lo tanto, en la América española los mismos movimientos literarios que* en España: el romanticismo, el costumbrismo,[4] el realismo y el modernismo.

La poesía y el ensayo fueron los géneros más cultivados en el siglo XIX. En el siglo XX la novela y el cuento han llegado a tener una vida propia,* al lado de los dos géneros citados. Nunca se ha cultivado mucho el teatro en la América española.

El escritor más importante del siglo XIX fue, sin duda, Domingo Faustino Sarmiento (1811–1888), quien ha sido considerado como el representante más ilustre de la cultura sudamericana de su época. Aunque nació en un ambiente[5] pobre y humilde, dedicó la mayor parte de su vida al mejoramiento cultural y político de la Argentina. Fue soldado, periodista, político, educador y, por último, presidente de su país. En su obra maestra,[6] *Facundo, o civilización y barbarie* (1845), Sarmiento presenta un análisis magnífico del gaucho, de su vida, de sus vicios y de sus diversiones. Facundo Quiroga, gaucho* malo de la ancha pampa, simboliza la barbarie frente a la civilización, representada por la ciudad y el gobierno de Buenos Aires.

El gaucho, hombre* independiente, soberbio y enérgico, que vivía aislado y libre de las influencias de la civilización y del gobierno, sirvió de tema* para numerosos poemas, novelas, cuentos y dramas. Esta literatura gauchesca, en conjunto, fue una de las contribuciones más originales de la literatura hispanoamericana del siglo XIX. Obra clásica* de la literatura de América y el mejor poema gauchesco es *Martín Fierro* (1872), escrito por José Hernández.

---

[1] **ensayaremos ... conjunto,** *we shall attempt (to give) a general view.* [2] **género,** *genre, (literary) type.* [3] **se desarrolló,** *(was) developed.* [4] **costumbrismo,** *literature of customs and manners.* [5] **ambiente,** *atmosphere, environment.* [6] **obra maestra,** *masterpiece.*

La pampa

Martín Fierro
Personificación del actor Alfredo Alcón

Mientras toca la guitarra, el payador[1] relata la historia triste de su vida: los días felices que había pasado en las estancias[2] de la pampa, sus penalidades[3] en el ejército y su vida de fugitivo, que termina con su fuga[4] a la frontera para unirse a los indios.

El peruano Ricardo Palma (1833–1919) desarrolló otro género interesante. Su obra maestra, *Tradiciones peruanas*, contiene anécdotas, cuentos y leyendas de carácter histórico e imaginario, en que Palma no sólo evoca la vida y el espíritu del Perú en tiempo de los virreyes[5] españoles, sino que[6] también presenta un panorama de la vida peruana en la época moderna.   Aunque ha tenido muchos imitadores, ninguno ha logrado aproximarse al estilo personal y a la perfección técnica de este gran escritor peruano.

Ya hemos hablado, en otro libro,[7] del movimiento modernista, que surgió en la América española a fines del siglo XIX.   Como sabemos, fue una de las contribuciones más importantes de América a la literatura del mundo.   Así como Rubén Darío (1867–1916) fue el maestro reconocido de la poesía modernista, el ensayista y pensador José Enrique Rodó (1872–1917) se destacó[8] en la prosa del mismo período.*   En su libro *Ariel* (1900), escrito en un estilo claro y puro, el pensador uruguayo habla a la juventud de América sobre sus anhelos[9] por la unidad espiritual del continente, con la que Simón Bolívar había soñado en vano hacía casi un siglo.[10]   En su análisis de los elementos buenos y malos de la democracia en los Estados Unidos—país* que él no conocía directamente, pues no lo había visitado—, presenta los contrastes entre la cultura norteamericana y la de Hispanoamérica.

En el siglo XIX la novela en la América española siguió principalmente los movimientos europeos y sólo en el siglo XX comenzó a tener una vida propia.*   En la época contemporánea ha llegado a ser el género más importante, no sólo por su valor intrínseco, sino como reflejo* de la cultura hispanoamericana de nuestro tiempo.   Gran parte* de las novelas contemporáneas son realistas, es decir, los autores tratan de interpretar la vida que los rodea.   En muchos casos presentan al hombre en lucha[11] con la naturaleza, y a menudo el paisaje o la naturaleza misma* viene a ser el protagonista de la novela.   La interpretación de las fuerzas de la naturaleza y su influencia sobre el hombre han sido temas típicos de las obras novelísticas desde fines del siglo pasado.

---

[1] **payador**, *gaucho singer.*   [2] **estancias**, *ranches.*   [3] **penalidades**, *troubles, hardships.*   [4] **fuga**, *flight.*   [5] **virreyes**, *viceroys.*   [6] **sino que**, *but.*   [7] See footnote 2, page 124.   [8] **se destacó**, *stood out.*   [9] **anhelos**, *yearnings, longing.*   [10] **con la que . . . siglo**, *of which Simón Bolívar had dreamed in vain almost a century before.*   [11] **en lucha**, *in a (his) struggle.*

Rómulo Gallegos

Buen ejemplo* de la novela de este tipo es *Doña Bárbara* (1929), del novelista venezolano Rómulo Gallegos. El tema de la novela es la vida de las llanuras de Venezuela, donde reina la fuerza en vez de la ley. En unos cuadros impresionantes demuestra que los hombres son los productos y las víctimas de la llanura misma.* Doña Bárbara, que simboliza la barbarie de la llanura, lucha en vano contra Santos Luzardo, símbolo del espíritu civilizador de la ciudad, el cual sólo logra triunfar cuando se vuelve llanero* y adquiere bastante fuerza para dominar a sus enemigos.

Otra obra semejante es *La vorágine*[1] (1924), del escritor colombiano José Eustasio Rivera (1889–1928). En esta novela el verdadero protagonista es la selva,[2] que, con su fuerza y su violencia, destruye a los seres[3] humanos que tratan de explotarla.

Además de la novela, se ha cultivado mucho el cuento en la América española. Los temas son abundantes y variados y, en conjunto, reflejan fielmente la vida de todas las clases sociales. Entre los centenares[4] de cuentistas de todos los países sudamericanos, se destaca el brillante escritor Horacio Quiroga (1878–1937), uno de los mejores cuentistas del mundo hispanoparlante.[5] Aunque nació en el Uruguay, pasó muchos años en las selvas del norte de la Argentina, donde encontró temas para muchos de sus cuentos. Como en las novelas que hemos descrito,[6] la naturaleza, es decir, el calor tropical, las lluvias, la vegetación, los ríos y los animales, determina la vida del hombre que trata de vivir en la selva. Lo extraño y lo patológico* atraían siempre a Quiroga, y en algunos de sus relatos los protagonistas son los animales de la selva.

---

[1] **La vorágine**, *The Vortex.*   [2] **selva**, *forest, jungle.*   [3] **seres**, *beings.*   [4] **centenares**, *hundreds.*
[5] **hispanoparlante**, *Spanish-speaking.*   [6] **descrito**, *p.p.* of **describir**, *to describe.*

PREGUNTAS

1. ¿Qué se discute en esta Lectura?   2. ¿En qué nos fijaremos primero?   3. ¿Cómo es que hallamos en la América española los mismos movimientos literarios que en España?   4. ¿Qué géneros literarios se cultivaron más en el siglo XIX?   5. ¿En el siglo XX?

6. ¿Quién ha sido considerado como el escritor más importante del siglo XIX? 7. ¿A qué dedicó la mayor parte de su vida?   8. ¿Qué presenta Sarmiento en su obra maestra?   9. ¿Qué representa Facundo Quiroga?   10. ¿Cómo vivía el gaucho?   11. ¿Cuál fue una de las contribuciones más originales de la literatura hispanoamericana del siglo XIX?   12. ¿Cuál es el mejor poema gauchesco? 13. ¿Qué relata el payador?

14. ¿Cuál es la obra maestra de Ricardo Palma?   15. ¿Qué evoca Palma en esta obra?   16. ¿Qué escritor se destacó en la prosa modernista?   17. ¿Qué trata de presentar Rodó en *Ariel*?

18. ¿Qué puede decirse acerca de la novela en la época contemporánea? 19. ¿Qué tratan de interpretar los autores?   20. ¿Cuáles son algunos temas típicos de las obras novelísticas modernas?   21. ¿Cuál es el tema de la novela, *Doña Bárbara*?   22. ¿Contra quién lucha Doña Bárbara?   23. ¿Cuándo logra triunfar Santos Luzardo?

24. ¿Quién escribió *La vorágine*?   25. ¿Qué trata de demostrar el autor en esta obra?   26. ¿Quién es uno de los mejores cuentistas del mundo hispanoparlante? 27. ¿Dónde encontró temas para muchos de sus cuentos?

EJERCICIOS ESCRITOS

A. Uso de modismos y frases hechas

Escriban oraciones completas y originales empleando las frases siguientes como elemento inicial:

1. En vez de ensayar una visión de conjunto . . .
2. Fijándome primero en la historia política de . . .
3. Además de interpretar la vida que le rodea . . .
4. A menudo el autor trata de . . .
5. No sólo escribe novelas sino que . . .
6. Usted debe tener en cuenta . . .
7. Por último llegó a ser . . .
8. Yo sueño en vano con . . .

B. Para expresar en español:

1. One must bear in mind that in Spanish America we find the same literary movements as in Spain.   2. Poetry and the essay were the most important types in the nineteenth century.   3. Besides these two types, in the present century the novel and the short story have also come to have a life of their own.   4. Sarmiento, the great educator, journalist, and president of Argentina, has been considered the most famous representative of South American culture of the past century.   5. In his masterpiece, *Facundo*, barbarism is represented by the bad gaucho, and civilization, by the city and government of Buenos Aires.   6. The gaucho literature, the works of Ricardo Palma, and the modernist movement represent the most original contributions of Spanish America to the literature of the world.   7. Just as Simón Bolívar dreamed of the political unity of the South American continent, the great essayist and thinker Rodó worked for the spiritual unity of all Spanish America.   8. A great part of the contemporary novels present man in his struggle with nature, and often nature or the landscape becomes the real protagonist of the works.   9. The theme of *Doña Bárbara*, by the Venezuelan novelist Gallegos, is the life of the plains of that country, where force reigns instead of law.   10. Doña Bárbara, who represents the barbarism of the plain, struggles in vain against Santos Luzardo, a symbol of the civilizing[1] force of the city.   11. Santos only succeeds in triumphing over his enemy when, finally, he becomes a plainsman.   12. The brilliant short story writer Quiroga describes faithfully the forests of the north of Argentina, where nature determines the life of the man who tries to live there.

C. Temas para un informe escrito

Escriban tres oraciones sobre cada uno de los temas siguientes:

1. La vida y obra de Domingo Faustino Sarmiento.
2. La literatura gauchesca.
3. Temas típicos de las obras novelísticas desde fines del siglo XIX.

[1] Use **civilizadora**.

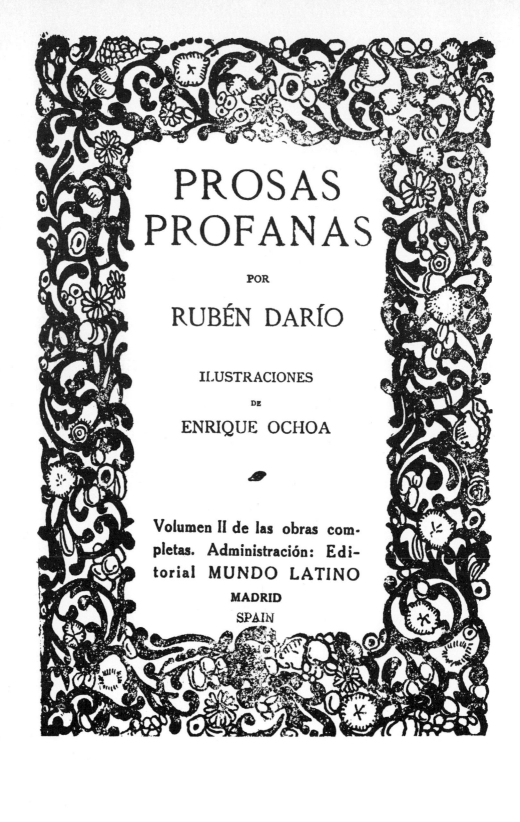

PROSAS PROFANAS

POR

RUBÉN DARÍO

ILUSTRACIONES

DE

ENRIQUE OCHOA

Volumen II de las obras completas. Administración: Editorial MUNDO LATINO

MADRID

SPAIN

LECTURA IV

PRESENTACIÓN

A. Estudio de palabras

1. Approximate cognates

a. As we have seen in Lectura III, Spanish nouns ending in **-ista** end in *-ist* in English: novelista, *novelist.* Just as the corresponding adjectival ending in Spanish varies between **-ista** and **-ístico, -a**, the English equivalent may end in *-ist* or *-istic*: naturalista, *naturalist* (noun), and *naturalistic*; humanista, *humanist*, but humanístico, *humanistic.* The adjective **realista** means *realistic*, while **indianista** means *Indianist.*

b. We have also seen in Lectura III that often the Spanish adjectival ending in **-ico, -a**, = English *-ic, -ical*, as in these new words which occur in this Lectura: anatómico, artístico, auténtico, filosófico, ideológico, lírico, médico (*medical*), poético, psicológico. Notice, however, utópico, *Utopian*, and the nouns lógica, *logic*, and trópico, *tropic(s)*, *tropical region.*

c. Give the English cognates for the following words and point out the variations in spelling and/or ending: acentuar, acumular, atención, apreciación, atractivo, colaborar, exageración, futilidad, imparcialidad, intelectual, silencio, vacuidad.

d. Find as many verbs as you can in this Lectura which illustrate each of the following principles: 1) the ending of the Spanish infinitive is lacking in English; 2) the ending of the Spanish infinitive is *-e* in English.

e. List the words in the Lectura whose English cognates lack Spanish final **-a, -e, -o**.

2. Less approximate cognates. Pronounce the following words and note the English meaning: apropiado, *appropriate*; asfixiar, *to asphyxiate, suffocate*; detalle, *detail*; énfasis, *emphasis*; explotación, *exploitation*; habitante, *inhabitant*; humilde, *humble*; huracán, *hurricane*; maestría, *mastery, skill*; materia, *matter*; párrafo, *paragraph*; ritmo, *rhythm*; seudónimo, *pseudonym*; simpatía, *sympathy*; sintaxis, *syntax*; valioso, *valuable.*

3. *Compare the meanings of the following words:* amigo *and* amistad, *friendship*; cultivar *and* cultivador, *cultivator*; cultura, cultural *and* culto, *cultured, learned*; escribir, escritor, escritora, *and* describir, *to describe*; espíritu, espiritual *and* espiritualidad; fuerte, fuerza, *strength, force*, esfuerzo, *effort, and* reforzar, *to reinforce*; historia *and* historiador, *historian*; humano, *human, and* humanidad, *humanity*; morir, muerte, *and* moribundo, *moribund, dying person*; persona, personal, personalidad *and* personaje, *personage, character* (in a literary work); poesía, poeta, poético, poetisa, *poetess, and* poetizar, *to poetize, make poetic*; popular, pueblo, *town, village*, and *people, populace, and* pueblecito, *small town, village*; representar, representante (*noun*), *and* representativo (*adjective*); sentir, *to feel, and* sentido, *sense, meaning*; vergüenza, *shame, and* vergonzoso, *shameful.*

155

4. Deceptive cognates.   The following examples (one of which has been mentioned in the preceding paragraph and another in Lectura I) occur in the reading selection: **intentar**, *to attempt*, *try* and, only rarely, *to intend*; **personaje**, *personage*, and also *character* (in a literary work); **preocupación**, *concern*, *worry*, as well as *preoccupation*; **sensibilidad**, *sensitivity*, more often than *sensibility*; **valor**, *value*, as well as *valor*, *courage*.

B. Modismos y frases útiles

a lo largo de   throughout
a veces   at times
con el tiempo   in (in the course of) time
en (por lo) general   in general, generally
figurar entre   to appear among, be
hoy día   nowadays, today
llamar la atención (a uno)   to attract (one's) attention
no sólo . . . sino (también)   not only . . . but (also)

poco después de   shortly after
por ejemplo   for example
¡por supuesto!   of course! certainly!
referirse (ie, i) a   to refer to
relacionar (con)   to relate (to)
reunirse con   to join
tal vez   perhaps
tanto . . . como   both . . . and, as much . . . as
volver (ue) las espaldas a   to turn one's back on, reject

C. Aspectos gramaticales

1. Observations on the gender of nouns

a. The gender of the masculine nouns **problema** and **tema** often causes students trouble.   They tend to think of them as feminine nouns.   Why is this so?

b. The nouns **persona** and **figura**, used in this Lectura, as well as **víctima**, in the preceding Lectura, are feminine in gender; articles and adjectives used with them must be put in the feminine form, even when the nouns refer to male beings: **La figura central es un campesino**, *The central figure is a peasant.*

2. Nouns and adjectives of nationality.   Several suffixes are used to form nouns and adjectives of nationality.

a. Give in Spanish the names of the Spanish American countries from which the following nouns and adjectives are derived: colombiano, dominicano, mexicano, peruano; argentino; chileno; uruguayo; guatemalteco; nicaragüense.

b. Other examples, not used in the Lectura, are: boliviano, cubano, ecuatoriano, venezolano; paraguayo; brasileño, hondureño, panameño, portorriqueño (puertorriqueño); costarricense.

3. Observations on the position of adjectives

We have learned that limiting adjectives precede the noun, and that descriptive adjectives, which single out or distinguish one noun from another of the same class, follow the noun.   We have also found: 1) that a few adjectives (such as **bueno, -a, malo, -a,** etc.) usually precede the noun, although they may follow to distinguish qualities of the noun, and 2) that certain adjectives assume different meanings when used before or after the noun.

Descriptive adjectives may also precede the noun when they are used figuratively, or when they express a quality that is generally known or not essential to the recognition of the noun.   In such cases there is no desire to single out or to differentiate. Also, when a certain quality has been established with reference to the noun, the adjective often precedes the noun.

Examples taken from the following Lectura are:

> **la fuerte personalidad de Rubén Darío**   the strong personality of Rubén Darío
> **son escritores de exquisita sensibilidad**   they are writers of exquisite sensitivity
> **estas breves notas**   these brief notes
> **la total destrucción**   the total destruction
> **el abominable carácter de Cruz**   the abominable character of Cruz
> **erudito de sólida formación humanística**   (a) scholar of solid humanistic formation (training)

Other examples (not included in this Lectura) are:

> **los altos Andes**   the high Andes   **las hermosas flores**   beautiful flowers
> **la blanca nieve**   white snow   **el famoso autor**   the famous author

Whenever an adjective is changed from its normal position, the speaker or writer gives a subjective or personal interpretation of the noun.   An adjective placed before the noun loses much of its force and expresses its quality as belonging to the noun as a matter of course.   When it follows, it indicates a distinguishing quality and it assumes the chief importance.   In English this result is attained by a slight pause and the stress of voice.

4. Uses of the prepositional form of object pronouns

When the direct object of a verb is a pronoun used reflexively, and the indirect object is any other personal pronoun, the latter is expressed by the prepositional form:

> **el hombre que se entrega a ella . . .** the man who abandons himself (surrenders) to it . . .

Similarly, when **a** is used after verbs of motion, it is a true preposition and is followed by the prepositional form of the pronoun:

> **Me acerqué a ella.** I approached her *or* it (*f.*).
> **La carta no ha llegado a mí.** The letter has not reached me.

5. **Todos, -as**, may either precede or follow a plural personal pronoun: **todos ellos** *or* **ellos todos**, *all of them, they all*. Note that when English *all of* precedes the pronoun, the word *of* is not translated in Spanish. Other examples are: **nosotros todos**, *we all, all of us*; **ellas todas**, *all of them* (*f.*), *they all*.

Also, **todos, -as**, may stand for a noun in the plural:

> **No todos quedaron fieles . . .** Not all (*or* all of them) remained faithful . . .
> **todos contribuyeron . . .** all (of them) contributed . . .

«Gabriela Mistral», por José López Mezquita

Jorge Luis Borges

Alfonso Reyes

CORRIENTES CULTURALES DE LA AMÉRICA ESPAÑOLA (continuación)

Como hemos indicado en la Lectura anterior, los géneros literarios más cultivados en Hispanoamérica durante el siglo XX han sido la poesía, la novela y el cuento, y el ensayo.

La obra y la fuerte* personalidad del nicaragüense Rubén Darío determinaron la evolución de la poesía hispanoamericana en los primeros años del siglo actual. Entre los poetas jóvenes que se aprestaron a[1] colaborar con él en la transformación de la poesía había varios de primer orden,[2] como el argentino Leopoldo Lugones (1874–1938), el colombiano Guillermo Valencia (1873–1943), el uruguayo Julio Herrera y Reissig (1875–1910) y el mexicano Amado Nervo (1870–1919). No todos* quedaron fieles a las tendencias del modernismo; pero todos* contribuyeron elementos valiosos a la poesía nueva del continente.

Poco después de 1920 los poetas volvieron las espaldas al modernismo. A través del ultraísmo y del surrealismo[3] se acercaron a las múltiples tendencias de la poesía actual. Las preocupaciones políticas y sociales absorbieron a veces el interés de los poetas; otras veces lo regional y lo popular les llamaron la atención.[4] La rebelión social y política era acompañada de la rebelión poética; el poeta se rebelaba no sólo contra los metros y los ritmos, sino también contra la sintaxis y hasta[5] contra la lógica. El peruano César Vallejo (1892–1938) y el chileno Pablo Neruda (1904–   ) son representantes típicos de estas tendencias. En la literatura actual el argentino Jorge Luis Borges (1899–   ) y el mexicano Octavio Paz (1914–   ) son escritores de exquisita* sensibilidad que continúan buscando nuevas maneras de expresión tanto en la poesía como en la prosa.

Al concluir estas breves* notas sobre la poesía contemporánea, hay que dedicar algunas palabras a una escritora chilena que se distinguió no sólo en la poesía, sino también en la enseñanza y en la vida intelectual en general. Gabriela Mistral, seudónimo de Lucila Godoy (1889–1957), es tal vez la escritora más distinguida de la América del siglo XX. Ganó fama internacional como poetisa y en 1945 recibió el Premio Nobel de Literatura. Sus poesías, que muestran una espiritualidad muy elevada, son un reflejo de su vida de dolores y de sus esfuerzos contra las injusticias del mundo.

---

[1] **se aprestaron a**, *prepared themselves to.*   [2] **varios de primer orden**, *several excellent (first-rate) ones.*   [3] **ultraísmo**, *ultraism*; **surrealismo**, *surrealism.* (Two of several literary "isms" or generations of the period.)   [4] **les llamaron la atención**, *attracted their attention* (lit., *attracted the attention to them*).   [5] **hasta**, *even.*

160

En sus viajes por las Américas y por Europa y al representar a Chile como cónsul en varios países, siempre demostró una simpatía profunda por la humanidad y por la amistad internacional.   Su vida ha servido de ejemplo del nuevo puesto que ocupan hoy día muchas mujeres en la América española.

La novela representativa del modernismo es *La gloria de don Ramiro*, publicada en 1908 por el argentino Enrique Larreta (1875–1961).   Como novela histórica es excelente y se basa en informes sólidos sobre la España del siglo dieciséis.   Pero su tema no era apropiado al momento;[1] se preparaba ya[2] un cambio de dirección en la prosa, que resultaría en un mayor énfasis y apreciación[3] de lo americano.   Ejemplos típicos de la nueva dirección regional son *El inglés de los güesos*[4] (1924), del argentino Benito Lynch (1885–1951), y la obra maestra del género, *Don Segundo Sombra* (1926), de Ricardo Güiraldes (1886–1927).   Agregando elementos artísticos y cultos a la técnica aprendida en el naturalismo, Güiraldes transformó la realidad en materia poética.   Agrandó[5] y poetizó la figura del gaucho.   Se considera su obra como una de las expresiones literarias de mayor valor en la literatura hispanoamericana.

La Revolución de 1910 en México, con todos sus problemas políticos y sociales, ha servido de base para una multitud de obras literarias de diversas formas.   La novela más célebre del período es *Los de abajo*[6] (1916), de Mariano Azuela (1873–1952).   El autor, que era médico en uno de los ejércitos revolucionarios, analiza con vigor y realismo el horror, la confusión y la futilidad de la conflagración.   Según uno de los personajes de la obra, «La revolución es el huracán y el hombre que se entrega a ella* no es ya el hombre, es la miserable hoja seca arrebatada por el vendaval.[7]»   La figura central es un campesino, Demetrio Macías, que coge su fusil, abandona su casa y huye a la sierra, donde se reúne con algunos amigos que le siguen. Llega a ser general de unas fuerzas revolucionarias; pero con el tiempo es traicionado y muere, sin haber conseguido nada, en la misma sierra donde había ganado su primera victoria.

En todos los países que tienen habitantes indios ha aparecido lo que se llama la novela indianista.   En ésta, por lo general, los autores protestan contra el abuso y la explotación de los indios.   Otro escritor mexicano, Gregorio López y Fuentes (1897–   ), en su novela *El indio* (1935), da una

---

[1] **apropiado al momento**, *appropriate at the moment, suitable for that period (time)*.   [2] **se preparaba ya**, *was already being prepared, was getting under way then*.   [3] For the omission of the article, see page 135.   [4] **El inglés de los güesos**, *The Englishman of the Bones (i.e., The Archaeologist)*. (Colloquially, initial **b**, **h**, or **v** followed by **ue** becomes **g**; thus, **güesos** is used for **huesos** in popular speech.)   [5] **Agrandó**, *He exalted*.   [6] **Los de abajo**, *The Underdogs*.   [7] **hoja . . . vendaval**, *dry leaf carried away by the windstorm*.

Pancho Villa sentado en la silla presidencial
La época de Pancho Villa es tema de *Los de abajo*

imagen fiel de los problemas del pueblo indígena en su patria.   Considerada por muchos como la mejor novela indianista es *El mundo es ancho y ajeno*[1] (1941), del peruano Ciro Alegría (1909–   ).   Con gran maestría el autor describe la vida miserable y la total* destrucción de un pueblo humilde de los Andes.

Junto con la preocupación por los problemas sociales se nota, en los últimos años, una tendencia hacia la novela psicológica y filosófica.   El chileno Eduardo Barrios (1884–1963) se ha distinguido en este tipo de novela.   Su obra maestra es *El hermano asno*[2] (1922), que trata de los tormentos del alma de un fraile franciscano.   Otros hábiles narradores que aspiran a destacar[3] lo que el hombre de hoy día siente, piensa y es, son Manuel Rojas (1896–   ), que, nacido en la Argentina, escribe en Chile, y el argentino Eduardo Mallea (1903–   ), autor de *La bahía de silencio* (1940), en que cada personaje intenta descubrir su propia personalidad.   En *Historia de una pasión argentina* (1935), Mallea censura duramente las clases poderosas que asfixian la vida auténtica del pueblo.   La protesta social anima también las obras del poeta y novelista guatemalteco Miguel Ángel Asturias (1899–   ), que en 1967 recibió el Premio Nobel de Literatura.   En su novela más conocida, *El señor presidente* (1941), describe con amargura[4] la vida vergonzosa de un país hispanoamericano dominado por el despotismo (sin indicar cuál es).

La novela mexicana entra en una fase nueva con una obra importante de Agustín Yáñez (1904–   ), *Al filo del agua*[5] (1947).   La novela describe la vida atrasada de un pueblecito de Jalisco, apartado de las rutas culturales y comerciales, en los años en que germina la revolución mexicana.   Se plantea el conflicto[6] de la novela en el antagonismo entre las personas que se amparan[7] en la tradición, en la iglesia y en las convenciones, y las que representan las fuerzas nuevas.   La imparcialidad con que se documenta el ambiente político e ideológico de aquellos años es notable.   La técnica naturalista de Yáñez se halla reforzada con procedimientos modernos, como el sueño, el monólogo interior y párrafos de tensión lírica.   Como en Asturias, no falta la tendencia a la exageración y a la caricatura.

Se acentúan las tendencias mencionadas en las obras de novelistas mexicanos más jóvenes, como Juan José Arreola (1918–   ), Juan Rulfo (1918–   ) y Carlos Fuentes (1929–   ).   Obra típica es *La muerte de Artemio Cruz* (1962), de Fuentes, en que el autor censura la vida del hombre

---

[1] **El mundo es ancho y ajeno**, *Broad and Alien is the World*.   [2] **El hermano asno**, *Brother Ass*. (This title was taken from the term St. Francis of Assisi, 1182–1226, founder of the Franciscan Order, used for his weak body.)   [3] **destacar**, *emphasize, make stand out*.   [4] **con amargura**, *bitterly, with bitterness*.   [5] **Al filo del agua**, *The Edge of the Storm*.   [6] **Se plantea el conflicto**, *The conflict . . . is posed (set up)*.   [7] **se amparan**, *seek protection (help)*.

de negocios moderno, que, desprovisto[1] de sentido moral, acumula grandes fortunas pensando solamente en su medro[2] personal. La estructura de la obra es muy moderna. El relato de la agonía de Cruz, que se extiende a lo largo de la novela, con gran alarde[3] de detalles médicos y anatómicos, es interrumpido repetidamente por los recuerdos del moribundo. Estos recuerdos, que se refieren a momentos dispersos de su vida, subrayan[4] el abominable* carácter de Cruz y la vacuidad de su existencia.

El ensayo sigue siendo uno de los géneros más populares e[5] interesantes de la literatura hispanoamericana de nuestro tiempo. El dominicano Pedro Henríquez Ureña (1884–1946), los mexicanos José Vasconcelos (1882–1959) y Alfonso Reyes (1889–1959), y el colombiano Germán Arciniegas (1900–   ) figuran entre los cultivadores más brillantes de este género. La influencia del idealismo y del optimismo de Rodó[6] es evidente en todos ellos.*

José Vasconcelos, abogado, historiador, educador y político, que llegó a ser candidato a la presidencia de México, es una de las figuras más atractivas de la historia social y cultural de su país. Su obra más discutida es *La raza cósmica* (1925), en la que expone la teoría de una quinta raza, que regiría el destino humano y tendría su centro en el trópico. El escritor más distinguido del grupo es Alfonso Reyes, erudito de sólida* formación humanística. En una serie de trabajos esbozó[7] una política utópica para las Américas, basada en la concordia intercontinental y en un sentido social y democrático de la cultura.

---

[1] **desprovisto**, *devoid.*   [2] **medro**, *advancement.*   [3] **alarde**, *display.*   [4] **subrayan**, *underline, emphasize.*   [5] **e, and.**   [6] See page 150.   [7] **esbozó**, *he sketched, outlined.*

José Vasconcelos

PRÁCTICAS ORALES

A. Diálogo. «En el comedor de la Residencia de Señoritas»

(*Dos estudiantes están almorzando juntas.   Charlan sobre la lección de la clase de español.*)

ESTUDIANTE 1ª[1]   ¿Has leído la lección para mañana?   No sé si podré recordar los nombres de tantos escritores.

ESTUDIANTE 2ª   Yo trato de comprender los diferentes movimientos y tendencias y luego relaciono con ellos la obra de algún escritor importante.

ESTUDIANTE 1ª   ¿Qué cambios en la poesía pueden observarse después del modernismo?

ESTUDIANTE 2ª   Después de 1920 comienzan las múltiples tendencias de la poesía actual.   Las preocupaciones políticas y sociales, por ejemplo, absorben a veces el interés de los poetas.

ESTUDIANTE 1ª   El peruano César Vallejo y el chileno Pablo Neruda son representantes típicos de las tendencias nuevas, ¿verdad?

ESTUDIANTE 2ª   Sí, tienes razón . . .   Pero parece que el argentino Borges y el mexicano Paz son los escritores más representativos de la literatura actual.

[1] 1ª = **primera**, and 2ª = **segunda**.   Similarly, 1º = **primero**, and 2º = **segundo**.

ESTUDIANTE 1ª	La vida de Gabriela Mistral me ha interesado mucho. Parece que puede servir de ejemplo del nuevo puesto que ocupa la mujer hoy día en la América española.
ESTUDIANTE 2ª	Como sabes, ganó fama internacional como poetisa y en 1945 recibió el Premio Nobel de Literatura.
ESTUDIANTE 1ª	La novela también ha tenido muchos cultivadores durante el siglo XX. ¿Has leído *La gloria de don Ramiro*?
ESTUDIANTE 2ª	Todavía no; pero pienso sacarla de la biblioteca—como también *El inglés de los güesos* y *Don Segundo Sombra*.
ESTUDIANTE 1ª	Me parece de gran interés la novela de la Revolución mexicana. Tú has leído *Los de abajo*, ¿verdad?
ESTUDIANTE 2ª	¡Por supuesto! Es una obra magnífica. Azuela analiza con vigor y con realismo el ambiente de aquellos años.
ESTUDIANTE 1ª	Recuerdo con horror las palabras de uno de los personajes de la novela, «La revolución es el huracán y el hombre . . . es la miserable hoja seca arrebatada por el vendaval.»
ESTUDIANTE 2ª	La discusión de mañana será muy interesante. Veremos lo que nos dice el profesor.

B. Para formular preguntas en español

Los estudiantes formularán una o más preguntas para cada una de las siguientes contestaciones:

1. En la novela indianista los autores, por lo general, protestan contra el abuso y la explotación de los indios. 2. La obra de Ciro Alegría, *El mundo es ancho y ajeno*, es considerada como la mejor novela indianista. 3. El chileno Eduardo Barrios se ha distinguido en la novela psicológica y filosófica. 4. Manuel Rojas y Eduardo Mallea aspiran a destacar lo que el hombre de hoy día siente, piensa y es. 5. En su novela *Historia de una pasión argentina*, Mallea censura duramente las clases poderosas que asfixian la vida auténtica del pueblo. 6. En *El señor presidente*, Asturias describe con amargura la vida vergonzosa de un país hispanoamericano dominado por el despotismo.

7. La novela de Agustín Yáñez, *Al filo del agua*, inicia una nueva fase en la novela mexicana. 8. Algunos procedimientos modernos que se notan en la técnica de Yáñez son el sueño, el monólogo interior y el uso de párrafos de tensión lírica. 9. Se acentúan las tendencias mencionadas en las obras de Juan José Arreola, Juan Rulfo y Carlos Fuentes. 10. En *La muerte de Artemio Cruz*, Fuentes censura la vida del hombre de negocios moderno, que, desprovisto de sentido moral, acumula grandes fortunas pensando solamente en su medro personal. 11. Henríquez Ureña, Vasconcelos, Reyes y Arciniegas figuran entre los ensayistas más brillantes de la literatura hispanoamericana de nuestro tiempo. 12. Alfonso Reyes basa sus ideas sobre una política utópica para las Américas en la concordia intercontinental y en un sentido social y democrático de la cultura.

EJERCICIOS ESCRITOS

A. Uso de modismos y frases hechas

Usen los modismos y frases siguientes en oraciones completas:

a lo largo de	referirse a
llamar la atención (a uno)	reunirse con
no sólo . . . sino (también)	volver las espaldas a

B. Para expresar en español

1. Several first-rate poets collaborated with Rubén Darío in the new Spanish American poetry, called *modernismo*. 2. Shortly after 1920 many writers turned their backs on modernism, and they began to look for new ways of expression both in poetry and in prose. 3. Gabriela Mistral, the most distinguished poetess of the present century, always demonstrated a deep sympathy for humanity and for international friendship. 4. *Don Segundo Sombra*, the masterpiece of Güiraldes, in which he poeticized the figure of the Argentine gaucho, is one of the novels of greatest value in Spanish American literature. 5. The most famous novel of the Revolution of 1910 in Mexico is *The Underdogs*, written by Azuela, who was a doctor in one of the revolutionary armies. 6. The author analyzes with great realism the horror, confusion, and futility of the Revolution, with all its social and political problems. 7. Demetrio Macías abandons his home and flees to the mountains, where he joins some friends; he soon becomes a general, but in time he is betrayed and he dies without having attained anything. 8. The Indianist novel, in which the novelists protested against the abuse and exploitation of the Indians, has appeared in all the countries which have many Indian inhabitants. 9. Just as López y Fuentes gives a faithful picture of the problems of the native people of Mexico, the Peruvian Ciro Alegría describes with great skill the miserable life of a humble town of the Andes. 10. In the contemporary novel, along with the tendency towards the psychological and philosophical novel, one observes the concern with (**por**) social protest. 11. The essay continues to be (being) not only one of the most popular literary types of today (our time), but also one of the most interesting. 12. Perhaps the most distinguished essayist is the scholar, Alfonso Reyes, who, in a series of works, sketched a Utopian policy for the Americas.

C. Dictado

The teacher will select lines from page 161 for dictation.

Interior y púlpito de la iglesia de la Compañía,
Quito, Ecuador

Iglesia de San Agustín Acolman, México

LECTURA V

A. Estudio de palabras

1. Approximate cognates. Pronounce and note the English meaning of each word: aptitud, *aptitude*; arcaico, *archaic*; cerámica, *ceramics, pottery*; claustro, *cloister*; ecuestre, *equestrian*; esencia, *essence*; ético, *ethical*; gótico, *Gothic*; inmenso, *immense*; majestuoso, *majestic*; orquesta, *orchestra*; principio, *principle*; régimen,[1] *regime, rule*; sinfónico, *symphonic, symphony*; asegurar, *to assure*; florecer, *to flourish*; manifestarse, *to be manifest*; prevalecer, *to prevail*.

Pronounce and give the English meaning of the following Spanish words which begin with **e-** before a consonant group, but which lack the initial *e* in English: escena, escuela, escultura, espacio, especial, espontáneo, estado, estatua, estilo.

2. Compare the meanings of the following groups of related words: arquitecto, arquitectura, arquitectónico; arte, artista, artístico; carácter, característica (*noun*), característico (*adj.*); colonia, colonial, colonizador; composición, compositor, componer; escultor, escultura, escultórico; extraño, extranjero; importante, importancia, importar, *to be important* (but see below, under deceptive cognates); invención, inventivo; mural (*noun and adj.*), muralista, muralismo; música, músico (*noun*), musical; origen, original; pintar, pintor, pintura; pueblo, poblador, población; rey, reino, virreinato, *viceroyalty*; técnica (*noun*), tecnológico (*adj.*); tinte (*noun*), *dye*, *dyeing*, tintóreo (*adj.*), *dyeing, tinctorial*.

Find in this Lectura the Spanish adjectives formed from the following names of places: Cuba, Chile, el Ecuador, Guatemala, la América hispana, la Argentina, Lima, México, el Uruguay, Valencia, Venezuela.

3. Give the English cognates for the following verbs and point out the variations in spelling and/or ending: considerar, diferir, exceder, experimentar, expresar, interesar, interpretar, pintar, representar; adquirir, aspirar, citar, combinar, describir, determinar, introducir, observar, producir, reproducir, surgir; asimilar, crear, cultivar, dedicar, decorar, dominar, educar, emigrar.

4. Deceptive cognates. The verb **importar**, mentioned above, may mean *to import*, as well as *to be important*. The noun **oración**, which we know as *sentence*, may also mean *prayer*, and, although rarely, *oration*. The verb **apreciar** means *to esteem*, as well as *to appreciate*.

B. Modismos y frases útiles

acabar con   to put an end to   **así como**   as well as

---

[1] The plural of **régimen** is **regímenes**. As in the case of **carácter** (*pl.* **caracteres**), the stress shifts one syllable in the plural.

de (en) nuestros días (of) today, of (in) our time

dejar de + *inf.* to stop, cease + *pres. part.*; cease to + *inf.*

dentro de in, within

desde . . . hasta from . . . (up) to

en cambio on the other hand

en cuanto a as for, in regard to

en gran parte largely, in large measure

en relación con in relation to

esforzarse (ue) por to strive for, make an effort to

incorporarse a to be incorporated into

interesarse por to become interested in

los (las) demás the other (rest of the)

llegar a + *inf.* to go so far as to + *inf.*; succeed in + *pres. part.*

para fines de towards the end of

C. Aspectos gramaticales

1. Gender of certain nouns. **Arte** is normally masculine when used in the singular: **la nota característica del arte**, *the characteristic note of art*; **el arte plateresco**, *Plateresque art*. In the plural it is regularly feminine: **las bellas artes**, *(the) fine arts*; **las artes**, *arts* (in general); **las artes visuales**, *the visual arts*.

The noun **mar** is normally masculine, as in this Lectura: **el Mar Caribe**, *the Caribbean Sea*. In later reading you may encounter its use as a feminine noun, especially in fixed phrases, such as **alta mar**, *high seas*; **baja mar**, *ebb (low) tide*; **la mar de cosas**, *lots of things*.

2. Adjectives (also certain nouns) ending in **-ista**, and occasionally in **-na**. Such words have only one form for the masculine and feminine; examples from this Lectura (not marked with asterisks) are: el arte vanguardista, el elemento indígena, elementos indígenas, un enfoque racionalista, la gran escuela muralista, la influencia indígena, el movimiento expresionista, un movimiento indígena, la pintura surrealista, una tendencia vanguardista, los tipos indígenas.

3. Use of prepositions. We are familiar with the normal meaning of the common Spanish prepositions: **a**, *to, at*; **con**, *with*; **de**, *of*; **en**, *in, on*; **por**, *for*; watch, however, for constructions in which these prepositions have other meanings. In addition to these listed in section B above, note the following: **el amor por**, *the love of (for)*; **la incorporación . . . a**, *the incorporation . . . in(to)*; **la preocupación por**, *the concern with*; and an expression which has been used earlier, **ha servido de base**, *(it) has served as a basis*.

D. Notas sobre ciertos estilos arquitectónicos en la América española

Given Spain's long history and the influences from without and from within the country, it is natural that there was a gradual blending or fusion in the architectural types which developed through the centuries, and which were taken to the New World.   For examples of some of the styles which are discussed briefly here, see the illustrations on pages 168 and 172.

1. Gothic architecture in Europe is characterized, in general, by pointed arches, ribbed vaulting, vertical lines, solid walls, and flying buttresses.   In the New World, particularly in Mexico, most of the buttresses were built against the walls, and the monastic churches often served a double purpose of religious and military monument, as evidenced in their towers and battlements.   Because of changes from early Gothic and the fusion with other styles, the term "decadent" Gothic came to be used.   The monastery of San Agustín Acolman offers one of the best examples of the fortress-type monastery and church, built under Spanish direction, but with Indian laborers and craftsmen.   The entrance is of fine Plateresque character.

2. The Plateresque style, characteristically Spanish and prevalent in Spain in the early sixteenth century, was called thus because its delicate, exquisite, and rich ornamentation resembled the work of the plateros *(silversmiths).   It emphasized surface decoration or ornamentation, rather than anything structural, and straight horizontal lines predominate.   The ornamentation was concentrated at the entrance or portal of a building.   While religious buildings dominated the early architecture in the Americas, as time passed, palaces and public buildings of similar styles appeared.*

3. The Mudéjar *(Spanish Moorish) type resulted from the work of the* mudéjares *(Moslems) who were allowed to keep their own religion in Spain after their conquest by the Christians.   This type is characterized by lace-like geometrical decoration of walls and archways, largely of brick and plaster, and often by use of colorful glazed tiles.   The use of Indian workmen accounts for certain indigenous elements found in American architectural designs, particularly in Mexico, Peru, and Ecuador.*

4. Baroque architecture is characterized by heavy, lavish, often excessive, ornamentation, with an emphasis on the curved and broken line and on crowded swirls.   This type, transplanted into Spanish America in the seventeenth century, at a time when the wealth of the colonies was growing rapidly, became its most characteristic art form.   Because of the abundance of stone for construction and the long native tradition of ornamentation, which existed before the arrival of the Spaniards, it was natural that this style should take hold in the Americas.   The façade of the Jesuit church of la Compañía *in Quito, one of the examples mentioned in the Lectura, is so intricately carved that it resembles filigree, and its interior is decorated in gold leaf and red Plateresque.*

5. Churrigueresque architecture, developed in Spain by José Churriguera (1650–1723), is sometimes called Ultra-Baroque because of the exaggerated and highly involved, often overly-rich and excessively complicated, decorative details.   Evolving from the luxuriant Baroque, the Churrigueresque in Mexico, for example, became in the eighteenth century what is frequently called the first indigenous architectural style in America.

Iglesia de San Sebastián y Santa Prisca, Taxco, México

CORRIENTES CULTURALES DE LA
AMÉRICA ESPAÑOLA (fin)

Al introducir en América la civilización europea, los colonizadores españoles dieron una importancia especial a las bellas artes.*   Como veremos en las páginas que siguen, la nota característica del arte* en la América hispana es la incorporación de elementos americanos a* los estilos importados de Europa.

En la arquitectura los pobladores españoles reproducen los estilos que entonces prevalecían en España.   En el siglo XVI, por ejemplo, la iglesia de San Agustín Acolman, al norte de la ciudad de México, muestra el estilo gótico[1] decadente de la época, combinado con el plateresco; el claustro de la iglesia de San Francisco de Lima combina el arte* plateresco con elementos del mudéjar.   En el siglo XVII y en la primera parte del siglo siguiente, los edificios son de estilo barroco, sobre todo en su variedad churrigueresca, que en América muestra una fuerte influencia de corrientes indígenas.   Es una época de riqueza arquitectónica en que se construyen en América algunos de los ejemplos más bellos del arte barroco del mundo, entre ellos el Sagrario Metropolitano de la catedral de México, la iglesia de San Sebastián y Santa Prisca en Taxco, la catedral de Zacatecas, la iglesia de Santo Domingo en Oaxaca, la iglesia de Tepotzotlán—todos en México—, y el templo de la Compañía, en Quito.

La pintura y la escultura se cultivan tan intensamente como en Europa. Los focos[2] más importantes de actividad artística son los virreinatos de la Nueva España (México) y del Perú y la región ecuatoriana.   El pintor Baltasar de Echave, de origen vasco, que emigró a México hacia 1590, es considerado como el fundador de la escuela mexicana.   Su mejor obra existente es quizás la *Oración en el huerto*.[3]

Gregorio Vázquez (1638–1711), nacido en Santa Fe de Bogotá,[4] representa la pintura en el Nuevo Reino de Granada en el siglo XVII.   El limeño Miguel de Santiago disputa con Vázquez el primer lugar[5] entre los pintores coloniales; su cuadro más notable es *La Regla*,[6] que pintó en 1656 para el convento de San Agustín de Quito.   La región ecuatoriana es el centro

---

[1] For explanation of this style and others used in this Lectura, see Notas, pages 170–171.   [2] **focos,** *centers, focuses.*   [3] **Oración en el huerto,** *Christ in the Garden* (lit., *Prayer in the Garden*).   [4] **Santa Fe de Bogotá,** *Holy Faith of Bogotá.* (The name the Spaniards gave to the town, founded in 1538, which became the capital of the colony called the New Kingdom of Granada; later the name was shortened to Bogotá.)   [5] **disputa . . . lugar,** *contends with Vázquez for first place.*   [6] **La Regla,** *The Order* (*i.e.,* the Augustinian Order).

más importante de actividad escultórica en la época colonial, con escultores como el célebre Padre Carlos (1620–1680) y los indios, Olmos y Manuel Chili, autores de muchas producciones admirables.

En el siglo XVIII se destacan los pintores mexicanos José María Ibarra (1688–1756), llamado el Murillo de la Nueva España, autor de *La Purísima*,[1] *La samaritana*,[2] y otros cuadros excelentes, y Miguel Cabrera (1695–1768), nacido en Oaxaca. Cabrera es el más popular de todos los pintores mexicanos; *La Virgen del Apocalipsis* (1760) es el ejemplo más notable de las obras que de él quedan.

En el siglo XIX dos insignes arquitectos se distinguen también en la escultura y en la pintura, el valenciano Manuel Tolsá (1757–1816), que pasó a México en 1791, y el mexicano Francisco Eduardo Tresguerras (1765–1833). Tolsá es el gran escultor de la época; como arquitecto terminó las obras de la catedral de México; como escultor fue el autor de la magnífica estatua ecuestre de Carlos IV, en la ciudad de México. Tresguerras fue el último de los grandes arquitectos del régimen colonial. De celebrada versatilidad, se distinguió también como escultor, pintor, músico y poeta.

Para fines del siglo XIX los pintores hispanoamericanos ya muestran tendencias nuevas: algunos siguen las escuelas francesas, dominantes en Europa; pero otros buscan inspiración en los temas americanos. Ya dentro del siglo actual, cuando el movimiento impresionista, de origen francés, dominaba en los círculos artísticos del mundo, surgió la gran escuela muralista de México, que, con Diego Rivera, José Clemente Orozco y David Alfaro Siqueiros, ha florecido hasta nuestros días.

Como en el caso de la literatura, la preocupación por* los problemas sociales determinó este cambio de dirección de la pintura de Hispanoamérica. En México la Revolución de 1910 ha servido de base para la obra artística de los pintores citados, que han producido una larga serie de pinturas murales que decoran las paredes de muchos edificios públicos. Las artes,* las fiestas populares, la vida de los indios y las nuevas ideas sociales les han proporcionado[3] una gran variedad de temas.

Las ideas sociales y políticas de Diego Rivera (1886–1957) le llevaron a hacer de la pintura un medio de propaganda para educar al pueblo. La inmensa composición que se halla en la escalera del Palacio Nacional, en la ciudad de México, describe toda la historia del país—desde el período prehispánico hasta el actual—y, también, la visión de un futuro ideal.

---

[1] **La Purísima**, *The Most Holy Virgin.*   [2] **La samaritana**, *The Samaritan Woman.*   [3] **les han proporcionado**, *have furnished them.*

El hombre y el mundo contemporáneo son también el tema general de José Clemente Orozco (1883–1949), que se interesó especialmente por los aspectos más sórdidos y tristes de la vida mexicana. Se ha dicho que ningún otro pintor le ha superado en la expresión del aspecto eterno, humano y trágico de las luchas civiles de un país. Para ver sus mejores obras hay que ir a Guadalajara, México.

Los temas revolucionarios adquieren un vigor extraordinario en las obras de David Alfaro Siqueiros (1898–   ), quien se ha esforzado por abrir nuevos caminos al muralismo. Ha experimentado con el uso de materiales nuevos, así como con la fusión de la pintura y la escultura. Entre sus murales más importantes figura el de la rectoría[1] de la Ciudad Universitaria de México.

El pintor mexicano Rufino Tamayo (1899–   ) representa una forma moderada del muralismo de su país, expresado en términos de valores universales. Hay murales suyos en Smith College y en varios edificios públicos del estado de Texas.

Hacia 1920 empezó también en el Perú un movimiento indígena en el arte. Aunque se desarrolló bajo la influencia del muralismo mexicano, difiere de éste por su tono más moderado. José Sabogal (1888–1956), jefe de la nueva expresión artística de su país, ha buscado su inspiración en el paisaje, en los tipos indígenas y en las costumbres rurales del Perú, empleando como fondo los majestuosos Andes. Aunque también ha interpretado la vida por los ojos del indio, no se observa en sus obras la nota de propaganda, como en las de los artistas mexicanos.

Notables representantes de las corrientes artísticas de influencia europea son el pintor guatemalteco Carlos Mérida (1893–   ), el cubano Wifredo Lam (1902–   ), y el uruguayo Joaquín Torres García (1874–1948). Mérida ha sido uno de los exponentes más importantes de la pintura abstracta en América. Lam desarrolla su obra en relación con los principios del surrealismo. La contribución del pintor uruguayo ha sido la más importante en relación con las tendencias actuales. En 1928 llegó a crear un estilo nuevo, de formas rectangulares, basado en el principio de la acumulación de imágenes, por medio de las cuales aspiraba a expresar un simbolismo místico, de valor universal. De los pintores contemporáneos es el que ha ejercido mayor influencia en las generaciones jóvenes de la América española.

Hoy día el arte vanguardista es cultivado intensamente en muchos países de Hispanoamérica. En Chile, por ejemplo, el *Grupo Rectángulo*, fundado

---

[1] **rectoría,** *rector's (president's) office.*

en 1954, por Ramón Vergara Grez (1923–   ), ha rechazado[1] el *informalismo* y las demás derivaciones de la pintura surrealista (las cuales aspiraban a acabar con todas las normas en el arte) y se esfuerza por dar un enfoque[2] racionalista y un valor ético al arte.   Desde 1963 el grupo se llama *Forma y espacio* y hace concesiones al arte cinético.[3]   Tendencias semejantes se encuentran en las producciones del venezolano Jesús Soto (1923–   ) y del argentino Eduardo Mac Entyre (1929–   ).   Los dos buscan nuevas formas de expresar aspectos positivos e imaginativos de nuestra época tecnológica.

Dos notables pintores mexicanos pueden representar las tendencias vanguardistas en su país: Pedro Friedeberg (1937–   ) y José Luis Cuevas (1934–   ).   La precisión en la invención matemática, la nota de crítica social y la preocupación por lo sobrenatural son elementos importantes de su arte.

En nuestros días la vitalidad de las artes* visuales en Hispanoamérica es extraordinaria.   El hecho más importante es que el arte hispanoamericano ha dejado de ser nacional y se ha incorporado a la escena internacional.

La aptitud artística del hispanoamericano se manifiesta también en otras artes más populares, como la cerámica, la orfebrería[4] y la producción de tejidos.[5]   Aun antes de la llegada de los españoles, las civilizaciones indígenas de América habían producido obras maravillosas de cerámica y de orfebrería que el viajero puede admirar hoy en los museos.   En el arte del tinte los pueblos indios excedían a los europeos, y muchas de sus materias tintóreas fueron introducidas en Europa después de la conquista.   Hoy día es muy apreciada la cerámica de Puebla y de Oaxaca, en México; son admirados los tejidos de Guatemala y de otros países de gran población india; entre otros lugares, las ciudades de Taxco (México) y Lima son famosas por la producción de artículos de oro y plata, etcétera.

En cuanto a la música, puede decirse que el amor por* ella es una de las características de la América latina.   Desde la época colonial ha habido[6] dos corrientes distintas: la popular, que representa la expresión espontánea del pueblo, y la culta, que muestra influencias europeas.   Las variedades de la música popular son infinitas; cada país tiene una rica tradición musical, con formas propias.   En algunos casos se han mezclado elementos indígenas y extranjeros.   La música popular de México, por ejemplo, es en gran parte de procedencia andaluza, y su estilo es arcaico, como en las danzas llamadas jarabe[7] y zapateado.[8]   La rumba, la conga y otras formas de la música

---

[1] **ha rechazado,** *has rejected.*   [2] **enfoque,** *focus(ing).*   [3] **cinético,** *kinetic* (consisting in or depending upon motion).   [4] **orfebrería,** *gold or silver work.*   [5] **tejidos,** *textiles, weaving(s).*
[6] **ha habido,** *there have been.*   [7] **jarabe,** a popular dance, such as the *Mexican Hat Dance.*
[8] **zapateado,** *clog (tap) dance.*

Músico indio de las montañas
bolivianas

Estudiantes de la Universidad del
Cuzco bailan danzas folklóricas

popular de Cuba y de las demás islas del Mar Caribe,* en cambio, muestran una fuerte influencia de la música negra.   En los países donde la población india es grande, la influencia indígena es muy notable.

En el siglo XX muchos compositores, como los argentinos Juan Carlos Paz y Juan José Castro, el cubano Ernesto Lecuona, el uruguayo Eduardo Fabini, y los mexicanos Manuel Ponce, Silvestre Revueltas y Carlos Chávez, han llegado a desarrollar una música de auténticos temas americanos.

Lecuona (1896–1963) se distinguió como pianista, compositor y director de orquesta.   Algunas de sus composiciones, como *Malagueña*, *Danza negra* y *Siboney*, de inspiración popular, llegaron a ser célebres tanto en Norteamérica como en Hispanoamérica.   Juan José Castro (1895–1968) compuso la música de escena[1] para *Bodas de sangre*,[2] de García Lorca, poeta y dramaturgo español.

Carlos Chávez (1899–   ) es el fundador de la Orquesta Sinfónica de México.   Convencido de que existe una música mexicana con un carácter y un vigor propios, Chávez se ha dedicado a integrar las diversas fuentes de la tradición nacional.   Aunque la esencia de su música es mexicana, sus temas son originales, y se ha asimilado completamente el elemento indígena. Su técnica y su genio inventivo le han asegurado un puesto muy alto en el mundo musical.

El chileno Claudio Arrau (1903–   ), uno de los grandes pianistas de nuestros días, es considerado como uno de los mejores intérpretes de la obra pianística de Beethoven.

Entre los compositores más jóvenes hay algunos muy notables, como el chileno Juan Antonio Orrego Salas (1919–   ), profesor del Conservatorio Nacional de Chile, y el argentino Alberto Ginastera (1916–   ), director del Conservatorio de Música de su país.   Entre las composiciones de Ginastera merecen citarse su poema sinfónico, *Ollantay*[3] (1948), y su ópera *Bomarzo*, estrenada en Washington en 1967.

---

[1] **música de escena**, *background music.*   [2] **Bodas de sangre**, *Blood Wedding.*   [3] **Ollantay**, originally a controversial drama of uncertain authorship and date, possibly written first in Quechua verse in pre-Hispanic days, was presented in Spanish in the eighteenth century.   The action, set in Cuzco, the ancient Inca capital, deals with the love of Ollantay, an Inca chieftain of humble birth, and the Inca princess Cusi Coyllur.

Juan Carlos Paz

PREGUNTAS

1. Al introducir en América la civilización europea, ¿a qué dieron una importancia especial los colonizadores españoles?   2. ¿Cuál es la nota característica del arte en la América hispana?   3. ¿Qué estilos muestran los edificios que se construyeron en el siglo XVI?   4. ¿Qué estilos muestran los edificios en el siglo XVII y en la primera mitad del siglo siguiente?

5. ¿Quién es considerado como el fundador de la escuela de pintura en México? 6. ¿Quién disputa con Gregorio Vázquez el primer lugar entre los pintores coloniales? 7. ¿Qué pintores mexicanos se destacan en el siglo XVIII?   8. ¿Qué ilustres arquitectos se distinguieron en México en el siglo XIX?

9. ¿Cuándo surgió la gran escuela muralista de México?   10. ¿Qué ha servido de base para la obra artística de los muralistas mexicanos?   11. ¿Qué describe la composición de Rivera que se halla en la escalera del Palacio Nacional, en la ciudad de México?   12. ¿Qué se ha dicho del pintor José Clemente Orozco?   13. ¿Cuáles son algunos caminos nuevos que Siqueiros ha tratado de abrir al muralismo? 14. ¿Dónde se encuentran en nuestro país pinturas murales de Rufino Tamayo? 15. ¿En qué ha buscado su inspiración el pintor José Sabogal?

16. ¿Qué corrientes artísticas representan los pintores Mérida, Lam y Torres García?   17. ¿Cuál de ellos ha ejercido mayor influencia en relación con las tendencias actuales?   18. ¿Qué aspira a expresar Torres García por medio de las imágenes que acumula en sus cuadros?   19. ¿Dónde se fundó el *Grupo Rectángulo* y cómo se llama el grupo ahora?   20. ¿Qué aspectos de nuestro tiempo tratan de expresar los pintores Jesús Soto y Eduardo Mac Entyre?   21. ¿Cuáles son algunos elementos importantes de las obras de Pedro Friedeberg y de José Luis Cuevas?

22. ¿Qué otras artes se han cultivado en Hispanoamérica?   23. ¿Qué ciudades son famosas por la producción de artículos de oro y plata?

24. ¿Qué puede decirse de la música de la América latina?   25. ¿Qué dos corrientes ha habido desde la época colonial?   26. ¿De qué procedencia es, en gran parte, la música popular de México?   27. ¿En qué regiones de América es muy importante la influencia de la música negra?   28. ¿Qué han llegado a desarrollar muchos compositores hispanoamericanos en el siglo XX?   29. ¿Quién fue el autor de las composiciones *Malagueña, Danza negra* y *Siboney*?   30. ¿Qué gran compositor se ha dedicado a integrar las diversas fuentes de la tradición nacional de México? 31. ¿De qué países son los compositores Orrego Salas y Alberto Ginastera?   32. ¿Qué obra de Ginastera fue estrenada en Washington en 1967?

EJERCICIOS ESCRITOS

A. Uso de modismos y frases hechas

Escriban oraciones completas empleando las frases siguientes como elemento inicial:

1. En cuanto a la arquitectura . . .
2. Entre los demás escultores . . .

3. Se encuentran iglesias barrocas desde . . .
4. Entre algunos círculos la pintura surrealista ha dejado de . . .
5. Los dos se esfuerzan por . . .
6. Fue Torres García quien . . .
7. Creo que esta composición llegará a ser . . .
8. El elemento indígena, en cambio, . . .

B. Para expresar en español:

1. The Spanish colonizers incorporated American elements into the different artistic styles which prevailed in Europe.   2. The most important centers of artistic activity in the colonial period were the viceroyalties of New Spain and of Peru, and the Ecuadorian region.   3. In architecture the Spaniards reproduced a variety of styles, as the Gothic, the Plateresque, the Spanish Moorish, and, especially, the Baroque. 4. Some of the most beautiful examples of these architectural styles can be seen today in Mexico City, Lima, Quito, and other cities which were important in the colonial period.   5. Painting and sculpture, largely of religious character during those centuries, were cultivated as intensely as in Europe.   6. By the end of the nineteenth century many Spanish American painters began to seek inspiration in American themes, and in the present century the great muralist movement appeared.   7. The Revolution of 1910 in Mexico, with all its social, political, and economic problems, has served as a basis for the mural paintings of Rivera, Orozco, Siqueiros, and other artists, which decorate the walls of many public buildings.   8. The Peruvian José Sabogal sought his inspiration in the landscape, in the native types, and in the rural customs of his country, interpreting life through the eyes of the Indian.   9. Nowadays, with the introduction of many new tendencies in the works of the painters of many countries, Spanish American art has ceased to be national and it has been incorporated into the international scene.   10. Even before the arrival of the Spaniards, the native civilizations of America had produced marvelous works of ceramics, gold and silver work, and textiles, and today the traveler can still admire these popular arts in many countries, especially in those which have a great Indian population.   11. The love for music is one of the characteristics of all Latin America, and there have been two distinct currents: the popular one, which represents the spontaneous expression of the people, and the learned one, which shows European influences.   12. Among the many notable composers who have come to develop a music of authentic American themes, Carlos Chávez, founder of the Symphony Orchestra of Mexico, stands out as one of the principal figures in (**de**) the musical world.

C. Temas para un informe escrito

Escriban un informe, de unas 120 palabras, sobre uno de los temas siguientes:

1. Las bellas artes en la época colonial.
2. El arte vanguardista en Hispanoamérica.
3. Elementos indígenas y extranjeros en la música contemporánea de Hispanoamérica.

Urna maya del siglo VIII

LA PINTURA EN LA AMÉRICA ESPAÑOLA

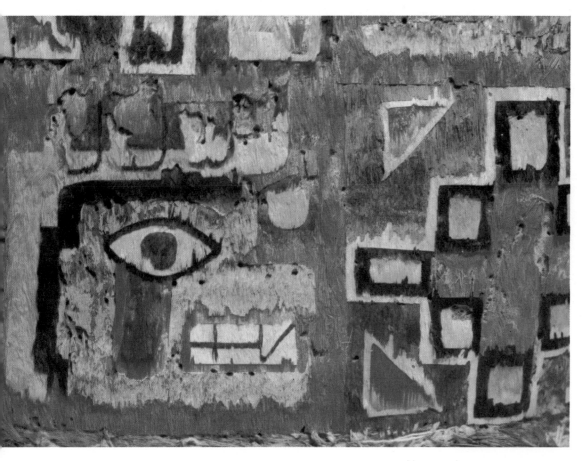

CABEZA DE JAGUAR (detalle)
Mosaico de plumas, hecho en el Perú, hace novecientos años
Cortesía, The Brooklyn Museum
The A. Augustus Healy Fund
Fotografía de Andreas Feininger

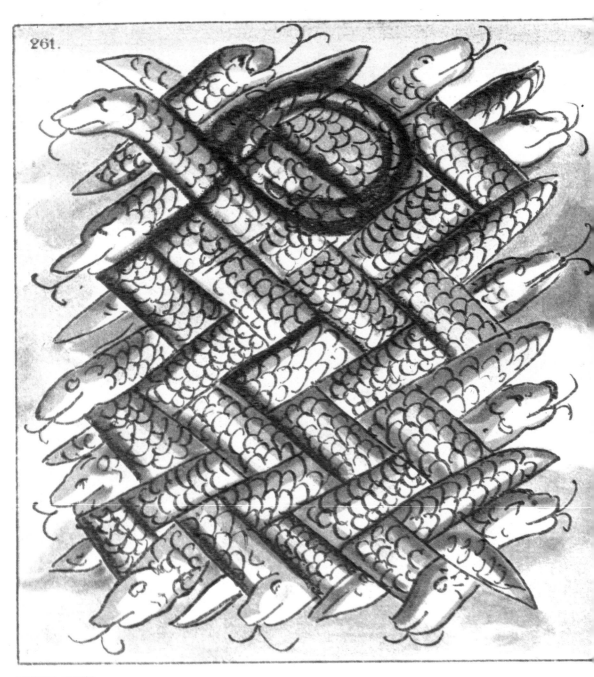

261.

PINTURA AZTECA
Obra de un artista de la época prehispana
Cortesía, Biblioteca, Museo Nacional de Antropología e Historia, México, D. F.
Fotografía de Bradley Smith, New York

LA ORACIÓN EN EL HUERTO
Cortesía, Museo de San Carlos
Colección, Instituto Nacional de
Bellas Artes, México, D. F.

CABRERA

LA VIRGEN Y EL NIÑO CORONADOS, 1762
Cortesía, Philadelphia Museum of Art
Dr. Robert H. Lamborn Collection
Fotografía de Alfred J. Wyatt

Anónimo EL NACIMIENTO DE CRISTO
Cortesía, Instituto Nacional de Bellas Artes, México, D. F.

RIVERA

COMPOSICIÓN CON RELOJ, 1926-27
Cortesía, Museo Nacional de Bellas Artes,
Buenos Aires, Argentina

REVOLUCIÓN, GERMINACIÓN (mural), 1926-27
Cortesía, Escuela Nacional de Agricultura, Chapingo, México
Fotografía de Bradley Smith, New York

OROZCO

LAS SOLDADERAS, ca. 1930
Cortesía, Museo Nacional de Arte Moderno, Chapultepec, I.N.B.A., México, D. F.
Fotografía de Bradley Smith, New York

ECO DE UN GRITO, 1937
Collection, The Museum of Modern Art, New York. Gift of Edward M. M. Warburg

TAMAYO

VENDEDORAS DE FRUTAS, 1952
*Cortesía, Albright-Knox Art Gallery,
Buffalo, New York
Gift of Seymour H. Knox*

LA LLAMADA DE LA REVOLUCIÓN, 1935
*Colección de Pascual Gutiérrez Roldán
Fotografía de Bradley Smith, New York*

José Sabogal AGUADORAS (Water Bearers), 1951
Cortesia, San Francisco Museum of Art
Gift of Mr. and Mrs. Garfield Warner

MÉRIDA

ESTAMPA DEL «POPOL-VUH»
Fragmento del Capítulo XVI del Libro Sagrado
Cortesía, Carlos Mérida

EL JOVEN REY, 1936
Cortesía, Carlos Mérida
From the collection of Mr. and Mrs. Stanley Markus

EL PRESENTE ETERNO, 1944
Cortesía, Museum of Art, Rhode Island School of Design, Providence, R. I.

TORRES GARCÍA

ARTE CONSTRUCTIVO, 1942
*Cortesía, Museo Nacional de Bellas Artes,
Buenos Aires, Argentina*

1943 AMÉRICA, 1943
*Cortesía, Museum of Art, Rhode Island
School of Design, Providence, R. I.*

VERGARA GREZ

EL SOL EN LA LUNA, 1964
Cortesía, R. Vergara Grez y Antonio R. Romera,
Santiago, Chile

SIMETRÍA DINÁMICA
Cortesía, R. Vergara Grez y Antonio R. Romera,
Santiago, Chile

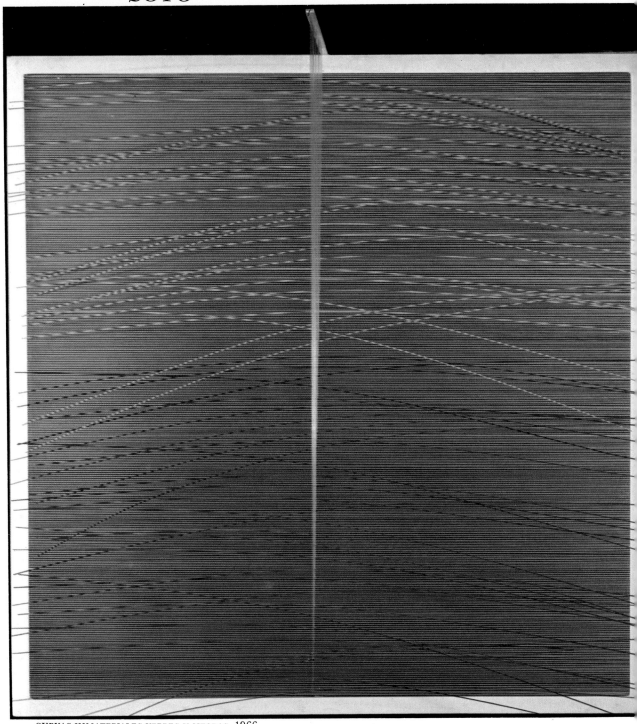

CURVAS INMATERIALES VERDES Y NEGRAS, 1966
(madera y metal)
Cortesía, Museum of Art, Rhode Island School of Design, Providence, R. I.

MAC ENTYRE

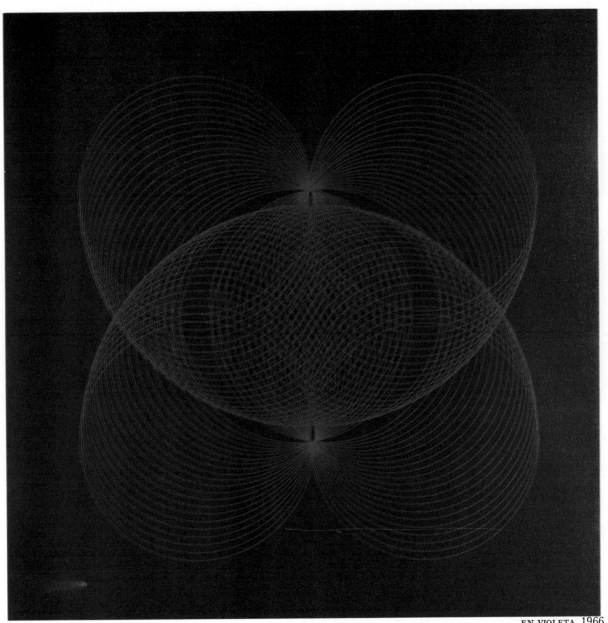

EN VIOLETA, 1966
Cortesía, Museum of Art, Rhode Island School of Design, Providence, R. I.

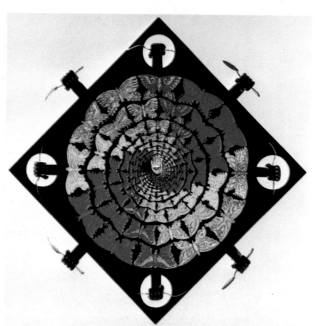

FRIEDEBERG

CONFESIONES DE UN ERIZO ICONOCLASTA
*Cortesía, Consejo Nacional de Turismo de México y
Galería Antonio Souza, México, D. F.*

CUEVAS

AUTORRETRATO
Cortesía, José Luis Cuevas y Galería de Arte Mexicano

VOLUMEN ESPACIAL, por el artista argentino, Ennio Iommi

Cúpula del Capitolio de Buenos Aires, Argentina

LECTURA VI

PRESENTACIÓN

A. Estudio de palabras

1. Approximate cognates. Pronounce and note the English meaning of each word: burocrático, *bureaucratic*; descontento, *discontent*; equitativo, *equitable*; humanitario, *humanitarian*; injusto, *unjust*; miembro, *member*; objetivo, *objective*; obstáculo, *obstacle*; privilegio, *privilege*; sistema, *system*; sufrimiento, *suffering*; acelerar, *to accelerate*; asumir, *to assume*; garantizar, *to guarantee*; mantener, *to maintain*.

2. Compare the meanings of the following groups of related words: aumentar, *to augment, increase*, aumento, *increase*; comercio, comercial, comerciar, *to trade, have commercial relations*; común, *common*, comunidad, *community*; cooperar, *to cooperate*, cooperación, *cooperation*; débil, *weak*, debilidad, *weakness*; desarrollar, *to develop*, desarrollo, *development*, subdesarrollado, *underdeveloped*; discutir, *to discuss*, discusión; distribuir, *to distribute*, distribución; diverso, *diverse, different*, diversificar, *to diversify*; estructura, *structure, development*, estructuración, *building process*; evolución, *evolution*, evolutivo, *evolutionary*; imponer, *to impose*, oponer, *to oppose*, proponer, *to propose*; industria, industrial, industrializar, industrialización; mejor, mejora *and* mejoramiento, *betterment, improvement*; mundo, mundial, *world*(*-wide*), *universal*; rápido, rapidez, *rapidity, speed*; producir, producción, producto, productora, *producer*; vivir, vivienda, *dwelling, house*.

3. The meaning of many Spanish words may be deduced in context by first associating the closest English cognate, then by thinking of one or more English words of approximately the same meaning. Some examples in this Lectura are: ampliar, *to amplify—to enlarge, broaden*; efectuar, *to effect—to carry out*; elevar, *to elevate—to raise*; fomentar, *to foment—to promote, encourage, foster*; retardar, *to retard—to slow down*; activación, *activation—promotion*; disminución, *diminution—decrease*; disparidad, *disparity—inequality*; eficaz, *efficacious—effective*; entidad, *entity—body, organization*; índice, *index—rate*; jurídico, *juridical—legal*; organismo, *organism—organization, agency*; urbanización, *urbanization—city planning* (*growth*).

4. Find in this Lectura Spanish nouns in **-o, -a**, and **-ado**, related to the following verbs: esforzarse, estimular, intentar, pasar, progresar; ayudar, buscar, practicar; resultar, tratar.

5. Deceptive cognates. The noun **cifra** may mean *figure*, as well as *cipher*; **inversiones** means *investments* (and only rarely, *inversions*); **perjuicio**, *detriment, damage*, should not be confused with **prejuicio**, *prejudice, bias*; **recurso**, *recourse*, also means *resource*, and in the plural, *resources, means*. Remember that **papel**, *paper*, is commonly used in the sense of *role*.

Note the use of **medio**, as a noun, for *way, means*; and as an adjective meaning *middle*: **la clase media**, *the middle class*.

The adjectives **exterior** and **interior** may be used in the sense of *foreign* and *domestic*, respectively. The adverb **desgraciadamente** means *unfortunately*, not *disgracefully*. Compare **por desgracia**, *unfortunately*, used earlier.

B. Modismos y frases útiles

a pesar de in spite of, despite	**más adelante** later (farther) on
al año yearly, each year	**la mayoría de** the majority of, most
al ritmo (**actual**) at the (present) rate	(of)
los bienes de equipo capital goods	**el nivel de vida** standard of living
el comercio exterior foreign trade	**oponerse a** to oppose
dar un paso to take a step	**pasar de** to exceed
de manera ejemplar in an exemplary way	**por consiguiente** consequently, therefore
deberse a to be due to	**prestar atención** (**a**) to pay attention (to)
la demanda interior domestic demand	
en perjuicio de to the detriment of	**respecto de** with regard to, concerning
la fuente de ingresos source of income	
llevar a cabo to carry out	**sin embargo** nevertheless

C. Aspectos gramaticales

1. Gender and number of certain nouns and adjectives.   **Agrícola**, *agricultural*, is another adjective ending in **-a** which has only one form for the masculine and feminine: **la producción agrícola**, *agricultural production*; **un país agrícola**, *an agricultural country*.

Masculine nouns in **-ma** which occur in this Lectura are: **problema**, **programa**, and **sistema**.

Latin terms used as nouns usually do not change in the plural; the article suffices to indicate the plural: **el déficit**, *the deficit*, **los déficit**, *the deficits*.

Occasionally a masculine noun in **-or** has a comparable feminine form in **-ora**: **el productor**, *producer*, **la productora**, *producer*. Compare **profesor** and **profesora**.

2. Remember that the Spanish definite article replaces the demonstrative pronoun before **que**. When a preposition precedes **que**, the demonstrative pronoun is restored, but the accent mark is not used:

sobre todo en aquellos en que la población indígena . . .
above all in those in which the native population . . .

3. Notes on the use of the present participle.   We are familiar with the use of the present participle with the verbs **estar** and **ir** to form progressive tenses:

> **se está emprendiendo un vasto programa social . . . ,**
>> a vast social program is being undertaken . . . ,
> **van surgiendo diversos tipos de sociedades . . .**
>> different types of societies are gradually appearing (are beginning to appear) . . .

The verbs **continuar** and **seguir** are similarly used to express that an action is continuing:

> **Si la población continúa creciendo . . .**
>> If the population continues to grow (growing) . . .
> **el comercio exterior no sigue aumentando . . .**
>> foreign trade does not continue increasing (to increase) . . .

Typically Spanish is the use of the present participle to convey a variety of adverbial relationships.   In English the preposition *by* frequently introduces the construction:

> **Se espera que el libre comercio . . . contribuya al desarrollo económico general, ampliando los mercados y estimulando . . .**
>> It is hoped that free commerce (trade) . . . will contribute to the general economic development, by enlarging the markets and by stimulating . . .

Special care is required with the English adjective forms in *-ing*, which rarely, if ever, are translated by the Spanish present participle.   Note, in this Lectura, **dominante**, *dominating*; **entrante**, *coming*, *next* (month, year, century).   English nouns in *-ing* often show a suffix or an infinitive form in Spanish: **la financiación**, *financing*; **el bienestar**, *well-being* (*welfare*).

4. When the adverb **aún**, *still*, *yet*, follows (and sometimes when it precedes) the verb or word it modifies, it is pronounced and written as two syllables: **aún**.

> **No han llegado aún.**   They haven't arrived yet.

Aun (occasionally **aún**) also means *even*, in which case it precedes the word it modifies:

> **Aun antes de la llegada . . .**   Even before the arrival . . .
> **Un paso aún más importante . . .**   An even (still) more important step . . .

5. Explain why the four subjunctive forms are used in the sentence on page 192, lines 26–29.

HISPANOAMÉRICA EN EL ÚLTIMO TERCIO DEL SIGLO XX

Los problemas económicos y sociales que los países hispanoamericanos tendrán que resolver durante las próximas décadas son sumamente graves. A pesar de los esfuerzos de los últimos años, la América latina no ha logrado progresar con la rapidez deseada. Los elementos de protesta y de crítica social y política que hemos observado al tratar de la literatura y del arte en las Lecturas anteriores reflejan el descontento y la frustración de muchos sectores de la sociedad. Aunque muchos de estos problemas son comunes a las regiones subdesarrolladas, será de interés tratar de ellos en su contexto hispanoamericano.

El problema más evidente es el de la debilidad económica y política de los países hispanoamericanos frente a la gran república norteamericana. En parte se debe al fraccionamiento[1] geográfico del territorio; pero también se debe a fuertes sentimientos nacionalistas que se han opuesto a los intentos de unificación propuestos desde la época de Bolívar. Como veremos más adelante, alguna forma de integración económica será necesaria para garantizar un futuro de paz y de bienestar para nuestros vecinos al sur del Río Grande.

Otro problema urgente es el de la injusta distribución de la riqueza y del poder. La disparidad entre las clases ricas y las masas es excesiva. Las clases ricas defienden sus privilegios desesperadamente y no se preocupan suficientemente con los sufrimientos de las clases bajas. En muy pocos países se practica la democracia, y para mantener el orden se ha acudido a[2] los gobiernos militares.

Para que puedan desarrollarse en Hispanoamérica las ideas democráticas habrá que dedicar atención especial a la educación de las masas. En los últimos años se han construido miles de escuelas; pero es penoso[3] observar que el índice de analfabetismo[4] todavía pasa del 50 por 100 en muchos países, sobre todo en aquellos en que* la población indígena es numerosa.

Otro problema gravísimo es el del rápido aumento de la población, el cual, entre otras dificultades, ha creado la necesidad de aumentar proporcionalmente la producción alimenticia.[5] Si la población continúa creciendo* al ritmo actual (aproximadamente el 3 por 100 al año), llegará a los seiscientos millones de habitantes en el siglo entrante. Hispano-

---

[1] **fraccionamiento,** *fractioning, division.* [2] **se ha acudido a,** *they have resorted to.* [3] **penoso,** *distressing.* [4] **analfabetismo,** *illiteracy.* [5] **alimenticia,** *(of) food.*

américa no tiene hoy día los recursos económicos para construir las escuelas y las viviendas que se necesitan.   ¿Qué medios podrán encontrarse para elevar el nivel de vida en el siglo XXI?

En general, se ha considerado la industrialización como el medio más eficaz para elevar el nivel de vida en las zonas subdesarrolladas.   En la América hispana, sin embargo, los obstáculos que encuentra la industrialización son muy graves.   Uno de los más importantes es la falta de recursos económicos.   En la economía de los países hispanoamericanos el comercio exterior ha sido una de las principales fuentes de ingresos,[1] por el estímulo que constituye para las actividades industriales y comerciales.   Pues, a pesar de los esfuerzos de los últimos años, el comercio exterior no sigue aumentando* con la suficiente rapidez.   Desgraciadamente la exportación de productos básicos—como el café o los minerales—no varía mucho de un año a otro.   Además, en la nueva edad industrial y tecnológica en que vivimos, la exportación de productos básicos no tiene la importancia que tiene la de artículos manufacturados.   Los países industrializados, por consiguiente, comercian con países del mismo tipo, en perjuicio de los países subdesarrollados.   En 1953 las exportaciones hispanoamericanas constituían el 9.5[2] por ciento de las exportaciones del comercio mundial; diez años más tarde la cifra había bajado al 5.5 por 100.   Es evidente que Hispanoamérica no puede continuar en el papel de productora de materias básicas. Además de diversificar y de aumentar la producción agrícola, tendrá que desarrollar la capacidad de competir en la producción de artículos manufacturados.

Para contrarrestar[3] la disminución de las exportaciones ha habido un esfuerzo por aumentar la demanda interior, por la creación de mercados nuevos.   Es claro que para efectuar una intensa activación del comercio interior habrá que comenzar con una honda[4] transformación de la sociedad, para hacer posible una distribución más equitativa de la riqueza.   Las reformas sociales son urgentes no sólo por razones políticas y humanitarias, sino también por razones económicas.

Las inversiones domésticas y el crédito exterior han constituido las principales fuentes de financiación del déficit comercial.   El ritmo de las inversiones no ha bastado para asegurar el progreso rápido de la industrialización; será necesario, por consiguiente, aumentar el crédito exterior extendido a Hispanoamérica.   Sin el capital necesario no pueden importarse los bienes de equipo y los otros productos indispensables para estimular la producción industrial.

---

[1] **ingresos**, *income, revenue.*   [2] Read **nueve y medio**.   [3] **contrarrestar**, *to counteract, offset.*
[4] **honda**, *profound, far-reaching.*

Fabricando artículos de
cerámica, Oaxaca, México

Restaurante del Lago,
ciudad de México

190

Escuela de un distrito pobre del Perú

Patio del famoso palacio Torre Tagle, Lima, Perú

Interior de una casa, Arequipa, Perú

Con las reformas de los últimos años ha habido un aumento notable en las responsabilidades y obligaciones del gobierno. En algunos países el gobierno ha asumido directamente la operación de ciertas industrias. Estimulados por la Alianza para el Progreso (iniciada por el presidente Kennedy en 1961), algunos países han acelerado sus programas para satisfacer las aspiraciones del pueblo respecto de la educación, la sanidad,[1] la urbanización, etcétera. En pocos años se han construido miles de escuelas y de viviendas y se han distribuido miles de libros; muchos lugares ya tienen servicios de alcantarillado,[2] hospitales y centros de salud. Para realizar estas mejoras ha sido necesario introducir cambios en el sistema burocrático y, sobre todo, en el sistema tributario.[3] Los esfuerzos de las clases poderosas por retardar reformas como las citadas revelan uno de los puntos más débiles en la nueva estructuración de Hispanoamérica: se está emprendiendo un vasto programa social* sin haber efectuado un cambio radical en la estructura de la sociedad.

No debemos olvidar que se presentan diversas etapas[4] de evolución económica y social en Hispanoamérica. En algunos países—México, Bolivia y Cuba—los procesos[5] revolucionarios han producido cambios radicales en la estructura social. En otros países van surgiendo diversos tipos de sociedades,* caracterizados, en general, por una fuerte clase media, con ingresos relativamente elevados. Hay que reconocer, sin embargo, que la mayoría de los hispanoamericanos todavía viven bajo regímenes en que el poder y la riqueza se encuentran concentrados en pocas manos. Para asegurar el bienestar de los países hispanoamericanos y fortalecer el desarrollo de los sistemas democráticos, habrá que emprender una serie de reformas económicas y sociales que eliminen los privilegios y la discriminación, den énfasis a la movilidad social y proporcionen a las generaciones jóvenes la motivación suficiente para adquirir la preparación científica y técnica que necesiten para competir en la sociedad moderna.

Como ya hemos indicado, será difícil que los países hispanoamericanos puedan llevar a cabo programas como los descritos si continúan dentro de sus estrechas fronteras actuales. La integración económica de Hispanoamérica es necesaria no sólo para estimular las relaciones comerciales, sino también para hacer posibles las vastas operaciones científicas y técnicas que habrá que emprender en el futuro—operaciones que sólo pueden ser realizadas por naciones de grandes recursos económicos. Sin la integración discutida,

---

[1] **sanidad**, *health, sanitation.*   [2] **alcantarillado**, *sewage system.*   [3] **tributario**, *of (pertaining to) taxation.*   [4] **etapas,** *stages.*   [5] **procesos**, *processes, progressive movements.*

los países hispanoamericanos no podrán asumir el puesto que les corresponde en la comunidad de naciones.

Es grato observar que se han dado ya los primeros pasos hacia la integración económica. La creación del Banco Centroamericano de Integración Económica, por ejemplo, ha estimulado las relaciones comerciales en Centroamérica. Un paso aún* más importante ha sido el establecimiento, en 1960, por el Tratado de Montevideo, de la Asociación Latinoamericana de Libre Comercio, cuyo objeto es el libre comercio en la América latina. Se espera que el libre comercio acelere la industrialización y contribuya al desarrollo económico general, ampliando los mercados y estimulando* las inversiones. Nueve naciones han aprobado el Tratado: la Argentina, el Brasil, Chile, Colombia, el Ecuador, México, el Perú, el Paraguay y el Uruguay. En conjunto, forman uno de los mercados más importantes del mundo, con una población de más de 222 millones. En la práctica parece que México ha sido el país que se ha beneficiado más del[1] Tratado.

Entre las entidades internacionales que han contribuido a elevar el nivel de vida de Hispanoamérica y a fomentar el desarrollo económico general, la más importante es la Organización de los Estados Americanos (OEA). El resultado de un proceso evolutivo que se inició hace más de un siglo, la OEA fue creada, en su forma actual, en 1948 como un organismo regional dentro de las Naciones Unidas. Desde entonces la OEA ha cumplido sus objetivos de manera ejemplar, manteniendo la paz entre sus miembros, esforzándose por resolver los problemas políticos, jurídicos, sociales y económicos de los respectivos países e impulsando su desarrollo económico, social y cultural.

Entre las otras instituciones que han contribuido al mejoramiento de la economía y de la vida en general hay que citar el Banco Interamericano de Desarrollo y la Organización Panamericana de la Salud.

Al concluir esta larga, pero incompleta, discusión hay que insistir en el hecho de que los problemas que hemos descrito son nuestros también; las soluciones y remedios que encuentren los países hispanoamericanos afectarán sus relaciones con todas las naciones del mundo libre. Los Estados Unidos ha demostrado que quiere cooperar en la busca de dichas[2] soluciones—pero sin imponer condiciones y sin el papel dominante que ha dañado nuestras relaciones en el pasado. Es preciso que las dos Américas alcancen el máximo grado posible de cooperación y ayuda mutua.

---

[1] **se ha beneficiado más de**, *has benefitted most from, has taken most advantage of.*   [2] **dichas**, *the aforementioned.*

Madre e hijo en un mercado
de Pátzcuaro, Michoacán,
México

PRÁCTICAS ORALES

A. Diálogos originales

Dos estudiantes prepararán un diálogo original, de unas doce líneas, para recitar
en clase, empleando las frases y preguntas siguientes como elemento inicial:

1. «Una discusión en la clase de español»

PROFESOR.　　Hoy vamos a discutir algunos de los problemas sociales y económicos
　　　　　　　de los países hispanoamericanos. ¿Cuál es el problema más
　　　　　　　evidente que estos países tendrán que resolver?

ESTUDIANTE.　El problema más evidente es el de la debilidad económica y política
　　　　　　　de los países hispanoamericanos frente a los Estados Unidos.

194

2. «En la Casa de Correos»

(*Dos estudiantes se encuentran en la Casa de Correos y charlan un rato antes de separarse.*)

ESTUDIANTE 1°   Veo que has recibido una carta de Bolivia. ¿Es de nuestro amigo boliviano que estudió con nosotros el año pasado?

ESTUDIANTE 2°   No. Es de un amigo que está trabajando en un proyecto de la Alianza para el Progreso.

3. «En la Residencia de Estudiantes»

(*Dos estudiantes acaban de volver a su cuarto. Charlan un poco acerca de la clase de español.*)

ESTUDIANTE 1°   Le hemos pedido al profesor que dediquemos un día más a la discusión de los problemas de Hispanoamérica.

ESTUDIANTE 2°   ¡Hombre! ¡Cuánto me alegro! No hemos prestado bastante atención a las necesidades de las generaciones jóvenes.

B. Para formular preguntas en español

Formúlense preguntas sobre la segunda parte de la Lectura VI (a partir del párrafo en la página 192 que comienza, «Con las reformas de los últimos años . . .», para que las contesten los demás estudiantes de la clase.

EJERCICIOS ESCRITOS

A. Uso de modismos y frases hechas

Usen los modismos y frases siguientes en oraciones completas:

a pesar de	llevar a cabo
al ritmo actual	oponerse a
deberse a	pasar de
en perjuicio de	respecto de

B. Para expresar en español

1. In the last third of the twentieth century the Spanish American countries will have to solve many economic and social problems which are extremely serious. 2. The economic and political weakness of most of those countries is due in part to the

geographic division of the territory and to strong nationalistic feelings which have opposed unification.   3. Other urgent problems are that of the unjust distribution of wealth and power, that of the rapid increase of population, and the lack of economic resources.   4. Besides stimulating industrialization and the export of manufactured products, it will be necessary to diversify and to increase agricultural production. 5. It is true that a certain attention has been given to the education of the masses and that thousands of schools have been built, but, unfortunately, the rate of illiteracy still exceeds fifty per cent in many Spanish American countries.   6. And it is evident that domestic investments and foreign credit are necessary in order that the governments of those countries can carry out reforms in the future.   7. Also, in spite of the progress which has been made in the last few years, they will have to introduce radical changes in the bureaucratic system, in the system of taxation, and in the social structure of Spanish America.   8. Even though a strong middle class is gradually arising, especially in the large cities, one must remember, nevertheless, that wealth and power are still concentrated in relatively few hands and that democracy is not practiced in many countries.   9. Among various solutions and remedies, Spanish America must undertake the necessary reforms which may provide the young generations sufficient motivation to acquire the technical preparation which they will need in order to compete in modern society.   10. Two of the first steps which have been taken in order to enlarge markets and to stimulate investments is the creation of the Central American Bank of Economic Integration and the establishment of the Latin American Association of Free Trade.   11. The Organization of American States, created in 1948, has contributed a great deal to raise the standard of living in the Spanish American countries, to maintain peace among its members, and to encourage their economic, social, political, and cultural development.   12. By means of cooperation and mutual aid the two Americas can contribute much to the solution of present problems, provided that the United States does not continue imposing conditions which have harmed our relations in the past.

C. Temas para un informe o composición

Escriban un informe o composición, de unas 120 palabras, sobre uno de los temas siguientes:

1. La industrialización en la América española.
2. La integración económica de Hispanoamérica.
3. Composición libre sobre un tema relacionado con la Lectura VI.

VOCABULARY

Abbreviations and Signs used in the Text

adj.	adjective	*m.*	masculine
adv.	adverb	*Mex.*	Mexican
Am.	American	*obj.*	object
conj.	conjunction	*p.p.*	past participle
dir.	direct	*part.*	participle
etc.	and so forth	*pl.*	plural
f.	feminine	*prep.*	preposition
fam.	familiar	*pres.*	present
i.e.	that is	*pret.*	preterit
imp.	imperfect	*pron.*	pronoun
ind.	indicative	*reflex.*	reflexive
indef.	indefinite	*sing.*	singular
indir.	indirect	*subj.*	subjunctive
inf.	infinitive	*trans.*	transitive
lit.	literally	*U.S.*	United States

— In the general vocabularies a dash indicates a word repeated.
+ = followed by.

VOCABULARY

SPANISH-ENGLISH

A

a   to, at, in, on, from, by, *etc.*; *not translated when used before a personal dir. obj.*

abajo   below, underneath

   Los de abajo   *The Underdogs*

abandonar   to abandon, leave

abierto, -a *p.p. of* **abrir** *and adj.*   open, opened

el **abogado**   lawyer

abominable   abominable, detestable

abreviado, -a   abbreviated, shortened

abril   April

abrir   to open, open up

absorber   to absorb; engross completely; take in (up)

abstracto, -a   abstract

la **abundancia**   abundance

abundante   abundant

el **abuso**   abuse

acabar   to end, finish, complete

   acabar de + *inf.*   to have just + *p.p.*

   acabar con + *obj.*   to put an end to, wipe out

   acabar por + *inf.*   to end up by + *pres. part.*

la **acción**   action

la **aceituna**   olive

acelerar   to accelerate

acentúan *pres. ind. of* **acentuar**

acentuar   to accentuate, emphasize

aceptar   to accept

acerca de   about, concerning

acercarse (**a** + *obj.*)   to approach, draw near, move toward

acompañado, -a (**de**)   accompanied (by)

acompañar   to accompany, go with

acostumbrar   to be accustomed to, have the custom of, be in the habit of

la **activación**   activation, promotion

la **actividad**   activity

el **acto**   act

el **actor**   actor

actual *adj.*   present, present-day

   el actual   the present one (*m.*)

   las actuales   the present ones (*f.*)

acudirse a   to resort (come) to

el **acueducto**   aqueduct

la **acumulación**   accumulation

acumular   to accumulate

la **acusación** (*pl.* **acusaciones**)   accusation

adecuadamente   adequately

adelante   ahead

   más adelante   later (farther) on

además *adv.*   besides, furthermore

   además de *prep.*   besides, in addition to

admirable   admirable

admirar   to admire

el **adobe**   *brick made of clay and straw*

adonde   (to) where

¿adónde?   where? (*with verbs of motion*)

adoptar   to adopt

la **adoración**   adoration

adorar   to adore, worship

adornado, -a (**de, con**)   adorned (with), decorated (with)

adornar (**de, con**)   to adorn (with), decorate (with)

adquieren *pres. ind. of* **adquirir**

adquirir (**ie**)   to acquire

el **adversario**   adversary, opponent

afectar   to affect

la **afición**   fondness

el **aficionado**   fan

aficionarse (**tanto**) **a**   to become (so) fond of

africano, -a   African

afuera *adv.*   outside, abroad

ágil   agile

la **agonía**   agony

agraciado, -a   graceful, charming

agradable   agreeable, pleasant

agrandar   to enlarge, exalt

el **agravio**   wrong

agregar   to add

agrícola (*m. and f.*)   agricultural

el **agricultor**   agriculturist, farmer

la **agricultura**   agriculture

agrio, -a   sour, acid

el **agua** (*f.*)   water

el **águila** (*f.*)   eagle

   Caballero Águila   Eagle Knight

Agustín Augustine, Austin
ahora now
   ahora mismo right away (now)
el aire air
   al aire libre outdoor, (in the) open air
aislado, -a isolated
ajeno, -a alien, foreign, another's
al = a + el to the
   al + *inf.* on (upon) + *pres. part.*, when + *clause*
el alarde display, show
   Alberto Albert
Alcalá de Henares *town near Madrid, Spain*
alcancen *pres. subj. of* **alcanzar**
el alcantarillado sewage
   servicios de alcantarillado sewage systems
alcanzar to attain, reach
el aldeano villager
alegrarse to be glad
   ¡cuánto me alegro! how glad I am!
alegre cheerful, joyful, lively
la alegría joy, happiness
Alemania Germany
la alfalfa alfalfa
algo *pron.* something, anything
el algodón cotton
   algún *used for* **alguno** *before m. sing. nouns*
   alguno, -a *adj. and pron.* any, some, someone; *pl.* some, several, a few
el aliado ally
la alianza alliance
   Alianza para el Progreso Alliance for Progress
alimenticio, -a (of) food
el alimento food
   alistarse to enlist
el alma (*f.*) soul, heart, spirit
   el alma mía my heart
almorzar (**ue**) to eat (take) lunch
Alonso Alphonsus
el altar altar
alto, -a high, tall, upper
   el Alto Perú Upper Peru
   la Alta California Upper California
   más alto higher; highest
   una alta a tall one (*f.*)
la altura altitude, height
   Allende: San Miguel de —, *a city north of Mexico City*
allí there
   allí mismo that very place
el amante lover

la amargura bitterness
   con amargura bitterly, with bitterness
el Amazonas Amazon (River)
el ambiente atmosphere, environment
América America
   la América Central Central America
   la América española (**hispana**) Spanish America
   la América del Norte North America
   la América del Sur South America
   la América latina Latin America
americano, -a American
   lo americano what is (was) American, the American scene
el amigo friend
la amistad friendship
el amo master
el amor love; *pl.* love affairs
   ampararse to seek protection (help)
   ampliar to amplify, enlarge, broaden
el analfabetismo illiteracy
el (**los**) **análisis** analysis, analyses (*pl.*)
   analizar to analyze
   anatómico, -a anatomical
   anciano, -a old, elderly
   ancho, -a broad, wide
Andalucía Andalusia (*territory of southern Spain*)
   andaluz, -uza Andalusian (*of southern Spain*)
   andante: caballero —, knight errant
   andar to go, walk
   anduvo enamorado (he) was in love
los Andes Andes (*mountains in South America*)
Andrés Andrew
la anécdota anecdote
el ángel angel
   Los Ángeles Los Angeles
el anhelo (*also pl.*) yearning, longing
el anillo ring
el animal animal
   animar to animate, give life to
   animar a + *inf.* to encourage to
el aniversario anniversary
   anochecer: al —, at nightfall
   anónimo, -a anonymous
el antagonismo antagonism
   ante *prep.* before (*position*), in the presence of
   anterior anterior, earlier, preceding
   antes *adv.* before (*time*), formerly
   antes de *prep.* before
   antiguamente formerly, in ancient times
   antiguo, -a old, ancient
   lo antiguo the (what is) old
Antón, Antonio Anthony, Tony

la antropología   anthropology
anunciar   to announce
el año   year
   a los dos años   after two years
   al año   yearly, each year
   al año siguiente   (in, on) the following year
   ¿cuántos años tenía (Cortés)?   how old was (Cortés)?
   de los últimos años   of the past (last) few years
   en los (estos) últimos años   during (in) the (these) last few years, recently
aparecer   to appear, show up
apartado, -a de   separated (away) from
apasionado, -a   tender, passionate
aplaudir   to applaud
el Apocalipsis   Apocalypse (*revelation made to the Apostle John*)
apoderarse de   to seize, take possession of
el apogeo   height
el apóstol   apostle
la apreciación   appreciation
apreciar   to appreciate, esteem
aprender (a + *inf.*)   to learn (to)
aprestarse a   to prepare oneself to
aprobar (ue)   to approve
apropiado, -a a   appropriate to (at), suitable (for)
aproximadamente   approximately
aproximarse a   to approximate, come (close) near to
la aptitud   aptitude
aquel, aquella (-os, -as) *adj.*   that, those (*distant*)
aquél, aquélla (-os, -as) *pron.*   that (one), those
el aquelarre de brujas   witches' Sabbath
aquello *neuter pron.*   that
aquí   here
Aragón   Aragon (*region and former kingdom in northeastern Spain*)
Araure   *section of Venezuela where Bolívar defeated the Spaniards*
el árbol   tree
arcaico, -a   archaic, very old
la argamasa   mortar
Argel   Algiers (*in North Africa*)
la Argentina   Argentina
argentino, -a (*also noun*)   Argentine
el arma (*f.*)   arm, weapon
   armas de fuego   firearms
la armada   armada, fleet
   Armada Invencible   Invincible Armada
armado, -a de   armed with

armar   to arm
   armar caballero   to dub (as a) knight
el arquitecto   architect
arquitectónico, -a   architectural
la arquitectura   architecture
arrebatado, -a   carried away
arriba *adv.*   above
arrojar   to throw, hurl; *reflex.* throw oneself
el arroz   rice
el arte   art; skill, artifice, craft; *f. pl.* arts, crafts
   las bellas artes   (the) fine arts
el artículo   article
   artículo de costumbres   article of customs and manners
el (la) artista   artist
artístico, -a   artistic
asegurar   to assure
asentar (ie) por   to take service as
asfixiar   to asphyxiate, suffocate
así   so, thus, this (that) way
   así . . . como   both (as much) . . . and (as)
   así como   as well as, just as
asimilar   to assimilate
asistir a   to attend
la asociación   association
asociarse con   to join, form a partnership with
asombrar   to amaze, be amazing
el aspecto   aspect, point
la aspiración (*pl.* **aspiraciones**)   aspiration
aspirar a   to aspire to
astuto, -a   astute, clever
asumir   to assume
atacar   to attack
Atahualpa   *Inca leader at time of Spanish conquest*
la atención   attention
   llamar la atención (a uno)   to attract one's attention
   prestar atención (a)   to pay attention (to)
la atracción   attraction
atractivo, -a   attractive
atraer   to attract
atrasado, -a   backward, poor
atravesar (ie)   to cross, traverse; pass through
atreverse (a)   to dare (to)
aumentar   to augment, increase
el aumento   increase
aun, aún   even, still, yet
aunque   although, even though, even if
auténtico, -a   authentic, real
el autor   author
la autoridad   authority
el autorretrato   self-portrait
avanzado, -a   advanced

la avenida   avenue
la aventura   adventure
el avión (*pl.* **aviones**)   (air)plane
   en avión   by plane
  avisar   to advise, inform; warn
  Ayacucho   *Andean city in Peru*
la ayuda   aid, help
  ayudar (**a** + *inf.*)   to help (to), aid (to)
el azteca   Aztec
el azúcar   sugar
  azul   blue

B

la bahía   bay
  bailar   to dance
el baile   dance
  bajar   to come (go) down, decline
  bajo *prep.*   under, beneath, below
  bajo, -a   low, lower
    la Baja California   Lower California
    Países Bajos   Low Countries (*the Netherlands or Holland*)
el balboa   *monetary unit of Panama*
el balcón (*pl.* **balcones**)   balcony
  Baltasar   Balthasar
el ballet   ballet
la banana   banana
el banco   bank
la banda   band (*music*)
la bandera   banner, flag
  Bárbara   Barbara
la barbarie   barbarism, lack of culture
el barco   boat
el barril   barrel
el barrio   district
el barro   clay
  barroco, -a   baroque
el barroco   Baroque
  Bartolomé   Bartholomew
  basado, -a   based
el basalto   basalt
  basar   to base; *reflex.* be based
la base   base, basis
    servir (**i, i**) **de base**   to serve as a basis
  básico, -a   basic
el básquetbol   basketball
  bastante *adj. and adv.*   enough, sufficient, quite, rather
  bastar   to be enough, be sufficient
la batalla   battle
  bautizar   to baptize
  beber   to drink

la bebida   drink, beverage
el béisbol   baseball
  Belén   Bethlehem
la belleza   beauty
  bellísimo, -a   very (most) beautiful
  bello, -a   beautiful, pretty; fine
    las bellas artes   (the) fine arts
la bendición   blessing
  beneficiarse de   to benefit from, take advantage of
  Bernardo   Bernard
la Biblia   Bible
la biblioteca   library
  bien *adv.*   well
    más bien (**que**)   rather (than)
    parecer ser bien a uno   to think it proper for one, seem to be proper to one
    si bien   although, though, while
los bienes   wealth, goods
    bienes de equipo   capital goods
el bienestar   well-being, welfare
la boda   wedding
las boleadoras   *lariat with balls at one end, thrown so as to twist around an animal's legs*
    Bolívar, Simón   (1783–1830) *Venezuelan liberator of northwest South America*
  boliviano, -a   Bolivian
la bombilla   small tube
  bondadoso, -a   kind
  bonito, -a   pretty, beautiful
el borracho   drinker
el bosque   forest, woods
  botánico, -a   botanical
la botella   bottle
el boxeo   boxing
el Brasil   Brazil
  bravo, -a   fierce
el brazo   arm
  breve   brief, short
  brillante   brilliant
la broma   trick, joke
    dar bromas a   to play tricks on
  brotar   to burst forth
la bruja   witch
la brutalidad   brutality
  buen   *used for* **bueno** *before m. sing. nouns*
  bueno, -a   good
el burlador   deceiver
  burocrático, -a   bureaucratic
el burro   burro, donkey
la busca   search
    en busca de   in search of
  buscar   to look (for), search (for), seek

C

cabal complete, right

caballerías: novela (libro) de —, novel *or* romance (book) of chivalry

el caballero knight, nobleman; gentleman, Sir

> **armar caballero** to dub (as a) knight

> **caballero andante** knight errant

el caballo horse

> **a caballo** on horseback

> **carrera de caballos** horse race

> **montados a caballo** mounted on horseback, riding

la cabeza head

> **Cabeza de Vaca: (Álvar Núñez)** *Spanish explorer of the southwestern U.S. in the early sixteenth century*

el cabo end

> **llevar a cabo** to carry out

Cabrillo: (Juan Rodríguez) *Portuguese-born navigator and explorer, discoverer of California, 1542*

el cacao cacao (*plant*)

cada (*invariable*) each, every

caer to fall

el café café; coffee

la caída fall

Cajamarca *city in northern Peru*

la calabaza gourd, pumpkin, squash

caliente *adj.* hot, warm

California: la Alta —, Upper California

> **la Baja California** Lower California

el calor heat, warmth

la calle street

el cambio change

> **en cambio** on the other hand

el camello camel

caminar to walk, go, travel

el camino road, way

> **Camino Real** King's (Royal) Highway

el camote sweet potato

la campana bell

la campanada stroke (*of clock or bell*)

el campesino countryman, farmer, peasant; *pl.* countryfolk

el campo country, field

el canal canal

la canción (*pl.* **canciones**) song

el candidato candidate

cantar to sing

el cantar song, lay

la cantidad quantity

el canto song

la caña de azúcar sugar cane

el cañón (*pl.* **cañones**) canyon; cannon

la capacidad capacity

la capilla chapel

el capital capital (*money*)

la capital capital (*city*)

el capitán (*pl.* **capitanes**) captain

el Capitolio capitol building

la captura capture

la carabela caravel, boat

el carácter (*pl.* **caracteres**) character

la característica characteristic (*trait*)

característico, -a characteristic

caracterizar to characterize

la cárcel prison, jail

el cargo post, position, job

Caribe *adj.* Caribbean

la caricatura caricature

Carlos Charles

> **Carlos I (de España) y V (de Alemania)** *King of Spain, 1515–1556*

> **Carlos IV** *King of Spain, 1788–1808*

el Carnaval Carnival (*a period of festivity and gaiety immediately preceding Lent*)

el carnaval carnival

el carnero sheep

Carolina Caroline, Carolina (*state*)

la carrera career; race

> **carrera de caballos** horse race

la carretera highway

el cartaginés (*pl.* **cartagineses**) Carthaginian

el cartero postman, letter carrier

el cartón (*pl.* **cartones**) *painting or drawing on strong paper*

la casa house, home

> **Casa de Correos** Post Office

la cáscara bark (*of tree*)

casi almost

el caso case

castellano, -a Castilian

el castellano Castilian (*language*)

Castilla Castile

> **Castilla la Nueva** New Castile

> **Castilla la Vieja** Old Castile

el castillo castle

Catalina Katherine

Cataluña Catalonia (*region in northeastern Spain*)

la catedral cathedral

católico, -a Catholic

catorce fourteen

causar to cause

el cautivo captive

la caza hunting

celebrado, -a celebrated; praised
celebrar to celebrate, hold
célebre celebrated, famous
el **celta** Celt
cenar to eat supper
Ceniza: Miércoles de —, Ash Wednesday
censurar to censure; condemn
el **centenar** hundred
central central
   la América Central Central America
el **centro** center
   centro de salud health center
   Centroamérica Central America
   centroamericano, -a Central American
la **cerámica** ceramics, pottery
cerca *adv.* near, close, nearby
   cerca de *prep.* near
el **cerdo** pig
la **ceremonia** ceremony
la **cesta** basket; wickerwork racket
el **cesto** basket
Cíbola: Siete Ciudades de —, *supposed cities in southwestern U.S. for which the Spaniards searched in vain in the sixteenth century*
el **Cid** *Spain's national hero, eleventh century*
el **cielo** sky, heaven
científico, -a scientific
ciento (cien) one (a) hundred
   por ciento per cent
cierto, -a (a) certain, true
la **cifra** cipher, figure
cinco five
cincuenta fifty
cinético, -a kinetic (*consisting in or depending upon motion*)
el **círculo** circle
citado, -a cited, above-mentioned
   las citadas the ones mentioned (listed, quoted) (*f.*)
citar to cite, mention
la **ciudad** city
   la ciudad de México Mexico City
civil civil
la **civilización** (*pl.* **civilizaciones**) civilization
civilizador, -ora civilizing
el **clamor** clamor, outcry
Clara Clara, Clare, Claire
claramente clearly
la **claridad** clarity, clearness
claro, -a clear, evident
la **clase** class; kind
   clase de español Spanish class
   dar clases to teach

   de toda clase of all kinds, of every kind
   (no) . . . de ninguna clase (not) . . . of any kind
   sala de clase classroom
clásico, -a classic
el **claustro** cloister
clavar to fix
el **clérigo** cleric, priest
el **clima** climate
cobrar to collect; gain
la **coca** *a plant whose leaves are chewed as a stimulant*
la **cocaína** cocaine
codicioso, -a covetous, greedy
coger to take, pick (up)
colaborar to collaborate
la **colección** (*pl.* **colecciones**) collection
colgar (ue) to hang
colocar to put, place
Colombia: Gran —, Greater Colombia
colombiano, -a (*also noun*) Colombian
Colón Columbus
la **colonia** colony, district
colonial colonial
la **colonización** colonization
el **colonizador** colonizer
el **colono** colonist
el **color** color
colorado, -a red
el **colorido** coloring
el (**la**) **colorista** colorist
combatir to combat
combinar to combine
la **comedia** play, comedy
el **comedor** dining room
comenzar (ie) (**a** + *inf.*) to commence (to), begin (to)
   se comenzó people began (commenced)
comer to eat, dine
comercial *adj.* commercial, business
el **comerciante** merchant, trader, tradesman, business man
comerciar to trade, have commercial relations
el **comercio** commerce, trade
   comercio exterior (interior) foreign (domestic) trade
la **comida** meal, dinner, food
el **comisario** comissary
como as, so, like, since
   así . . . como both (as much) . . . and (as)
   tan + *adj. or adv.* + **como** as . . . as
   tanto . . . como both . . . and, as much . . . a)
   tanto, tanta (-os, -as) . . . como as (so) much (many) . . . as

¿**cómo?** how?
 ¿**cómo es** (**Chile**)? how is (Chile)? what is (Chile) like?
el **compañero** companion
la **Compañía** = (**la**) **Compañía de Jesús** Society of Jesus
comparable comparable
competir (**i, i**) to compete
completamente completely
completo, -a complete
componer to compose
la **composición** (*pl.* **composiciones**) composition
el **compositor** composer
comprender to understand, comprehend; comprise, include
compuesto, -a *p.p. of* **componer** *and adj.* composed
compuso *pret. of* **componer**
común (*pl.* **comunes**) common
la **comunidad** community
con with; to
concebir (**i, i**) to conceive
concentrar to concentrate
la **concepción** conception
la **concesión** (*pl.* **concesiones**) concession
concluir to conclude, end
la **concordia** concord, harmony; agreement
el **concurso** contest, competition
la **concha** shell
el **conde** count
condenar to condemn
 condenar a muerte to condemn to death
la **condesa** countess
la **condición** (*pl.* **condiciones**) condition
la **confederación** confederation
la **conferencia** conference
la **confesión** (*pl.* **confesiones**) confession
el **confeti** confetti
la **confianza** confidence
la **conflagración** conflagration
el **conflicto** conflict
la **confusión** confusion
la **conga** conga (*a dance*)
el **congreso** congress
el **conjunto** whole, entirety
 de conjunto general
 en conjunto as a whole
conmemorar to commemorate
conocer to know, be (become) acquainted with
 dar a conocer to make known
conocido, -a known, recognized
 más conocido, -a best known

el **conocimiento** knowledge
la **conquista** conquest
el **conquistador** conqueror
conquistar to conquer
la **consecuencia** consequence
conseguir (**i, i**) to get, obtain, attain, succeed in
conservar to conserve, keep, preserve
el **conservatorio** conservatory
considerar to consider
 se le considera (he) is considered
consiguiente: por —, consequently, therefore
consiguió *pret. of* **conseguir**
consistir (**en**) to consist (of)
el **conspirador** conspirator
constar de to consist of, be composed of
constituir to constitute, establish, make up
constituye *pres. ind. of* **constituir**
constructivo, -a constructive
construido, -a de constructed (built) of (with)
 construido, -a por built by
construir to construct, build
construyeron, construyó *pret. of* **construir**
el **cónsul** consul
consumir to consume, eat
contar (**ue**) to count; tell, relate
contemporáneo, -a contemporary
contener to contain
la **contestación** (*pl.* **contestaciones**) answer
contestar to answer, reply
el **contexto** context
la **continuación** continuation
 a continuación later on, below
el **continuador** follower
continuar to continue, go (keep) on
contra against
contrario: por lo —, on the contrary
contrarrestar to counteract, offset
contrastar to contrast
el **contraste** contrast
la **contribución** (*pl.* **contribuciones**) contribution
contribuir to contribute
contribuya *pres. subj. of* **contribuir**
contribuyeron *pret. of* **contribuir**
convencer to convince
convencido, -a de que convinced that
la **convención** (*pl.* **convenciones**) convention
convencional conventional
el **convento** convent; monastery
convertir (**ie, i**) to convert; *reflex.* be converted
 convertirse en to become (be) converted (in)to

convirtió *pret. of* **convertir**
convocar to convoke, call (together)
la cooperación cooperation
cooperar to cooperate
el corazón heart
la cordillera cordillera, mountain range
la coronación coronation
Coronado: (Francisco Vásquez de) *Spanish explorer of the southwestern U.S., 1540–1542*
coronado, -a crowned
el corredor corridor
Correos: Casa de —, Post Office
correr to run, race, traverse
corresponder to correspond
la corrida (de toros) bullfight, running (of bulls)
la corriente current
la corte court
cortesano, -a courtly
el cortesano courtier
la cortesía courtesy
la cosa thing
cosechar to harvest
cósmico, -a cosmic
la costa coast
la costumbre custom
    novela (artículo) de costumbres novel (article) of customs and manners
el costumbrismo literature of customs and manners
el costumbrista writer of articles of customs and manners
la creación (*pl.* **creaciones**) creation
creador, -ora creative
crear to create
crecer to grow, increase
el crédito credit
    crédito exterior foreign credit
crédulo, -a credulous
creer to believe
creyó *pret. of* **creer**
Creta Crete (*an island near Greece*)
cría *pres. ind. of* **criar**
criar to grow, raise
  se cría (it) is raised
el cristianismo Christianity
cristiano, -a Christian
Cristo Christ
Cristóbal Christopher
la crítica criticism, review
criticar to criticize
  se le critica mucho (he) is criticized a great deal
crítico, -a critical

el crítico critic
crudo, -a crude, stark
cruel cruel
la crueldad cruelty
la cruz (*pl.* **cruces**) cross
cruzar to cross, pass (go) across
el cuadro picture, painting, scene, vivid description
cual: el —, la — (**los, las**) **cuales** that, which, who, whom
  lo cual which (fact)
¿cuál? which (one)? what?
cuando when
¿cuándo? when?
cuanto *neuter pron.* all that
cuanto: en — a *prep.* as for, in regard to
cuanto, -a all that (who)
  unos (-as) cuantos (-as) some (*few*), a few
¿cuánto, -a (-os, -as)? how much (many)?
  ¿cuánto tiempo? how long?
¡cuánto + *verb*! how ...!
cuarenta forty
la Cuaresma Lent
el cuarto room
cuatro four
cubano, -a Cuban
cubierto, -a (de) covered (with)
el cubismo cubism
cubista (*m. and f.*) cubist, of the cubist school
cuelga, cuelgan *pres. ind. of* **colgar** (**ue**)
la cuenta account
  darse cuenta de to realize
  por cuenta propia by himself, on his own
  tener en cuenta to bear in mind
el cuentista short story writer
el cuento short story, tale
el cuerpo body
la cueva cave
cuidar to care for, look after
cultivado, -a cultivated, fostered
el cultivador cultivator
cultivar to cultivate, raise
el cultivo cultivation
  campo de cultivo cultivated field
culto, -a cultured, learned
  la culta the cultured one (*f.*)
la cultura culture
cultural cultural
  la cultural the cultural one (*f.*)
la cumbre summit
cumplir to fulfil, perform, carry out, discharge
la cúpula cupola
el cura priest

el curandero medicine man
  curar to cure
la curva curve
  curvo, -a curved
  cuyo, -a whose, of whom (which)
el Cuzco Cuzco (*Andean city in Peru, former capital of the Inca empire*)

Ch

Chacabuco *town on Andean slopes near Santiago, Chile*
charlar to chat, talk
Chávez, Carlos (1899–   ) *Mexican composer and conductor*
el chicle chicle (*used for making chewing gum*)
el chile chili
  chileno, -a (*also noun*) Chilean
la chimenea chimney, fireplace
el chocolate chocolate
  churrigueresco, -a Churrigueresque

D

la dama lady
la danza dance
  dañar to harm, hurt
el daño harm, damage
    hacer daño a to do harm to, harm, hurt
  dar to give
    dar a to face
    dar a conocer to make known
    dar a uno to confer upon one
    dar bromas a to play tricks on
    dar clases to teach
    dar gritos to cry out, shout
    dar nombre a to name, give a name to
    dar permiso para to give permission to
    dar título a (uno) to confer a title on (one)
    dar un paso to take a step
    darse cuenta de to realize
  Darío, Rubén (1867–1916) *Nicaraguan modernist poet*
  de of, from, about, by, concerning, to, in, with, as; in (*after a superlative*); than (*before numeral*)
  debajo *adv.* below
    debajo de *prep.* below, under, beneath
  deber to owe; must, should, ought to
    deberse a to be due to

débil weak
la debilidad weakness
la década decade
la decadencia decadence
  decadente decadent
  decidir to decide
  decir to say, tell
    es decir that is (to say)
    oír decir (que) to hear (that)
  decisivo, -a decisive
  declarar to declare
  decorar to decorate
  dedicar to dedicate, devote
    dedicarse a to dedicate (devote) oneself to, be dedicated to
  dediquemos *pres. subj. of* **dedicar**
el defecto defect
  defender (ie) to defend
la defensa defense
el (los) déficit deficit(s)
  dejar *trans.* to leave (behind), abandon; let, allow, permit
    dejar de + *inf.* to stop (cease) + *pres. part*; fail to + *inf.*
  del = **de** + **el** of (from) the
el delantal apron
la demanda demand
    demanda interior domestic demand
  demás *adj. and pron.* (the) rest (of the), other(s)
la democracia democracy
  democrático, -a democratic
  demostrar (ue) to demonstrate, show
  dentro de *prep.* in, inside, within
el deporte sport
  derecho, -a right
    a la derecha to (on, at) the right
el derecho right
la derivación (*pl.* **derivaciones**) derivation
    derredor: en —, around
  derrotar to defeat, rout
  desalentado, -a discouraged
  desarrollar to develop; *reflex.* develop, be developed
el desarrollo development
  descansar to rest
  desconocido, -a unknown
el descontento discontent
  describir to describe
  descrito *p.p. of* **describir** *and adj.*
    los descritos the ones described
el descubridor discoverer
el descubrimiento discovery
  descubrir to discover, find out

desde   from, since; for (*time*)
  desde ... hasta   from ... (up) to
desear   to desire, wish, want
desesperadamente   desperately, madly
el desfile   parade
la desgracia   misfortune
  por desgracia   unfortunately
desgraciadamente   unfortunately
deshacer   to right, undo, disband, destroy
el desierto   desert
designar   to designate, denote
la desilusión   disillusion
desilusionado, -a   disillusioned
el despotismo   despotism
desprovisto, -a   devoid, deprived
después *adv.*   afterward(s), later, then
  después de *prep.*   after
  poco después   shortly afterward
  poco después de   shortly after
destacar   to emphasize, make stand out; *reflex.* stand out
desterrado, -a   banished, exiled
el destino   destiny
la destreza   skill
la destrucción   destruction
destruir   to destroy
destruyó *pret. of* **destruir**
el detalle   detail
detener   to detain, arrest, stop
determinar   to determine, decide
detrás *adv.*   behind
  detrás de *prep.*   behind
el día   day
  al día siguiente   (on) the following day
  de nuestros días   in (of) our time, of today
  en nuestros días   in our time, today
  hasta nuestros días   up to today, up to the present time
  hoy día   nowadays
  todos los días   every day
el dialecto   dialect
el diálogo   dialogue
diario, -a   daily
el dibujante   draftsman; illustrator, master in the art of drawing
dibujar   to draw, paint
el dibujo   drawing
el diccionario   dictionary
diciembre   December
el dictado   dictation
el dictador   dictator
dicho, -a *p.p. of* **decir** *and adj.*   said, aforementioned

dieciséis   sixteen
Diego   James
diez   ten
  diez (y ocho)   (eight)teen
diferente   different
diferir (ie, i)   to differ
difícil   difficult, hard
la dificultad   difficulty
la dignidad   dignity
digno, -a   worthy
dime = di + me   tell me
dinámico, -a   dynamic
el dinero   money
Dios   God
el dios   god
la dirección   direction
directamente   directly
el director   director
dirigir   to direct
  dirigirse (**a** + *obj.*)   to direct oneself (to), go (to)
el discípulo   disciple, pupil
la discordia   discord, disagreement
la discriminación   discrimination
la discusión   discussion
discutir   to discuss, talk about
disfrutar (**de** + *obj.*)   to enjoy
la disminución   diminution, decrease
la disparidad   disparity, inequality
disperso, -a   scattered, separated
disponerse a   to make up one's mind to
dispusiese *imp. subj. of* **disponer**
disputar   to contend (for), dispute
la distancia   distance
  a poca distancia (**de**)   at a short distance (from)
distinguido, -a   distinguished, famous
distinguir   to distinguish; *reflex.* distinguish oneself, be (become) distinguished
  distinguirse de   to differ from
distinto, -a   distinct, different
la distribución   distribution
distribuir   to distribute
el distrito   district
diversificar   to diversify
la diversión (*pl.* **diversiones**)   diversion, amusement
diverso, -a   diverse, varied, different
divertir (ie, i)   to divert, amuse; *reflex.* have a good time, amuse oneself
divino, -a   divine
doce   twelve
documentar   to document

el dolor ache, pain, sorrow, grief
doméstico, -a domestic
la dominación domination
dominante dominant, dominating, prevailing
dominar to dominate, control, subdue
Domingo Dominic
   Santo Domingo St. Dominic; Hispaniola (*island on which Haiti and the Dominican Republic are situated*)
el domingo (on) Sunday
   Domingo de Ramos Palm Sunday
   Domingo de Resurrección Easter Sunday
   los domingos por la tarde (on) Sunday afternoons
dominicano, -a (*also noun*) Dominican
   la República Dominicana Dominican Republic
dominico, -a Dominican, of the Dominican Order
el dominico Dominican (*of religious order*)
el dominio domination, control
don Don (*title used before first names of men*)
donde where, in which
   en donde where, in which
   ¿dónde? where?
dormir (ue, u) to sleep
dos two
   los (las) dos the two, both
el drama drama
dramático, -a dramatic
el dramaturgo dramatist
la duda doubt
   sin duda doubtless, without a doubt
dudoso, -a doubtful
la dueña chaperone
el dueño owner
los dulces sweets, candy
el duque duke
duramente harshly
durante during, for
durar to last

E

e and (*used for* **y** *before* **i-, hi-,** *but not* **hie-**)
el eco echo
la economía economy
económico, -a economic
el Ecuador Ecuador
ecuatoriano, -a Ecuadorian, of Ecuador
ecuestre equestrian
echar to throw

echar por tierra (a) to throw to the ground
la edad age
   Edad Media Middle Ages
el edificio building
Eduardo Edward
la educación education
el educador educator
educar to educate
el efecto effect
efectuar to effect, carry out
eficaz efficacious, effective
ejemplar *adj.* exemplary
   Novelas ejemplares Exemplary Tales (Stories)
el ejemplo example
   por ejemplo for example
ejercer to exercise, exert
el ejercicio exercise
ejercitarse (en) to practice
el ejército army
el (*pl.* **los**) the (*m.*)
el (los) de that (those) of, the one(s) of (with, in)
   el (los) que that, who, which, he (those) who (whom), the one(s) who (that, which)
él he; him, it (*m.*) (*after prep.*)
la elegancia elegance, grace, distinguished manner
elegante elegant
el elemento element, ingredient
elevado, -a elevated, high
elevar to elevate, raise, lift; *reflex.* rise, elevate oneself
eliminar to eliminate
ella she; her, it (*f.*) (*after prep.*)
ello *neuter pron.* it
   todo ello all of it, it all
ellos, -as they; them (*after prep.*)
   ellos (-as) todos (-as) *or* **todos (-as) ellos (-as)** they all, all of them
embarcarse to embark
embargo: sin —, nevertheless, however
emigrar to emigrate
eminente eminent, prominent
la emoción (*pl.* **emociones**) emotion
emocionarse (mucho) to become (very) excited
el emperador emperor
empezar (ie) (a + *inf.*) to begin (to)
emplear to employ, use
emprender to undertake
   se está emprendiendo (it) is being undertaken

en in, on, at, into, of, by
  de . . . en from . . . to
enamorado, -a enamoured
  anduvo enamorado (he) was in love
enamorarse (**de** + *obj.*) to fall in love (with)
el enano dwarf
encantador, -ora enchanting, delightful
el encarcelamiento imprisonment
encerrar (**ie**) to enclose, include
encierra *pres. ind. of* **encerrar**
Enciso, Martín Fernández de *Spanish geographer and colonizer in America*
encontrar (**ue**) to find, encounter, meet; *reflex.* find oneself, be found, be
el enemigo enemy
enérgico, -a energetic
enero January
el énfasis emphasis
enfermo, -a ill, sick
el enfoque focus(ing)
la enhorabuena congratulations
enorme enormous, great, large
Enrique Henry
enriquecer to enrich
ensayar to attempt, try
el ensayista essayist
el ensayo essay
la enseñanza teaching, education
enseñar (**a** + *inf.*) to teach *or* show (how to), train
entender (**ie**) to understand
enteramente entirely
entero, -a entire
la entidad entity, body, organization
el entierro burial
entonces then, (at) that time
entrante coming, next
entrar (**en** + *obj.*) to enter, go (get) in
entre between, among
entregar to hand (over)
  entregarse a to abandon oneself to, surrender to
el entremés (*pl.* **entremeses**) side dish; interlude (*a short farce*)
la entrevista interview
el entusiasmo enthusiasm
  con entusiasmo enthusiastically
enviar to send
envolver (**ue**) to wrap (up)
épico, -a epic
la Epifanía Epiphany (*January 6*)
episódico, -a episodic
la época epoch, period, time

el equipo team
  bienes de equipo capital goods
equitativo, -a equitable
el erizo hedgehog, sea urchin
Ernesto Ernest
el erudito scholar, learned man
esbozar to sketch, outline
la escalera stairway
escaparse to escape
la escena scene
  música de escena background music
la esclavitud slavery
el esclavo slave
esconder to hide; *reflex.* hide (oneself)
escondido, -a hidden
escribir to write
escrito, -a *p.p. of* **escribir** *and adj.* written
el escritor writer
la escritora writer (*woman*)
escuchar to listen (to)
el escudero squire
la escuela school
el escultor sculptor
escultórico, -a sculptural
la escultura sculpture
ese, esa (**-os, -as**) *adj.* that, those (*nearby*)
ése, ésa (**-os, -as**) *pron.* that (one), those
la esencia essence
esforzarse (**ue**) **por** to strive to, make an effort to
el esfuerzo effort
eso *neuter. pron.* that
  por eso because of that, therefore, for that reason, that's why
el espacio space, room
la espalda back
  volver (**ue**) **las espaldas a** to turn one's back on, reject
España Spain
  la Nueva España New Spain (= Mexico)
español, -ola (*also noun*) Spanish; Spaniard
  clase de español Spanish class
la Española Hispaniola (*island on which Haiti and the Dominican Republic are situated*)
especial special
especialmente especially
el espectáculo spectacle
el espectador spectator
el espejo mirror
la esperanza (*also pl.*) hope(s)
esperar to wait, wait for; hope, expect
el espíritu spirit
  el Espíritu Santo the Holy Spirit

espiritual spiritual
la espiritualidad spirituality
espléndido, -a splendid
la espontaneidad spontaneity
espontáneo, -a spontaneous
la esposa wife
establecer to establish, settle; *reflex.* settle, establish oneself, be established (settled)
el establecimiento establishment, settlement
el establo stable
el estadio stadium
el estado state
    los Estados Unidos United States
estallar to break out, explode
la estampa stamp; image, print
la estancia ranch
estar to be
la estatua statue
este, esta (-os, -as) *adj.* this, these
éste, ésta (-os, -as) *pron.* this (one), these; the latter
el este east
Esteban Stephen
el estilo style
estimar to esteem
el estimulante stimulant
estimular to stimulate
el estímulo stimulus
esto *neuter pron.* this
    esto es that is
estrecho, -a narrow, close, rigid
la estrella star
estrenar to perform (present) for the first time
la estructura structure
la estructuración building process
el estudiante student
estudiar to study
el estudio study
    estudio de palabras word study
la etapa period, stage, step
etcétera etcetera, etc., and so forth
eterno, -a eternal, everlasting
ético, -a ethical
Eugenia Eugenie
Europa Europe
europeo, -a (*also noun*) European
evidente evident, obvious
evocar to evoke, call up
la evolución evolution
evolutivo, -a evolutionary
exactamente exactly
exacto, -a exact
la exageración exaggeration

exceder to exceed, surpass
la excelencia excellency, superiority, refinement
excelente excellent, fine
la excepción exception
excesivo, -a excessive
la excursión (*pl.* **excursiones**) excursion, trip
la existencia existence
existente existent, extant
existir to exist, be in existence
el éxito success
    con éxito successfully
la expansión expansion
la expedición expedition
experimentar to experiment
explicar to explain
la exploración (*pl.* **exploraciones**) exploration
el explorador explorer
explorar to explore
la explotación exploitation
explotar to exploit
el exponente exponent
exponer to expose, expound, advance
la exportación (*pl.* **exportaciones**) export, exportation
expresar to express
la expresión (*pl.* **expresiones**) expression
expresionista (*m. and f.*) expressionist
expulsar to expel, drive out
exquisito, -a exquisite
extenderse (**ie**) to extend, spread (out)
extendido, -a extended
extenso, -a extensive, vast, large
exterior exterior; foreign
    comercio (crédito) exterior foreign trade (credit)
extranjero, -a foreign
el extranjero foreigner, stranger
extraño, -a strange, foreign, unusual
    lo extraño the unusual (strange)
extraordinario, -a extraordinary

F

fabricar to fabricate, make
fabuloso, -a fabulous
fácil easy
fácilmente easily
falso, -a false
la falta lack, want
faltar (a uno) to lack, be lacking (to one), be missing

la fama   fame, reputation, name
  tener fama (de)   to have the (a) reputation
    (of, as)
  tener fama por   to have a reputation for, be
    known for
la familia   family
  famoso, -a   famous
el fanatismo   fanaticism
la fase   phase
la fatiga   fatigue
la fe   faith
  febrero   February
la fecha   date
  federal   federal
la felicitación   congratulation(s)
  Felipe   Philip
  feliz (*pl.* **felices**)   happy
    ¡Felices Pascuas!   Merry Christmas!
    ¡Feliz Navidad!   Merry Christmas!
  femenino, -a   feminine
el fenicio   Phoenician
el fénix   phoenix, model
la feria   fair
  Fernando   Ferdinand
  fértil   fertile
  festivo, -a   festive
la ficción   fiction
la fiebre   fever
  fiel   faithful
  fielmente   faithfully
la fiesta   fiesta, festival, holiday
la figura   figure, person
  figurar entre   to figure (appear, be) among
la figurita   small figure
  fijarse en   to notice, turn one's attention to
  filipino, -a   Philippine
el filo   edge
el filólogo   philologist
  filosófico, -a   philosophical
el filósofo   philosopher
el fin   end
  a (desde, hacia, para) fines de   at (from,
    towards, by) the end of
  a partir de fines   since the end
  en fin   in short
  (entre) ... y fines de   (between) ... and
    the end of
  poner fin a   to put an end to
  por fin   finally, at last
  final   final
la financiación   financing
  fino, -a   fine, keen

flamenco, -a   Flemish, from Flanders
el flamenco   Flemish
la flor   flower
  florecer   to flourish
la Florida   Florida
  florido, -a   flowery
    Pascua Florida   Easter
el foco   focus, center
  folklórico, -a   folkloric
  fomentar   to foment, promote, encourage, foster
el fondo   background, substance, depth, bottom
  del fondo   at the back, in the background
la forma   form, shape
  en forma (impresionante)   in an (impres-
    sive) form
la formación   formation
  formar   to form, make (up)
    formar parte de   to form (a) part of
  formular   to formulate, make (up)
    formúlense   formulate
  fortalecer   to strengthen, support
la fortaleza   fort, fortress
la fortuna   fortune (*money*)
la fotografía   photograph
  fracasar   to fail
el fragmento   fragment
el fraccionamiento   fractioning, division
el fraile   friar
  francés, -esa (*also noun*)   French
el francés   French (*language*)
  Francia   France
  franciscano, -a (*also noun*)   Franciscan, of the
    Order of St. Francis
  Francisco   Francis
    San Francisco   St. Francis
la franqueza   frankness
la frase   phrase, sentence; expression
  frases hechas   fixed phrases
  Fray   Friar (*title*)
  frente a *prep.*   opposite, in front of, in the face
    (presence) of
el fresno   ash tree
el frío   cold
la frontera   frontier, border, boundary
el frontón   (handball) court
la frustración   frustration
  frutal *adj.*   fruit
las frutas   fruit(s)
el fruto   fruit, product
el fuego   fire
  armas de fuego   firearms
la fuente   fountain, source

fuera de *prep.* outside (of)
   fuera de que aside from the fact that
fuerte strong; powerful
fuertemente strongly
la fuerza strength, force; forces, military forces
la fuga flight
el fugitivo fugitive
la fundación foundation, founding
el fundador founder
   fundar to found, settle, establish
el fusil rifle, gun
   fusilar to shoot
la fusión fusion
el fútbol football
la futilidad futility
el futuro future

G

el gallo cock
   misa del gallo Midnight Mass
la gana desire
   de buena gana willingly
el ganado cattle, livestock
   ganar to gain, earn, win
   garantizar to guarantee
   García Lorca, Federico (1898–1936) *Spanish poet and dramatist*
   Gaspar Jasper (*one of the Three Wise Men*)
   gastar to waste, use (up), spend (*money*)
   gauchesco, -a gaucho, of (pertaining to) the gaucho
el gaucho gaucho, South American cowboy
la generación (*pl.* **generaciones**) generation
   general general
      en (**por lo**) **general** in general, generally
el general general
   generalmente generally
el género genre, (literary) type; sort, kind
la generosidad generosity
   generoso, -a generous, highborn
el genio genius
la gente people
   geográfico, -a geographical
   germánico, -a Germanic
la germinación germination
   germinar to germinate, begin to grow, sprout
el gigante giant
   gitano, -a gypsy
la gloria glory
   Sábado de Gloria Holy Saturday
   glorioso, -a glorious

glotón, -ona (*also noun*) gluttonous; glutton
   algo glotón something of a glutton
el gobernador governor
   gobernar (**ie**) to govern
el gobierno government
el golf golf
el golfo gulf
el golpe blow
   golpe de muerte death blow
la goma de mascar chewing gum
   gótico, -a Gothic
   gozar (**de** + *obj.*) to enjoy
el grabador engraver
la gracia grace, charm
   gracias thanks
   gracioso, -a witty, amusing
el grado degree, level
la gramática grammar
   gramatical grammatical
   gran *adj.* great, large (*used for* **grande** *before a sing. noun*)
      en gran parte largely, in large measure
      Gran Colombia Greater Colombia
   grande large, big
      más grande larger
el grano grain
   grato, -a pleasing, pleasant
   grave grave, serious
   gravísimo, -a very grave (serious)
el griego Greek
   gritar to shout, cry out
el grito shout, cry
   dar gritos to cry out, shout
   grotesco, -a grotesque
el grupo group, class
   Guadalajara *capital of the Mexican state of Jalisco*
   Guadalupe: Virgen de —, Virgin of Guadalupe (*patron saint of the Mexican Indians*)
   guatemalteco, -a Guatemalan
   Guayaquil *port and commercial city of Ecuador*
la guerra war
   guerrero, -a warlike
el güeso = **el hueso** (*in rustic speech*) bone
   guiar to guide, lead
la guitarra guitar
el guitarrista guitarist, guitar player
   gustar to be pleasing (to), like

H

la Habana Havana

haber   to have (*auxiliary*); be (*impersonal*)
  ha habido   there has (have) been
  haber de + *inf.*   to be to, be supposed to
  había   there was (were)
  habrá   there will be
  hay   there is (are)
  hay (**había, habrá**) **que** + *inf.*   it is (was, will be) necessary to, one must (should)
  hubo *pret.*   there was (were)
  no las hay   there aren't any, there are none
hábil   skilful, talented
el habitante   inhabitant
habitar   to inhabit, live in
habla: de — española   Spanish-speaking
hablador, -ora   talkative
hablar   to speak, talk
  oír hablar de   to hear of (about)
  se habla   (it) is spoken, one (people, *etc.*) speak
hacer   to do, make
  desde hacía varios siglos   for several centuries
  hace (**muchos años**)   (many years) ago
  hacer daño a   to do harm to, hurt
  hacer regalos   to give gifts
  hacerse + *noun*   to become
  hacerse (**digno**)   to make oneself *or* become (worthy)
  hacía casi un siglo   almost a century before (ago)
  hacía muchos años que . . . trabajaba   for many years . . . he had worked
hacia   toward(s); about (*with date*)
Haití   Haiti
hallar   to find; *reflex.*   find oneself, be found, be
el hambre (*f.*)   hunger
la harina   flour
hasta *prep.*   until, to, up to, as far as; *adv.*   even
  desde . . . hasta   from . . . (up) to
  hasta que *conj.*   until
hay   there is (are)
  hay que + *inf.*   it is necessary to, one must
  no las hay   there aren't any, there are none
la hazaña   deed
hecho, -a *p.p. of* **hacer** *and adj.*   done, made
  frases hechas   fixed phrases
el hecho   deed, event, act; fact
  el hecho de que   the fact that
la herida   wound
el hermano   brother
hermoso, -a   beautiful, pretty
Hernández, José   (1834–1886)   *Argentine poet of gaucho literature*

el héroe   hero
la heroína   heroine
  Hidalgo, Miguel   (1753–1811)   *village priest and Mexican revolutionary leader*
el hidalgo   nobleman
el hierro   iron
  de hierro   iron
la hija   daughter
el hijo   son; *pl.* children
la hilandera   spinning girl
  hispánico, -a   Hispanic
  hispano, -a   Hispanic, Spanish
    la América hispana   Spanish America
  Hispanoamérica   Spanish America
  hispanoamericano, -a (*also noun*)   Spanish American
  hispanoparlante   Spanish-speaking
la historia   history
el historiador   historian
  histórico, -a   historical
la hoja   leaf
el holandés   Dutchman
el hombre   man
  hondo, -a   deep, profound, far-reaching
el honor   honor
la honra   honor
  honrar   to honor
la hora   hour, time (*of day*)
el horror   horror
el hospital   hospital
  hostil   hostile
el hotel   hotel
  hoy   today
    hoy día   nowadays
  hubo *pret. of* **haber**   there was (were)
el huerto   orchard; garden
  huir   to flee
el hule   rubber
la humanidad   humanity; *pl.* humanities
el humanista   humanist
  humanístico, -a   humanistic
  humanitario, -a   humanitarian
  humano, -a   human
la humildad   humility
  humilde   humble
el huracán (*pl.* **huracanes**)   hurricane
huye *pres. ind. of* **huir**

I

  ibérico, -a   Iberian
    la Península Ibérica   Iberian Peninsula
el ibero   Iberian

iconoclasta (*m. and f.*) iconoclastic
la idea idea
ideal (*also noun*) ideal
el idealismo idealism
idealista (*m. and f.*) idealistic
ideológico, -a ideological
la iglesia church
  a la iglesia to church
igual equal
  igual que the same as
  sin igual matchless, without equal
igualar to equal
ilustre illustrious, famous
la imagen (*pl.* **imágenes**) image, picture
imaginado, -a imagined
imaginario, -a imaginary
imaginativo, -a imaginative
el imitador imitator
la imparcialidad impartiality
el imperio empire
imponer to impose
importado, -a imported
la importancia importance
importante important
importar to import; be important
la imprenta printing
impresionante impressive
impresionista (*m. and f.*) impressionistic
impulsar to impel, move, give impetus to
el impulso impulse
inca (*m. and f.; also m. noun*) Inca
incalculable incalculable, inestimable
el incienso incense
incomparable incomparable
incompleto, -a incomplete
la incorporación incorporation
incorporarse a to be incorporated in(to)
la independencia independence
independiente independent
la India India
indianista (*m. and f.*) Indianist, of (pertaining to) the Indian
indicar to indicate, show
el índice index, rate
indígena (*m. and f.*) native, (*in America*) Indian, indigenous
el (la) indígena native, Indian
indio, -a (*also noun*) Indian
indispensable indispensable
el individualismo individualism
individualista (*m. and f.*) individualistic
la índole character, nature
la industria industry

industrial industrial
la industrialización industrialization
industrializar to industrialize
Inés Agnes, Inez
la infanta *daughter of royalty*, princess
infinito, -a infinite
la influencia influence
influir (**en**) to influence, have influence (on)
influyó *pret. of* **influir**
el informalismo informalism
el informe report; *pl.* information
el ingenio genius
ingenioso, -a ingenious
Inglaterra England
inglés, -esa (*also noun*) English
el inglés English (*language*)
ingresar (**en** + *obj.*) to enter, become a member of
los ingresos income, revenue
inicial initial
iniciar to initiate, begin, start
la injusticia injustice
injusto, -a unjust
inmaculado, -a immaculate, without stain
inmaterial immaterial
inmediatamente immediately
inmenso, -a immense, very large
inmortal immortal
la innovación (*pl.* **innovaciones**) innovation, novelty
innumerable innumerable, numberless
el inocente person easily duped
  Día de los Inocentes *December 28, equivalent to April Fool's Day*
insigne famous, noted, renowned
insistir (**en** + *obj.*) to insist (on)
  insistir en que to insist that
la inspiración (*pl.* **inspiraciones**) inspiration
la institución (*pl.* **instituciones**) institution
el instituto institute
la ínsula island
la integración integration
integrar to integrate
intelectual intellectual
intensamente intensely
intenso, -a intense, intensive, active
intentar to attempt, try; intend
el intento intent, design, plan
interamericano, -a inter-American
el intercambio interchange, exchange
intercontinental intercontinental
el interés (*pl.* **intereses**) interest, attention, concern

interesante interesting
interesar to interest
  interesarse en (por) to be (become) interested in, be concerned with
interior *adj.* interior; domestic
  la demanda (el comercio) interior domestic demand (trade)
el interior interior
internacional international
la interpretación interpretation
interpretar to interpret
el (la) intérprete interpreter
interrumpir to interrupt
intrínseco, -a intrinsic
la introducción introduction
introducir to introduce
inútil useless
invadir to invade
la invasión invasion
el invasor invader
invencible invincible
la invención invention
inventivo, -a inventive
la inversión (*pl.* **inversiones**) inversion; *pl.* investments
invitar (**a** + *inf.*) to invite (to)
ir (**a** + *inf.*) to go (to)
  ir + *pres. part.* to be (*progressive form*), go on, keep, be gradually (+ *pres. part.*)
  irse por to go (set out) through
la ironía irony
la irregularidad irregularity
Isabel Isabel, Betty, Elizabeth
la isla island
  Islas Filipinas Philippine Islands
el istmo isthmus
Italia Italy
italiano, -a (*also noun*) Italian
el italiano Italian (*language*)
izquierdo, -a left
  a la izquierda to (on, at) the left

J

el jaguar jaguar
Jalisco *state in west central Mexico*
jamás ever, never, (not) . . . ever
el jarabe *a popular dance in Mexico*
el jardín (*pl.* **jardines**) garden
el jefe chief, leader, head
Jerónimo Jerome

Jesucristo: antes de —, B. C.
jesuita (*m. and f.*; *also m. noun*) Jesuit
Jesús Jesus
la jícara cup
Joaquín Joachim
Jorge George
José Joseph, Joe
joven (*pl.* **jóvenes**) young, youthful
  los dos jóvenes the two young men
Juan John
juega *pres. ind. of* **jugar** (**ue**)
el juego game
el jugador player
jugar (**ue**) (**a** + *obj.*) to play (*a game*)
el juguete toy, plaything
el juicio judgment, mind
julio July
junio June
junto con *prep.* along with
juntos, -as together
jurídico, -a juridical, legal
la justicia justice
la juventud youth

K

el kilómetro kilometer (*5/8 mile*)

L

la (*pl.* **las**) the (*f.*)
  la(s) de that (those) of, the one(s) of (with, in)
  la(s) que who, that, which, she who, the one(s) who (that, whom, which), those who (which, whom)
la *obj. pron.* her, it (*f.*), you (*polite f.*)
la labor (*also pl.*) work, labor
el labrador farmer, peasant
  labrador vecino peasant (who was a) neighbor
la labradora farm girl
el lado side
  al lado de beside, at (on) the side of, along with
  al otro lado on the other side
el lago lake
la lágrima tear
la laguna lagoon
la lanza lance

lanzar to throw, hurl, launch, make (*accusation, etc.*)

largo, -a long

   a lo largo de along, throughout

las *obj. pron.* them (*f.*), you (*polite f.*); *see* **la**

   no las hay there aren't any, there are none

la lástima pity

el látigo whip, lash

el latín Latin (*language*)

latino, -a Latin

   la América latina Latin America

   latinoamericano, -a Latin American

le *obj. pron.* him, you (*polite m.*); (to) him, her, it, you

la lección (*pl.* **lecciones**) lesson

la lectura reading, reading selection

la leche milk, milky juice

leer to read

la legumbre vegetable

lejos *adv.* far, distant

   a lo lejos in the distance

   lejos de *prep.* far from

la lengua language, tongue

el lenguaje language

Leopoldo Leopold

Lepanto *a seaport in Greece near which the Spanish and Italian fleets defeated the Turks, October 7, 1571*

les *obj. pron.* (to) them, you (*polite pl.*)

las letras letters, learning

la ley law

la leyenda legend

el liberal liberal (*person*)

la libertad liberty, freedom

el libertador liberator

libre free

   al aire libre outdoor, (in the) open air

el libro book

el lienzo canvas

Lima *capital of Peru*

limeño, -a native (resident) of Lima

limitar to limit

   limitarse a to limit oneself (be limited) to

el limón (*pl.* **limones**) lemon

limpiar to clean

el linaje lineage

la línea line

lírico, -a lyric

la litera litter

literario, -a literary

la literatura literature

lo *neuter article* the; that, what is (was, *etc.*)

   lo (**bueno**) what is (good), the (good) part *or* thing

   lo que what, that which

   todo lo que all that (which)

lo *obj. pron.* him, it (*m. and neuter*)

   (**lo**) **es** he (it) is

la locura madness

la lógica logic

lograr to attain, obtain; + *inf.* succeed in + *pres. part.*

los the (*m. pl.*)

   los de those of, the ones of (with, in)

   los que who, that, which, the ones *or* those who (that, which, whom)

los *obj. pron.* them, you (*polite*)

Lucía Lucy

la lucha struggle, struggling, fight(ing)

   en lucha in a (his) struggle

luchar to struggle, fight

luego then, next, later

el lugar place

   en (**primer**) **lugar** in the (first) place

   tener lugar to take place

la luna moon

la luz (*pl.* **luces**) light

Ll

la llamada call

llamado, -a called

llamar to call; knock; *reflex.* be called, be named, call (name) oneself

   ¿cómo se llaman . . .? what are the names of . . .?

   llamar la atención (**a uno**) to attract one's attention

   se le llama it is called

el llanero plainsman

la llanura plain

la llegada arrival

llegar (**a**) to arrive (at), reach, come (to)

   llegar a + *inf.* to come to (go so far as to) + *inf.*, succeed in + *pres. part.*

   llegar a ser to come to be, become

llenar (**de**) to fill (with)

lleno, -a (**de**) full (of), filled (with)

llevar to take, carry, bear; *reflex.* take away, take with oneself

   llevar a cabo to carry out

llover (**ue**) to rain

la lluvia rain

M

el machete   machete (*long knife*)
la madera   wood
  de madera   wooden, of wood
la madre   mother
  madre patria   motherland, mother country
  maestra: obra —,   masterpiece
la maestría   mastery, skill
el maestro   master, teacher
  magnífico, -a   magnificent, fine, wonderful
  Magos: Reyes —,   Wise Men (Kings), Magi
el maíz   maize, corn
  majestuoso, -a   majestic
  mal   *used for* **malo** *before m. sing. nouns*
  mal *adv.*   badly
el mal   evil, harm
la malaria   malaria
  malo, -a   bad
  Mallorca   Majorca (*largest of the Balearic Islands, in the Mediterranean Sea*)
la manada   flock; handful
la Mancha   *region in southern New Castile*
  mandar   to send, order, command
la manera   manner, way
  de manera ejemplar   in an exemplary way
  de una manera (solemne)   in a (solemn) way
el mango   handle
la manifestación (*pl.* **manifestaciones**)   manifestation
  manifestarse (ie)   to be manifest, be observed
la mano   hand
  a manos de   into the hands of, at (by) the hand(s) of
  de manos de   from the hands of
la manta   blanket
  mantener   to maintain, keep
  manual   manual
  Manuel   Manuel, Emmanuel
  manufacturar   to manufacture
  mañana   tomorrow
  mañana mismo   tomorrow
la mañana   morning
el mapa   map
el mar   sea
  Mar Caribe   Caribbean Sea
  Mar del Sur   Southern Sea
  Mar Pacífico   Pacific Ocean (Sea)
la maravilla   marvel, wonder
  maravilloso, -a   marvelous, wonderful
  marcar   to mark, indicate

la marcha   march, journey
  ponerse en marcha   to set out, start out
  marchar   to march
  Margarita   Margaret, Marguerite
  María   Mary
  Martín   Martin
  más   more, most; longer
  más bien (que)   rather (than)
  más conocido, -a   best known
la masa   mass; *pl.* masses (*people*)
  mascar   to chew
  goma de mascar   chewing gum
la máscara   mask
  matar   to kill
el mate   maté (*a green South American tea*)
  matemática (*m. and f.*)   mathematical
la materia   matter, material
el material (*also pl.*)   material(s), matter
el matrimonio (con)   marriage (to)
  máximo, -a   maximum, highest
el maya   Maya, Mayan
  mayo   May
  mayor   greater, greatest
  la mayor parte de   the greater part of, most (of)
la mayoría   majority
  la mayoría de   the majority of, most (of)
  me *obj. pron.*   me, to me, (to) myself
la media   stocking
  mediados: a (entre) — de   about (between) the middle of
la medianoche   midnight
  a la medianoche   at midnight
la medicina   medicine
  médico, -a   medical
el médico   doctor, physician
  medida: a — que   as, while
  medio, -a   half, a half
    Edad Media   Middle Ages
    la clase media   middle class
    media hora   a half hour
el medio   medium, means; environment; *pl.* means
  por medio de   by means of
  mediterráneo, -a   Mediterranean
el medro   advancement
  mejor   better, best
la mejora   improvement
el mejoramiento   betterment, improvement
la melancolía   melancholy, sadness
  Melchor   Melchior (*one of the Three Wise Men*)
la melodía   melody
  mencionar   to mention
el mendigo   beggar

la menina   Little Lady in Waiting
menos   less, least, fewer; except
  por lo menos   at least
  menudo: a —,   often, frequently
el mercado   market
la merced   mercy
  merecer   to merit, deserve
el mes   month
la meseta   tableland, plateau
el mestizo   mestizo (*person of white and Indian blood*)
el metal   metal
el método   method
el metro   meter (*verse*)
  metropolitano, -a   metropolitan
  mexicano, -a   Mexican
  México   Mexico
    la ciudad de México   Mexico City
    Nuevo México   New Mexico
la mezcla   mixture
  mezclar   to mix, mingle
  mi(s)   my
  mí   me, (to) myself (*after prep.*)
el miembro   member
  mientras (que) *conj.*   while, as long as
el miércoles   (on) Wednesday
    Miércoles de Ceniza   Ash Wednesday
  Miguel   Michael, Mike
    día de San Miguel   St. Michael's Day (*September 29*)
  mil   a (one) thousand; *pl.* thousands, many
el milagro   miracle
  militar *adj.*   military
el militar   military man, soldier
el millón (*pl.* **millones**)   million
    (dos) millones de (habitantes)   (two) million (inhabitants)
el mineral   mineral
el minuto   minute
  mío, -a *adj.*   my, (of) mine
    (el) mío, (la) mía, (los) míos, (las) mías *pron.*   mine
  mirar   to look (at)
la mirra   myrrh
la misa   Mass
    llamar a misa   to call to Mass
    misa del gallo   Midnight Mass
  miserable   miserable
la misión (*pl.* **misiones**)   mission
el misionero   missionary
  Misisipí   Mississippi
  mismo, -a   same, the same, very, very same, self-same; himself, *etc.*

  (él) mismo   (he) himself
  el mismo (la misma, etc.) ... que   the same ... as
  (gobernarse) a sí mismas   (to govern) themselves (*f.*)
  misterioso, -a   mysterious
  místico, -a   mystic
  Misurí   Missouri
la mitad   half
  Moctezuma   Montezuma (*leader of the Aztecs at time of Spanish conquest*)
el modelo   model
  moderado, -a   moderate, restrained
el modernismo   modernism
  modernista (*m. and f.*)   modernist
  moderno, -a   modern
    lo moderno   the (what is) modern
  modestamente   modestly
  modificado, -a   modified
el modismo   idiom
el molino de viento   windmill
el momento   moment; period, time
    apropiado al momento   appropriate at the moment, suitable for that period (time)
    en este (ese) momento   at this (that) moment
la monarquía   monarchy
la moneda   money, coin, currency
el monólogo   monologue
la montaña   mountain
  montañoso, -a   mountainous
  montar   to mount, ride
    montados a caballo   mounted on horseback, riding
  Montevideo   *capital of Uruguay*
el monumento   monument
  moral   moral
  moreno, -a   brown, dark
el moribundo   moribund, dying person
  morir (ue, u)   to die
el moro   Moor
el mosaico   tile, mosaic
  mostrar (ue)   to show
la motivación   motivation
el motivo   motive; motif, theme
  mover (ue)   to move
    mueve a risa   (it) moves one to laughter
la movilidad   mobility
el movimiento   movement
  mozo, -a   young
  muchísimo, -a (-os, -as)   very much (many)
  mucho *adv.*   much, hard, a great deal

mucho, -a (-os, -as) much (many)
  muchas veces many times, often
  mucho tiempo long, a long time
el mudéjar *adj. and m. noun* Mudejar (Spanish Moorish)
muere *pres. ind. of* **morir (ue, u)**
muerta: naturaleza —, still life
la muerte death
  condenar a muerte to condemn to death
muerto, -a *p.p. of* **morir (ue, u)** *and adj.* died, dead
la mujer woman, wife
la mula mule
múltiple multiple, manifold
la multitud multitude, great number
mundial *adj.* world(-wide), universal
el mundo world
  del mundo world, of (in) the world
  Nuevo Mundo New World
  todo el mundo everybody, the whole world
mural *adj. and m. noun* mural
el muralismo muralism (*painting of murals*)
muralista (*m. and f.*) muralist, of murals
Murillo, Bartolomé Esteban (1618–1682) *famous Spanish painter*
murió *pret. of* **morir (ue, u)**
el museo museum
la música music
  de música of music, musical
  musical musical
el músico musician
mutuo, -a mutual
muy very

N

nacer to be born
nacido, -a born
el nacimiento birth; manger scene, crèche
la nación (*pl.* **naciones**) nation
  Naciones Unidas United Nations
nacional national
nacionalista (*m. and f.*) nationalist(ic)
nada nothing, (not) . . . anything
nadie no one, nobody, (not) . . . anyone (anybody)
Napoleón Napoleon (Bonaparte) (1769–1821) *French emperor*
la naranja orange
el naranjo orange tree
el narrador narrator

narrar to narrate, tell
narrativo, -a narrative
Narváez, Pánfilo de —, *Spanish captain and explorer of Florida*
la natación swimming
natural natural
el (la) natural native
la naturaleza nature
  naturaleza muerta still life
el naturalismo naturalism
  naturalista (*m. and f.; also noun*) naturalist(ic)
  naturalmente naturally
la navaja knife
Navarra Navarre (*province, and former kingdom, in northern Spain*)
la nave boat, ship
  navegar to sail, navigate
la Navidad Christmas
  (día) de Navidad Christmas (day)
  ¡Feliz Navidad! Merry Christmas!
  víspera de Navidad Christmas Eve
necesario, -a necessary
la necesidad necessity, need
necesitar to need
negar (ie) to deny
  negarse a to refuse to
los negocios business
  hombre de negocios business man
  negro, -a black, Negro
el negro Negro; black
  nervioso, -a nervous
  nevado, -a snow-covered
ni neither, nor, (not) . . . either . . . or
  ni . . . ni neither . . . nor, (not) . . . either . . . or
el nicaragüense native of Nicaragua
la nieve snow
  ningún *used for* **ninguno** *before m. sing. nouns*
  ninguno, -a no, none, (not) . . . any
  de ninguna clase of any kind (*after negative*)
el niño little boy, child; *pl.* children
  Niño Jesús Child Jesus
el nivel level
  nivel de vida standard of living
no no, not
noble noble
la nobleza nobility
la noche night, evening
  esta noche tonight
  por la noche in the evening
  todas las noches every night (evening)
la Nochebuena Christmas Eve
nombrar to name, appoint

el nombre   name; fame, reputation
   dar nombre a   to name, give a name to
   en nombre de   in the name of
la norma   norm
   noroeste *adj.*   northwest
el norte   north
   al norte   to (in) the north
   la América del Norte   North America
   Norteamérica   North America
   norteamericano, -a *(also noun)*   (North) American *(of the U.S.)*
   nortecentral *adj.*   north-central
   nos *obj. pron.*   us, to us, (to) ourselves
   nosotros, -as   we, us *(after prep.)*; ourselves
la nota   note; touch
   notable   notable, noteworthy
   notar   to note, observe, see
la noticia   notice, news
   novecientos, -as   nine hundred
la novela   novel, romance, tale
   novela de caballerías   novel (romance) of chivalry
   novela de costumbres   novel of customs and manners
   Novelas ejemplares   Exemplary Tales (Stories)
el novelista   novelist
   novelístico, -a   novelistic, of (pertaining to) the novel
   noveno, -a   ninth
   noviembre   November
   nuestro, -a   our, (of) ours
   (el) nuestro, (la) nuestra, (los) nuestros, (las) nuestras *pron.*   ours
   nueve   nine
   diez y nueve   nineteen
   nuevo, -a   new
   Castilla la Nueva   New Castile
   de nuevo   again, anew
   Nueva España   New Spain (= Mexico)
   Nueva Granada   New Granada
   Nuevo México   New Mexico
   Nuevo Mundo   New World
la nuez *(pl.* **nueces***)*   nut
el número   number
   numeroso, -a   numerous, many, large
   nunca   never, (not) . . . ever

O

o   or, either
   o . . . o   either . . . or

Oaxaca   *capital of state of Oaxaca, Mexico*
el objetivo   objective
el objeto   object, purpose
la obligación *(pl.* **obligaciones***)*   obligation, duty
   obligar (a + *inf.***)**   to oblige *or* force (to)
la obra   work *(art, literary, etc.)*
   obra maestra   masterpiece
el obrero   workman
la observación *(pl.* **observaciones***)*   observation
   observar   to observe, note, see
el obstáculo   obstacle
   obtener   to obtain, get
   obtuvo *pret. of* **obtener**
la ocasión *(pl.* **ocasiones***)*   occasion, opportunity; situation
   occidental   occidental, western
el océano   ocean
   Océano Pacífico   Pacific Ocean
   octubre   October
   ocultar   to hide, conceal
   ocultar a (uno)   to hide from (one)
   ocupado, -a   occupied, busy
   ocupar   to occupy
   ocurrir   to occur
   ocho   eight
   diez y ocho   eighteen
   OEA = Organización de los Estados Americanos   Organization of the American States
el oeste   west
   oficial *adj.*   official
el oficio   craft, trade
   ofrecer   to offer
la ofrenda   offering
   O'Higgins, Bernardo   (1778–1842)   *Chilean general, later dictator (1817–1823)*
   oír   to hear
   oír decir (que)   to hear (that)
   oír hablar de   to hear of (about)
el ojo   eye
   olvidar   to forget
   olvidarse (de + *obj.***)**   to forget
la olla   jar
   once   eleven
la ópera   opera
la operación *(pl.* **operaciones***)*   operation
   oponer   to oppose
   oponerse a   to oppose
la oportunidad   opportunity
el optimismo   optimism
   optimista *(m. and f.)*   optimistic
   opuesto, -a *p.p. of* **oponer** *and adj.*   opposite, opposed

la **oración** (*pl.* **oraciones**) prayer; oration; sentence

oral oral

el **orden** (*pl.* **órdenes**) order, arrangement

    de primer orden first-rate, excellent

la **orden** (*pl.* **órdenes**) order, command; religious order

    por orden de at the order of

    ordenar to order; ordain

    ordenarse de to be ordained as, take orders as

la **orfebrería** gold or silver work

el **organismo** organism, agency, organization

la **organización** organization

    organizar to organize

    oriental oriental, eastern

el **Oriente** Orient, East

el **origen** (*pl.* **orígenes**) origin

    dar origen a to begin, start

    original original

la **originalidad** originality

    originar(se) to originate

el **oro** gold

    Siglo de Oro Golden Age

la **orquesta** orchestra

    director de orquesta orchestra director

    otro, -a other, another; *pl.* other(s)

    otros, -as (**muchos, -as**) (many) other(s)

la **oveja** sheep

P

Pablo Paul

pacífico, -a pacific, peaceful

    Océano Pacífico Pacific Ocean

el **Pacífico** Pacific (Ocean)

el **padre** father; priest

    pagar to pay, pay for

la **página** page

el **país** country (*nation*)

    Países Bajos Low Countries (*the Netherlands or Holland*)

el **paisaje** landscape

la **paja** straw

el **pájaro** bird

la **palabra** word

    con la pluma y con la palabra writing and talking

    estudio de palabras word study

el **palacio** palace

    Palacio Nacional National Palace (*where the Mexican president has his offices*)

el **palo** stick, club

la **pampa** pampa, plain (*of Argentina*)

Panamá Panama

Panamericano, -a Pan American

el **panorama** panorama

la **papa** potato (*Am.*)

el **papel** paper; role

    representar el mismo papel que to play the same role as

para *prep.* for, to, in order to

    para que *conj.* so that, in order that

    ¿para qué? why? for what purpose?

parado, -a standing

el **Paraguay** Paraguay

paraguayo, -a (*also noun*) Paraguayan

el **parasol** parasol

    parecer to seem, appear (to be)

    parecer ser bien a uno to think it proper for one, seem to be proper to one

    parecerse a to resemble

el **parecer** appearance

    de muy buen parecer very good-looking

parecido, -a similar

la **pared** wall

la **pareja** pair, couple

el **parque** park

el **párrafo** paragraph

la **parte** part

    en gran parte largely, in large measure

    formar parte de to form (a) part of

    la mayor parte de the greater part of, most (of)

    la tercera parte one (a) third

    por todas partes everywhere, through (in) all parts

la **partida** game, match

    partir (**de** + *obj.*) to leave (from), depart (from)

    a partir de starting with, from . . . on

    a partir de fines since the end

pasado, -a past, last

el **pasado** past

    pasar to pass, pass by, go, run; happen; spend (*time*)

    pasar a to go to

    pasar de to exceed

    pasar por to pass (go, come) by *or* along

la **Pascua Florida** Easter

    ¡Felices Pascuas! Merry Christmas!

la **pasión** passion

el **paso** step; pass; float

    dar un paso to take a step

el **pastor** shepherd

pastoril pastoral
la patata (*Spain*) potato
el patio patio, courtyard
el pato duck
 patológico, -a pathological
  lo patológico the (what is) pathological
la patria fatherland, native country (*where one is a citizen*)
  madre patria motherland, mother country
el patriota patriot
el patrón patron, patron saint, protector
 santo patrón patron saint
el payador gaucho singer
la paz peace
el pecho chest, breast
 pedir (**i, i**) to ask (for), request
 Pedro Peter
 pegar to beat, lash
el peligro danger
 peligroso, -a dangerous
la pelota handball, ball
la penalidad trouble, hardship
la península peninsula
 penoso, -a distressing
el pensador thinker
el pensamiento thought
 pensar (**ie**) to think; + *inf.* intend
  pensar en + *obj.* to think of (about)
 pequeño, -a small, little (*size*)
 perder (**ie**) to lose
la pérdida loss
la peregrina pilgrim (*f.*), wanderer (*f.*)
la perfección perfection
 perfeccionar to perfect
el periódico newspaper
el periodista journalist
el período period
el perjuicio detriment, damage
 en perjuicio de to the detriment of
 permanecer to remain, stay
 permanente permanent
el permiso permission
  dar permiso para to give permission to
 permitir to permit, allow, let
 pero but
la persona person; *pl.* persons, people
el personaje personage, character (*in a literary work*)
 personal personal
la personalidad personality
la personificación personification
 persuadir to persuade
 pertenecer a to belong to

el Perú Peru
 el Alto Perú Upper Peru
 peruano, -a Peruvian
 perverso, -a perverse, evil
 pesado, -a heavy
 pesar: a — de in spite of
la pesca fishing
el pesimismo pessimism
el petróleo petroleum, oil
el pianista pianist
 pianístico, -a piano (*adj.*)
el piano piano
 picaresco, -a picaresque
el pícaro rogue
el pico peak
la piedra stone
la pieza piece (*of music*), play, drama
 pieza de música musical number
 pintar to paint
el pintor painter
la pintura painting
la piñata *jar filled with sweets and toys*
el pirata pirate
los Pirineos Pyrenees
la pizarra blackboard
el plan plan
la planta plant
 plantear to pose, set up
la plata silver
 plateresco, -a (*also noun*) Plateresque
el plato plate, dish
la playa beach
la plaza plaza, square
 plaza de toros bullring
la pluma pen; feather
 con la pluma y con la palabra writing and talking
 con pluma with a pen
la población population
el poblador populator, settler
 pobre poor
 poco, -a *adj., pron., and adv.* little (*quantity*); *pl.* (a) few
  a poca distancia (**de**) at a short distance (from)
  al poco tiempo after (in) a short time
  poco a poco little by little
  poco después shortly afterward
  poco después de shortly after
  un poco (**de**) a little (of)
 poder to be able to, can
el poder power
 en poder de in the hands (power) of

el poderío   power, dominion
  poderosamente   powerfully
  poderoso, -a   powerful; wealthy
el poema   poem
la poesía (*also pl.*)   poetry
el poeta   poet
  poético, -a   poetic, poetical
la poetisa   poetess
  poetizar   to make poetic, poeticize
la política   politics; policy
  político, -a   political
el político   politician
el polo   polo (*game*)
el polvo   powder
  Ponce de León: (Juan)   *Spanish explorer, early sixteenth century, discoverer of Florida*
  poner   to put, place, set (put) up; *reflex.* put on (oneself), place (put) oneself
    poner fin a   to put an end to
    ponerse + *adj.*   to become
    ponerse en marcha   to set out, start out
  Popol-Vuh   *Popol-Vuh, sacred book of the Mayas*
  popular   popular
    la popular   the popular one (*f.*)
    lo popular   the (what is *or* was) popular, that which pertains (pertained) to the people
la popularidad   popularity
  por   for, during, in, through, along, by, because of, on account of, for the sake of, on behalf of, about, around, per, as (a), (+ *inf.*) to
    por eso   because of that, therefore
    por lo tanto   therefore
    ¿por qué?   why? for what reason?
  porque   because, for
el portal   doorway, city gate; (*Am.*) Christmas crèche
el portero   doorkeeper, janitor
  Portugal   Portugal
  portugués, -esa (*also noun*)   Portuguese
el portugués   Portuguese (*language*)
la posada   inn, lodging; *religious celebration* (*Mex.*)
la posesión   possession
  posible   possible
la posición   position
  positivo, -a   positive
la práctica   practice
  practicar   to practice
  práctico, -a   practical
  precioso, -a   precious
  precisamente   precisely, exactly
la precisión   precision
  preciso, -a   necessary

  predicar   to preach
  predilecto, -a   favorite
  predominar   to predominate, stand out
la pregunta   question
  preguntar   to ask (*a question*)
  prehispánico, -a   pre-Hispanic (*before the Spanish discoveries in America*)
  prehispano, -a   pre-Hispanic
el premio   prize, award
  prender   to seize
la preocupación (*pl.* **preocupaciones**) (**por**)   preoccupation, concern, worry (with, about)
la preparación   preparation
  preparar   to prepare, make, fix; *reflex.* be prepared, get under way
  prepararse para   to prepare oneself to
la presencia   presence
la presentación (*pl.* **presentaciones**)   presentation, introduction
  presentar   to present, offer, introduce; *reflex.* present oneself, appear
el presente   present
la presidencia   presidency
  presidencial   presidential
el presidente   president
    El señor presidente   *Mr. President*
  prestar   to lend; perform (*a service*)
  prestar atención (**a**)   to pay attention (to)
  prevalecer   to prevail
la prevención (*pl.* **prevenciones**)   preparation
la primavera   spring
  primer *used for* **primero** *before m. sing. nouns*
  primero *adv.*   first
  primero, -a   first
    la Lectura primera   Reading (Selection) One
    por primera vez   for the first time
  primitivo, -a   primitive
  principal   principal, main
  principalmente   principally, mainly
el príncipe   prince
el principio   principle; beginning
    a principios de   at the beginning of
el prisionero   prisoner
el privilegio   privilege
  probablemente   probably
el problema   problem
la procedencia   origin, source
el procedimiento   procedure, process
la procesión (*pl.* **procesiones**)   procession
el proceso   process, progressive movement
  proclamarse   to proclaim oneself
  pródigo, -a   prodigal

la producción (*pl.* **producciones**) production
producir to produce, yield; *reflex.* be produced
el producto product
la productora producer
produjeron *pret. of* **producir**
profesional professional
el profesor professor, teacher
la profundidad depth, profundity
profundo, -a profound, deep
progresar to progress, move forward
progresivo, -a progressive
el progreso progress
    Alianza para el Progreso Alliance for Progress
prohibir to prohibit, forbid
la promesa promise
prometer to promise
pronto quickly, soon
pronunciar to pronounce
la propaganda propaganda
propio, -a (of) one's own, proper, suitable, own
    ellos propios they themselves
    por cuenta propia by himself, on his own (account)
proponer to propose
proporcionalmente proportionately
proporcionar to offer, furnish, provide
propuesto *p.p. of* **proponer** *and adj.* proposed
propuso *pret. of* **proponer**
la prosa prose
la prosperidad prosperity
próspero, -a prosperous
el protagonista protagonist, central figure
el protector protector
la protesta protest
protestar to protest
proveer to supply (*with provisions*)
la provincia province
la provisión (*pl.* **provisiones**) provision
próximo, -a next, coming
el proyecto project, plan
la prudencia prudence, wisdom, sound judgment
psicológico, -a psychological
publicar to publish
público, -a public
Puebla *Mexican city famous for pottery*
el pueblecito small town, village
el pueblo town, village; people, populace, nation
    de pueblo en pueblo from village to village
el puente bridge
la puerta door
    de puerta en puerta from door to door

pues *adv.* well, well now (then); why; *conj.* since, because
el puerto port
puesto que *conj.* since
el puesto place, position, post, job
el púlpito pulpit
el punto point
    en punto sharp (*time*)
la pupila pupil (*of eye*)
La Purísima The Most Holy Virgin
puro, -a pure

Q

que that, which, who, whom; than; since
    el mismo (papel) que the same (role) as
    el (la, los, las) que that, which, who, whom, he (she, those) who (*etc.*), the one(s) who (*etc.*)
    igual que the same as
    lo que what, that which
    todo lo que all that (which)
¿qué? what? which?
    ¿para qué? why? for what purpose?
    ¿por qué? why? for what reason?
quedar(se) to remain, stay; be (left)
quemar to burn
querer to wish, want
    no quisieron (they) refused to *or* would not
quien (*pl.* **quienes**) who, whom, he (those) who, the one(s) who
¿quién(es)? who? whom?
    ¿a quién? whom?
quince fifteen
la quinina quinine
quinto, -a fifth
Quito *capital of Ecuador*
quizá(s) perhaps

R

racionalista (*m. and f.*) rationalist(ic)
radical radical
Ramón Raymond
Ramos: Domingo de —, Palm Sunday
la rapidez rapidity, speed
rápido, -a rapid, fast
el rasgo trait, characteristic; *pl.* features
la raza race
la razón (*pl.* **razones**) reason
    con razón rightly
    tener razón to be right

reaccionar   to react
real   real, actual; royal
   Real: Camino —,   King's (Royal) Highway
la **realidad**   reality
   en realidad   in reality, in fact
el **realismo**   realism
   realista (*m. and f.*)   realistic
   realizar   to realize, carry out; *reflex.* become
      fulfilled, be carried out
   realzar   to enhance, emphasize
   rebelarse contra   to rebel against
la **rebelión**   rebellion
   recibir   to receive, welcome
   recoger   to pick up
la **recomendación**   recommendation
   reconocer   to recognize
   reconocido, -a   recognized, acknowledged
la **reconquista**   reconquest
   reconquistar   to reconquer
   recordar (**ue**)   to remember, recall (to one),
      remind (one) of
   rectangular   rectangular
   rectángulo, -a   rectangular
la **rectoría**   rector's (president's) office
el **recuerdo**   memory, remembrance
el **recurso**   recourse, resource; *pl.* resources, means
   rechazar   to repulse, drive back; reject
   referirse (**ie, i**) **a**   to refer to
   reflejar   to reflect
el **reflejo**   reflection
la **reforma**   reform
   reforzar (**ue**)   to reinforce
el **refrán** (*pl.* **refranes**)   proverb
   refugiarse   to take refuge
el **regalo**   gift
el **régimen** (*pl.* **regímenes**)   regime, rule
la **región** (*pl.* **regiones**)   region
   regional   regional
     lo regional   the (what is *or* was) regional,
       that which pertained to the region
   regir (**i, i**)   to rule, govern
el **regreso**   return
la **regularidad**   regularity
   con regularidad   regularly
la **reina**   queen
el **reinado**   reign
   reinar   to reign, rule
el **reino**   kingdom
la **reja**   grating, grille
la **relación** (*pl.* **relaciones**)   relation
   en relación con   in relation to
   relacionar (**con**)   to relate (to), connect (with);
     reflex. be connected (with), be related (to)

   relatar   to relate, tell
   relativamente   relatively
el **relato**   story, tale
la **religión**   religion
   religioso, -a   religious
el **reloj**   watch, clock
el **remedio**   remedy
   renacer   to be born again, spring up again, be
     revived
el **renacimiento**   rebirth, revival, renaissance
   el Renacimiento   Renaissance
la **rendición**   surrender
   repasar   to review, retrace
el **repaso**   review
   repetidamente   repeatedly
   repetir (**i, i,**)   to repeat
el **representante**   representative
   representar   to represent; show, express, per-
     form, play
    representar el mismo papel que   to play
      the same role as
   representativo, -a   representative
la **represión** (*pl.* **represiones**)   repression
   reproducir   to reproduce
la **república**   republic; country
    la República Dominicana   Dominican Re-
     public
   rescatar   to ransom
    la Residencia de Señoritas (Estudiantes)
     Women's (Students) Residence Hall
     (Dormitory)
   resolver (**ue**)   to resolve, solve, settle
   respectivo, -a   respective
   respecto de   in (with) regard to, concerning
la **responsabilidad**   responsibility
el **restaurante**   restaurant
el **resto**   rest; *pl.* remains
el **resultado**   result
   resultar   to result, be, turn out (to be)
   Resurrección: Domingo de —,   Easter Sunday
   retardar   to delay, slow down
   retirarse   to retire, withdraw (oneself)
el **retrato**   portrait, picture
   reúne, reúnen *pres. ind. of* **reunir**
   reunir   to collect; *reflex.* meet, gather
    reunirse con   to join
   revelar   to reveal, make known
la **revolución**   revolution
   revolucionario, -a   revolutionary
el **rey**   king; *pl.* kings, king(s) and queen(s)
    los Reyes   the Wise Men
    Reyes Católicos   Catholic King and Queen
    Reyes Magos   Wise Men (Kings), Magi

ricamente richly

Ricardo Richard

rico, -a rich

el Rimac *a river in Peru on which Lima was founded*

el río river

la riqueza (*also pl.*) wealth, riches

la risa laughter

el ritmo rhythm; rate

   al ritmo (**actual**) at the (present) rate

rodeado, -a (**de**) surrounded (by)

rodear to surround

Rodó, José Enrique (1872–1917) *Uruguayan essayist and thinker*

rojo, -a red

romance Romance, Romanic

el romance ballad

el romancero ballad book, collection of ballads

romano, -a (*also noun*) Roman

el romanticismo romanticism

romántico, -a romantic

la romería pilgrimage, excursion

romper to break

la ropa clothes, clothing

rosa (*m. and f.*) pink, rose (*color*)

las ruinas ruins

la rumba rumba (*a dance*)

rural rural

la ruta route, direction

S

el sábado (on) Saturday; Sabbath

   Sábado de Gloria Holy Saturday

saber to know (*a fact*), know how to; *in pret.* learn, find out

sacar to take, take out

el sacerdote priest

el sacramento sacrament

sagrado, -a sacred, holy

   la Sagrada Familia The Holy Family

el Sagrario sacrarium, sacristy; shrine

el sainete *one-act farce*

la sala (living) room

   la sala de clase classroom

salir (**de** + *obj.*) to leave, go (come) out

   salir a to go (come out) to

   salir a la calle to go out into the street

   salir para to leave for

   salirse con to set out with

la salud health

   centro de salud health center

saludar to greet, speak to, say hello to

   se saludan todos all greet one another

el Salvador Savior

   San Salvador Saint (Holy) Savior

El Salvador El Salvador

salvar to save

la samba samba (*a dance*)

san *used for* **santo** *before m.: name of saint not beginning with* **Do-, To-**

San Agustín St. Augustine

San Martín, José de (1778–1850) *Argentine general and liberator of Chile and Peru*

San Miguel de Allende *a city north of Mexico City*

San Sebastián St. Sebastian (*Christian martyr at hands of the Romans in first or third century,* A.D.)

la sangre blood

sangriento, -a bloody

la sanidad health, sanitation

la santa saint (*f.*)

Santa Prisca St. Prisca (*Christian martyr at hands of the Romans in first or third century,* A.D.)

santo, -a saint, holy

   el Espíritu Santo Holy Spirit

Santo Domingo Hispaniola (*island on which Haiti and the Dominican Republic are situated*)

el santo saint (*m.*)

   día de su santo his saint's day

   santo patrón patron saint

la sátira satire

satisfacer to satisfy

se *pron. used for* **le, les** to him, her, it, them, you (*polite*); *reflex.* (to) himself, herself, *etc.*; *reciprocal pron.* each other, one another; *indef. subject* one, people, you, *etc.*

Sebastián Sebastian (*see* **San Sebastián**)

seco, -a dry

el sector sector

seguida: en —, at once, immediately

seguido, -a de followed by

el seguidor follower

seguir (**i, i**) to follow, continue, go on

según according to

segundo, -a second

seis six

seiscientos, -as six hundred

la selva forest

la semana week

   Semana Santa Holy Week

semejante similar

la semilla seed

sencillo, -a simple

la sensibilidad sensibility, sensitivity

sentado, -a seated

sentar (**ie**)   to seat, sit; *reflex.* sit down
el sentido   sense, feeling, reason, judgment, meaning
el sentimiento   sentiment, feeling
sentir (**ie, i**)   to feel, regret, be sorry
señalar   to point at (out), indicate
señor   sir, Mr.
   El señor presidente   *Mr. President*
el señor   gentleman
   El Señor   The Lord
la señora   woman, lady, mistress
   Nuestra Señora   Our Lady
la señorita   young lady (woman)
separado, -a por   separated by
separarse   to separate (oneself)
septiembre   September
ser   to be
   es decir   that is (to say)
   es que   the fact is that
el ser   being
serenar   to calm down, make serene
el sereno   night watchman
la serie   series
la serpentina   streamer, serpentine
el servicio   service
   estar al servicio de   to be in the service of
   servicios de alcantarillado   sewage systems
servir (**i, i**)   to serve
   servir de   to serve as
setenta   seventy
el seudónimo   pseudonym
Sevilla   Seville
si   if, whether
   si bien   although, though, while
sí   yes
siempre   always, ever
la sierra   mountains, mountain range
siete   seven
el siglo   century
   Siglo de Oro   Golden Age
el significado   meaning, significance
significar   to signify, mean
siguiente   following, next
   al año (**día**) **siguiente**   (in, on) the following year (day)
siguieron, siguió *pret. of* **seguir**
la sílaba   syllable
el silencio   silence
silvestre   wild
la silla   chair
el simbolismo   symbolism
simbolizar   to symbolize
el símbolo   symbol

la simetría   symmetry
Simón   Simon
la simpatía   sympathy
simplificar   to simplify
sin *prep.*   without
   sin embargo   nevertheless, however
   sin que *conj.*   without
la sinceridad   sincerity
sinfónico, -a   symphony, symphonic
sino   but
   no sólo ... sino que   not only ... but
   no sólo (**solamente**) **... sino** (**también**)   not only ... but (also)
   sino que *conj.*   but
la sintaxis   syntax
la síntesis   synthesis
sirve, sirven *pres. ind. of* **servir** (**i, i**)
el sistema   system
la situación   situation
situado, -a   situated, located
soberbio, -a   proud
sobre   on, upon, above, about, concerning, over
   sobre todo   especially, above all
sobrenatural   supernatural
   lo sobrenatural   the supernatural
socarrón, -ona   crafty
social   social
la sociedad   society
el sol   sun
solamente   only
la soldadera   camp follower and woman soldier
el soldado   soldier
solemne   solemn
solicitar   to solicit, ask (for)
sólido, -a   solid
sólo   only
   no sólo ... sino (**también**)   not only ... but (also)
la solución (*pl.* **soluciones**)   solution
someterse   to submit, be subjected
sonar (**ue**)   to sound, ring
sonreír (**i, i**)   to smile (at, upon)
sonríen *pres. ind. of* **sonreír** (**i, i**)
soñar (**ue**) **con**   to dream of
sórdido, -a   sordid
sorprender   to surprise; catch
Soto, Hernando de —, *Spanish explorer in the Americas, and discoverer of the Mississippi River, 1541*
su(**s**)   his, her, your (*polite*), its, their
subdesarrollado, -a   underdeveloped
subjetivo, -a   subjective
la sublevación   revolt, uprising

sublevarse   to revolt, rebel, rise up
subrayar   to underline, emphasize
suceder   to happen
sudamericano, -a   South American
el sudeste   southeast
el sudoeste   southwest
el suelo   ground, floor
el sueño   dream, sleep
la suerte   luck
suficiente   sufficient
suficientemente   sufficiently
el sufrimiento   suffering
sufrir   to suffer, endure
sumamente   extremely, exceedingly
superar   to surpass, excel, exceed
suponer   to suppose
supuesto: por —,   of course, certainly
el sur   south
   el Mar del Sur   Southern Sea
   la América del Sur   South America
surgir   to appear, arise, surge
el suroeste   southwest
el surrealismo   surrealism (*literary and artistic type of the twentieth century*)
surrealista (*m. and f.*)   surrealist(ic)
el suspiro   sigh
sutil   subtle
suyo, -a *adj.*   his, her, your (*polite*), their, of his (hers, yours, theirs)
   (el) suyo, (la) suya, (los) suyos, (las) suyas *pron.* his, hers, theirs, yours (*polite*)

T

el tabaco   tobacco
la táctica   tactics (*military*)
tal   such, such a; similar
   otras tales   other similar ones
   tal vez   perhaps
la talla   cut, engraving, carving
también   also, too
tampoco   neither, (not *or* nor) . . . either
tan *adv.*   as, so
   tan + *adj. or adv.* + **como**   as . . . as
el tango   tango (*a dance*)
tanto, -a (-os, -as) *adj. and pron.*   as (so) much (many); *adv.* as (so) much
   por lo tanto   therefore
   tanto . . . como   both . . . and, as much . . . as
   tanto, -a (-os, -as) + *noun* + **como**   as (so) much (many) . . . as
la tapioca   tapioca

el tapiz (*pl.* **tapices**)   tapestry
tardar   to delay
   tardar (mucho) en   to take (long) to, be (long) in, delay (long) in
tarde *adv.*   late
   más tarde   later
la tarde   afternoon
   los domingos por la tarde   (on) Sunday afternoons
   por la tarde   in the afternoon
la tarjeta   card (*postal*)
Taxco   *city south of Mexico City*
te *obj. pron.*   you (*fam.*), (to) you, (to) yourself
el té   tea
el teatro   theater
la técnica   technique
técnico, -a   technical
tecnológico, -a   technological
la teja   tile
el tejado   roof (*of tiles*)
el tejido   textile, weaving
el tema   theme, subject, topic
la tempestad   storm, tempest
el templo   temple
la tendencia   tendency
tener   to have (*possess*), hold; *in pret.* get, receive
   ¿cuántos años tenía (Cortés)?   how old was (Cortés)?
   tener en cuenta   to bear in mind
   tener lugar   to take place
   tener . . . que + *inf.*   to have . . . to
   tener que + *inf.*   to have to, must
   tener razón   to be right
el tenis   tennis
Tenochtitlán   *Aztec capital on site of present Mexico City*
la tensión   tension
el teólogo   theologian
la teoría   theory
Tepotzotlán   *town about 30 miles north of Mexico City*
tercero, -a   third
   por tercera vez   for the third time
el tercio   third
terminar   to end, finish, terminate
el término   term
el terreno   ground, land, terrain, groundwork
terrible   terrible
el territorio   territory
la tertulia   social gathering, get together
el tiempo   time (*in general sense*)
   al mismo tiempo   at the same time

al poco tiempo   after (in) a short time
con el tiempo   in (the course of) time
¿cuánto tiempo?   how long?
en tiempo de   in the time of
mucho tiempo   long, a long time
un tiempo   once upon a time
la tierra   land, soil
echar por tierra (a)   to throw to the ground
tímido, -a   timid
el tinte   dye, dyeing
tintóreo, -a   dyeing, tinctorial
típico, -a   typical
el tipo   type, kind
tirar   to throw
el título   title
dar título a (uno)   to confer a title on (one)
el Toboso   *a Spanish village in New Castile*
tocar   to play (*music*); ring
tocarle a uno   to fall to one's lot, be one's turn
todavía   still, yet
todavía no   not yet
todo, -a   all, every, whole, entire; *pl.* all, all of them, everybody, everyone; *pron.* all, everything
por todas partes   everywhere, through (in) all parts
sobre todo   especially, above all
todo el (año)   the whole *or* entire (year)
todo el mundo   everybody, the whole world
todo ello   all of it, it all
todos (-as) ellos (-as) *or* **ellos (-as) todos (-as)**   all of them, they all
todos los días   every day
la tolerancia   tolerance
tomar   to take, eat, drink
Tomás   Thomas, Tom
el tomate   tomato
el tono   tone
el torero   bullfighter
el tormento   torment, anguish, torture
el toro   bull
corrida de toros   bullfight
plaza de toros   bullring
la torre   tower
total   total, entire
trabajar   to work; perform
el trabajo   work; *pl.* hardships, tribulations
la tradición (*pl.* **tradiciones**)   tradition
tradicional   traditional
el tradicionalismo   traditionalism
la traducción (*pl.* **traducciones**)   translation

traer   to bring
la tragedia   tragedy
trágico, -a   tragic
la traición   treachery
traicionar   to betray
el traidor   traitor
el traje   suit, costume
la transformación   transformation, change
transformar   to transform, change
trasladarse (a)   to move (to)
el tratado   treaty
tratar (de + *obj.*)   to treat, deal (with)
tratar de (+ *inf.*)   to try to + *verb*
través: a — de   across, through
trece   thirteen
treinta   thirty
tremendo, -a   tremendous
tres   three
la tribu   tribe
tributario, -a   of (pertaining to) taxation
el tributo   tribute; tax
el trigo   wheat
la Trinidad   the Trinity
triste   sad
triunfante   triumphant
triunfar   to triumph
el triunfo   triumph
el trono   throne
la tropa   troop
tropical   tropical
el trópico   tropic(s), tropical region
tú   you (*fam.*)
el tubo   tube
la tumba   tomb
turco, -a   Turkish
el turco   Turk
tuvieron *pret. of* **tener**

U

Ud(s). = **usted(es)**
último, -a   last (*in a series*), latest
de los últimos años   of the last (past) few years
en los (estos) últimos años   during (in) the (these) last few years, recently
este último   this last one (*m.*)
por último   finally, ultimately
el ultraísmo   ultraism (*literary type of the twentieth century*)
un, una, uno   a, an, one
único, -a   only, unique

la unidad unity
  unido, -a united
    las Naciones Unidas the United Nations
    los Estados Unidos United States
la unificación unification
la unión union
  unirse a to join, unite with
  universal universal
la universidad university
  universitario, -a university
  unos, -as some, a few, several; about (*quantity*)
la urbanización urbanization, city growth (planning)
  urgente urgent
el Uruguay Uruguay
  uruguayo, -a (*also noun*) Uruguayan
  usar to use
el uso use
  usted you (*polite*)
  útil useful
  utópico, -a Utopian
la uva grape

V

la vaca cow
la vacuidad vacuity, emptiness
la vainilla vanilla
  valenciano, -a Valencian, of Valencia
  valiente valiant, brave
  valioso, -a valuable
el valor value; valor
el valle valley
  vamos, van *pres. ind. of* **ir**
  vanguardista (*m. and f.*) vanguardist (*term applied to many "new" movements in the twentieth century*)
  vano, -a vain
  variado, -a varied
  variar to vary
    varía it varies
la variedad variety
  varios, -as several, various
  vasco, -a Basque
  vascongado, -a Basque
  vasto, -a vast, huge, very large
  Vd(s). = usted(es)
  vecino, -a neighboring
    labrador vecino peasant (who was a) neighbor
el vecino neighbor
la vega fertile plain

la vegetación vegetation
  veinte twenty
    veinte (y ocho) twenty(-eight)
  veintidós twenty-two
  vencer to conquer, overcome
  vendado, -a bandaged
el vendaval windstorm
la vendedora vendor (*woman*)
la vendimia vintage
  Venecia Venice (*city in Italy*)
  venerar to venerate
  venezolano, -a Venezuelan, of Venezuela
  venir (a) to come (to)
    venir a ser to come to be, become
la venta sale; inn
la ventana window
el ventero innkeeper
  ver to see; *reflex.* be, be seen
la verbena *night festival on the eve of a saint's day*
el verbo verb
    repaso de verbos verb review
la verdad truth
  verdadero, -a real, true
  verde green
  vergonzoso, -a shameful
la vergüenza shame
la versatilidad versatility
el verso line (*of poetry*)
la vez (*pl.* **veces**) time (*in a series*)
    a la vez at the same time
    a veces at times
    dos veces twice, two times
    en vez de instead of, in place of
    muchas veces often
    por primera (tercera) vez for the first (third) time
    otra vez again
    tal vez perhaps
    una vez once
el viaje trip, voyage, journey
el viajero traveler
  Vicente Vincent
el vicio vice, bad habit
la víctima victim
la victoria victory
la vida life
    el nivel de vida standard of living
  viejo, -a old
    Castilla la Vieja Old Castile
    la vieja the old woman
el viento wind
    molino de viento windmill

el viernes   (on) Friday
   Viernes Santo   Good Friday
el vigor   vigor, strength
  vigoroso, -a   vigorous
el villancico   carol
el villano   peasant, villager
la violencia   violence
  violeta (*m. and f.*)   violet
el violoncelista   violoncellist, cellist
la Virgen   Blessed Virgin (Mary)
el virreinato   viceroyalty
el virrey   viceroy
el visigodo   Visigoth
la visión   vision, view
la visita   visit, call
  visitar   to visit, call on
la víspera   eve
   víspera de (la) Navidad   Christmas Eve
   víspera del Año Nuevo   New Year's Eve
  visual   visual
la vitalidad   vitality
la vivienda   dwelling, house
  vivir   to live
  vivo, -a   live, alive, living
el vocabulario   vocabulary
el volcán (*pl.* **volcanes**)   volcano
el voluntario   volunteer

volver (**ue**)   to return, come back
  volver las espaldas a   to turn one's back on, reject
  volverse   to become
la voz (*pl.* **voces**)   voice
la vuelta   return

Y

y   and
ya   already, now, soon, presently, then; *sometimes used for emphasis and not translated*
la yerba mate   *tree whose leaves are used to make maté*
yo   I
la yuca   yucca
  Yucatán   Yucatan (*peninsula, eastern Mexico*)

Z

  Zacatecas   *capital of the state of Zacatecas, Mexico*
la zagala   shepherdess
el zapateado   clog (tap) dance
el zapato   shoe
la zona   zone

VOCABULARY

ENGLISH-SPANISH

A

a, an un, una; *often not translated*
abandon abandonar
able: be — to poder + *inf.*
about *prep.* de, acerca de, sobre
  hear about oír hablar de
abuse el abuso
accept aceptar
acquire adquirir (ie)
activity la actividad
admire admirar
after *prep.* después de
  after a short time al poco tiempo (rato)
  shortly after poco después de
afterward(s) *adv.* después
  shortly afterward(s) poco después
against contra
agricultural agrícola (*m. and f.*)
aid la ayuda
all todo, -a
along with junto con
also también
always siempre
American americano, -a
  American States los Estados Americanos
  Central American centroamericano, -a
  Latin American latinoamericano, -a
among entre
analyze analizar
and y
  both . . . and tanto . . . como
Andes los Andes
any *adj. and pron.* alguno, -a, (*before m. sing. noun*) algún; *often not translated*
anything algo, alguna cosa, (*after negative*) nada, ninguna cosa
appear aparecer, surgir
architectural arquitectónico, -a
architecture la arquitectura
Argentina la Argentina
Argentine argentino, -a
arise surgir
  (it) is gradually arising va surgiendo
army el ejército
arrival la llegada

arrive llegar (a + *obj.*)
  arrive in (at) llegar a
art el arte; *pl.* las artes
  these popular arts estas artes populares
artist el artista
artistic artístico, -a
as como, tan; que
  as + *adj. or adv.* + **as** tan . . . como
  just as así como
  serve as (a) servir (i, i) de
  the same . . . as el mismo (la misma, etc.) . . . que
association la asociación
at a, en
attain conseguir (i, i)
attention la atención
authentic auténtico, -a
author el autor
Aztec el azteca

B

back (*body*) la espalda
  turn one's back on (one) volver (ue) las espaldas a (uno)
bad malo, -a, (*before m. sing. noun*) mal
bank el banco
barbarism la barbarie
Baroque barroco, -a
  the Baroque el barroco
basis la base
  serve as a basis servir de base
battle la batalla
be estar, ser
  be able to poder + *inf.*
  be necessary to haber que (ser necesario *or* preciso) + *inf.*
  that is (to say) es decir
  there has (have) been ha habido
  there was (were) había
bear in mind tener en cuenta
beautiful hermoso, -a, bonito, -a, bello, -a
become + *noun* hacerse, llegar (venir) a ser, volverse (ue)

233

before *prep.*   antes de
begin (**to**)   comenzar (ie) (a + *inf.*), empezar
   (ie) (a + *inf.*)
besides *prep.*   además de
betray   traicionar
   he is betrayed   es traicionado
blow   el golpe
   death blow   el golpe de muerte
born: be —,   nacer
both   los (las) dos
   both . . . and   tanto . . . como
brilliant   brillante
build   construir
building   el edificio
bureaucratic   burocrático, -a
burn   quemar
but   pero, (*after negative*) sino
   not only . . . but also   no sólo . . . sino también
by   por, de, para
   by the end of   para fines de

C

call   llamar
called   llamado, -a
can   poder + *inf.*
career   la carrera
carry out   realizar, llevar a cabo
cease to   dejar de + *inf.*
cent: per —,   por ciento
center   el centro, el foco
central   central
   Central American   centroamericano, -a
century   el siglo
ceramics   la cerámica
certain: (a) —,   cierto, -a
change   el cambio
character   el carácter (*pl.* caracteres)
characteristic   la característica
city   la ciudad
   Mexico City   la ciudad de México, México, D.F.
civilization   la civilización (*pl.* civilizaciones)
civilizing   civilizador, -ora
class   la clase
   middle class   la clase media
coast   la costa
collaborate   colaborar
colonial   colonial
colonizer   el colonizador
colony   la colonia
come   venir
   come to (**have**)   venir *or* llegar a (tener)

compete   competir (i, i)
composer   el compositor
concentrated   concentrado, -a
concern   la preocupación
condemn   condenar
   condemn to death   condenar a muerte
condition   la condición (*pl.* condiciones)
confusion   la confusión
conquer   conquistar, vencer
conqueror   el conquistador
conquest   la conquista
consider   considerar
   (**he**) **has been considered**   (él) ha sido con-
      siderado
   he is considered as   se le considera como
contemporary   contemporáneo, -a
continent   el continente
continue   continuar, seguir (i, i)
   (**he**) **continues being** (**to be**)   sigue (continúa)
      siendo
contribute (**to**)   contribuir (a)
contribution   la contribución (*pl.* contribuciones)
cooperation   la cooperación
could   podía, podría, pudo
country (*nation*)   el país; (*homeland*) la patria
   mother country   la madre patria
create   crear
creation   la creación
credit   el crédito
   foreign credit   el crédito exterior
cross   cruzar, atravesar (ie)
cultivate   cultivar
cultural   cultural
culture   la cultura
current   la corriente
custom   la costumbre
Cuzco   el Cuzco

D

day   el día
deal: a great —,   mucho, muchísimo
death   la muerte
   condemn to death   condenar a muerte
   death blow   el golpe de muerte
decorate   decorar
dedicate oneself to   dedicarse a
deep   profundo, -a
defeat   derrotar
democracy   la democracia
demonstrate   demostrar (ue)
describe   describir
desert   el desierto

determine determinar
develop desarrollar
development el desarrollo
dictator el dictador
die morir (ue, u)
different diferente, diverso, -a, distinto, -a
discover descubrir
distinct distinto, -a
distinguished distinguido, -a
distribution la distribución
diversify diversificar
division el fraccionamiento
doctor el médico
domestic doméstico, -a
dream el sueño; soñar (ue)
  dream of soñar con
due: be — to deberse a
during durante

E

economic económico, -a
Ecuadorian ecuatoriano, -a
educate educar
education la educación
educator el educador
element el elemento
emperor el emperador
empire el imperio
encourage fomentar
end el fin; terminar
  by the end of para fines de
  his military work ended terminada su obra
    militar
enemy el enemigo
enlarge aumentar
enormous enorme
especially especialmente, sobre todo
essay el ensayo
essayist el ensayista
establish establecer
establishment el establecimiento
Europe Europa
European europeo, -a
even *adv.* aun, aún
  even though *conj.* aunque
evident evidente
example el ejemplo
exceed pasar de, exceder
except menos
exist existir
expedition la expedición
exploitation la explotación

explore explorar
export la exportación
expression la expresión
extremely sumamente
eye el ojo

F

fail fracasar
faithful fiel
faithfully fielmente
fall to one's lot tocarle a uno
famous famoso, -a, distinguido, -a, ilustre
father el padre
feeling el sentimiento
few: (a) —, pocos, -as, unos, -as
  the last few years los últimos años
fifty cincuenta
figure la figura
fill (with) llenar (de)
finally por fin, por último
find encontrar (ue), hallar
first primero, -a, *(before m. sing. noun)* primer
  for the first time por primera vez
first-rate de primer orden
flee huir
Florida la Florida
following siguiente
for para, por
force la fuerza
foreign *(credit)* exterior
forest el bosque, la selva
found fundar
founder el fundador
free libre
freedom la libertad
friend el amigo
friendship la amistad
from de, desde
futility la futilidad
future el futuro

G

gaucho *adj.* gauchesco, -a; *noun* el gaucho
general el general
generation la generación *(pl.* generaciones)
geographic geográfico, -a
give dar
go ir (a + *inf.*)
gold el oro
  fill with gold llenar de oro
  gold and silver work la orfebrería

Gothic gótico, -a
  the Gothic el gótico
government el gobierno
gradually *use* ir + *pres. part.*
  (it) is gradually arising va surgiendo
great gran (*used before sing. noun*); *pl.* grandes
  a great deal mucho, muchísimo
  a great part of gran parte de
greatest mayor

H

hand la mano
harm dañar
have tener; (*auxiliary*) haber
  have to tener que + *inf.*
he él
hear oír
  hear about oír hablar de
  hear that oír decir que
hero el héroe
him *dir. and indir. obj.* le
his *adj.* su(s)
hold tener
home la casa
hope la esperanza
  his hopes to + *inf.* sus esperanzas de + *inf.*
horror el horror
humanity la humanidad
humble humilde

I

if si
illiteracy el analfabetismo
important importante
impose imponer
in en, de
  in order to para
Inca *m. and f. adj.* inca; *noun* el inca
incorporate (into) incorporar (a)
  be incorporated into incorporarse a
increase el aumento; aumentar
independence la independencia
Indian indio, -a; *noun* el indio
Indianist indianista (*m. and f.*)
industrialization la industrialización
influence la influencia
inhabitant el habitante
initiate iniciar
inspiration la inspiración
instead of en vez de

institution la institución (*pl.* instituciones)
integration la integración
intensely intensamente
interesting interesante
international internacional
interpret interpretar
into a, en
introduce introducir
introduction la introducción
invader el invasor
investments las inversiones
island la isla
its su(s)

J

January enero
join reunirse con
journalist el periodista
just as así como

K

king el rey
  the City of Kings la Ciudad de los Reyes

L

lack la falta
land la tierra
landscape el paisaje
large grande
largely en gran parte
last pasado, -a, (*in a series*) último, -a
  the last few years los últimos años
later más tarde, después
Latin latino, -a
  Latin America la América latina
  Latin American latinoamericano, -a
law la ley
leader el jefe
learned culto, -a
  the learned one (*f.*) la culta
life la vida
like como
literary literario, -a
literature la literatura
little *adj.* (*size*) pequeño, -a
live vivir
living: standard of —, el nivel de vida
look for buscar

lot: fall to one's —, tocarle a uno
love (for) el amor (por)

M

maintain mantener
make hacer
man el hombre
manufacture manufacturar
many muchos, -as
march la marcha; marchar
market el mercado
marvelous maravilloso, -a
masses las masas
masterpiece la obra maestra
may *sign of pres. subj.;* poder + *inf.*
means: by — of por medio de
member el miembro
Mexican mexicano, -a
Mexico México
  Mexico City la ciudad de México, D.F.
middle medio, -a
  middle class la clase media
military *adj.* militar
mind: bear in —, tener en cuenta
miserable miserable
Mississippi River el río Misisipí
modern moderno, -a
modernism el modernismo
modernist *adj.* modernista (*m. and f.*)
Moorish: the Spanish —, (*architecture*) el mudéjar
most más
  most (of) la mayor parte de, la mayoría de
mother la madre
  mother country la madre patria
motivation la motivación
mountains las montañas, la sierra
movement el movimiento
mural *adj.* mural
muralist *adj.* muralista (*m. and f.*)
music la música
musical *adj.* musical, de música
must deber, haber de + *inf.*, tener que + *inf.*
  one must (remember) hay que (recordar)
mutual mutuo, -a

N

name el nombre
  in the name of en nombre de
national nacional
nationalistic nacionalista (*m. and f.*)

native *adj.* indígena (*m. and f.*)
nature la naturaleza
necessary necesario, -a, preciso, -a
  be necessary to haber que (ser necesario *or* preciso) + *inf.*
need necesitar
nevertheless sin embargo
new nuevo, -a
  New Spain la Nueva España
nineteen diez y nueve, diecinueve
no, not *adv.* no
north el norte
not no
  not only . . . but also no sólo . . . sino también
notable notable
novel la novela
novelist el novelista
nowadays hoy día

O

observe observar, notar
occupy ocupar
ocean el océano, el mar
  Pacific Ocean el Océano Pacífico
of de
often a menudo, muchas veces
on en, sobre
  on (January 6) el (seis de enero)
  on the other side of al otro lado de
one un, uno, una; *indef. subject* se
  one must (remember) hay que (recordar)
only solamente, sólo
  not only . . . but also no sólo . . . sino también
oppose oponerse a
or o
orchestra la orquesta
order: in — that *conj.* para que, de modo (manera) que
  in order to *prep.* para
organization la organización
original original
other otro, -a
our nuestro, -a
out: carry —, realizar, llevar a cabo
over sobre
own: of one's —, propio, -a
  a life of their own una vida propia

P

Pacific Pacífico, -a
painter el pintor

painting la pintura
Panama Panamá
part la parte
  a great part of gran parte de
  in part (**to**) en parte (a)
  take part tomar parte
past pasado, -a; *noun* el pasado
peace la paz
peasant el campesino
people el pueblo, las personas
  native people el pueblo indígena
per por
  per cent por ciento
perhaps tal vez, quizá(s)
period el período, la época
Peru el Perú
Peruvian peruano, -a
philosophical filosófico, -a
picture (*image*) la imagen (*pl.* imágenes)
plain la llanura
plainsman el llanero
Plateresque plateresco, -a
  the Plateresque el plateresco
play (*a role*) representar
  play the same role . . . as representar el mismo
    papel . . . que
poet el poeta
poetess la poetisa
poeticize poetizar
poetry la poesía
policy la política
political político, -a
popular popular
  the popular one (*f.*) la popular
population la población
possession la posesión
  take possession of apoderarse de, tomar
    posesión de
post el puesto
power el poder, el poderío
practice practicar
preparation la preparación
present *adj.* (*present-day*) actual
present presentar
president el presidente
prevail prevalecer
priest el cura
principal principal
prisoner el prisionero
problem el problema
produce producir
product el producto
production la producción
progress el progreso

promise prometer
prose la prosa
protagonist el protagonista
protest la protesta; protestar
provide proporcionar
provided that *conj.* con tal (de) que, siempre que
psychological psicológico, -a
public público, -a

R

radical radical
raise elevar
rapid rápido, -a
rate el índice
reach llegar (a + *inf.*)
real verdadero, -a
realism el realismo
rebel (against) rebelarse (contra)
rebellion la rebelión
reform la reforma
refuse to negarse (ie) a + *inf.*, *negative pret. of*
  querer + *inf.*
region la región
reign reinar
relation la relación (*pl.* relaciones)
relatively relativamente
religious religioso, -a
remedy el remedio
remember recordar (ue), acordarse (ue) de
represent representar
representative el representante
reproduce reproducir
republic la república
resolve resolver (ue)
resources los recursos
return volver (ue), regresar
revolution la revolución
revolutionary revolucionario, -a
rich rico, -a
right el derecho
  work for the rights trabajar por los derechos
river el río
role el papel
  play the same role . . . as representar el
    mismo papel . . . que
room el cuarto
rural rural

S

same mismo, -a
  the same . . . as el mismo (la misma, etc.) . . .
    que

scene   la escena
scholar   el erudito
school   la escuela
sculpture   la escultura
sea   el mar
search   la busca
  in search of   en busca de
see   ver, observar
seek   buscar
send   enviar, mandar
series   la serie
serious   grave
serve   servir (i, i)
  serve as (a)   servir de
settle (*oneself*)   establecerse
several   varios, -as
ship   la nave
short: after a — time   al poco tiempo (rato)
short story   el cuento
  short story writer   el cuentista
shortly after *prep.*   poco después de
  shortly afterward(s) *adv.*   poco después
show   mostrar (ue)
side   el lado
  on the other side of   al otro lado de
silver   la plata
  gold and silver work   la orfebrería
six   seis
sketch   esbozar
skill   la maestría
small   pequeño, -a
social   social
society   la sociedad
soldier   el soldado
solution   la solución (*pl.* soluciones)
solve   resolver (ue)
some *adj. and pron.*   alguno, -a; *pl.* algunos, -as, unos, -as; (*before numerals*) unos, -as; *often not translated*
soon   pronto
south   el sur
  South America   la América del Sur
  South American   sudamericano, -a
Spain   España
  New Spain   la Nueva España
Spaniard   el español
Spanish *adj.*   español, -ola
  Spanish America   la América española (hispana), Hispanoamérica
  Spanish American   hispanoamericano, -a
  Spanish Moorish (*architecture*)   el mudéjar
spend (*time*)   pasar
spiritual   espiritual
spite: in — of   a pesar de

spontaneous   espontáneo, -a
spring   la primavera
stand out   destacarse
standard   el nivel
  standard of living   nivel de vida
state   el estado
  American States   los Estados Americanos
  United States   los Estados Unidos
step   el paso
  take a step   dar un paso
still   todavía, aun, aún
stimulate   estimular
story: short —,   el cuento
strong   fuerte
structure   la estructura
struggle   la lucha
  in his struggle with   en lucha con
  in the struggle for   en la lucha por
study   estudiar
style   el estilo
succeed in   lograr + *inf.*, conseguir (i, i) + *inf.*, llegar (a + *inf.*)
sufficient   suficiente
summit   la cumbre
symbol   el símbolo
sympathy (for)   la simpatía (por)
symphony   sinfónico, -a
system   el sistema

T

take   tomar
  take a step   dar un paso
  take (nineteen days) to   tardar (diez y nueve días) en + *inf.*
  take part   tomar parte
  take possession of   apoderarse, tomar posesión de
talk   hablar
taxation: of —,   tributario, -a
technical   técnico, -a
tendency   la tendencia
territory   el territorio
textile   el tejido
that *adj.* (*near person addressed*) ese, esa (-os, -as), (*distant*) aquel, aquella (-os, -as); *relative pron.* que
  that of   el (la) de
  that is (to say)   es decir
the   el, la, los, las
their   su(s)
them *dir. obj.*   los, las; *indir. obj.* les
theme   el tema
then   luego, después

there allí
  there has (have) been ha habido
  there was (were) había
therefore por eso, por lo tanto
these *adj.* estos, -as
they ellos, -as
thinker el pensador
third tercero, -a; *noun* el tercio
this *adj.* este, esta
those *adj.* (*near person addressed*) esos, -as, (*distant*)
  aquellos, -as
  those which los (las) que
though: even —, aunque
thousand: a (one) —, mil; *pl.* miles
three tres
through por
time (*in general sense*) el tiempo; (*series*) la vez
  (*pl.* veces); (*a while, short time*) el rato
  after a short time al poco tiempo (rato)
  for the first time por primera vez
  in (the course of) time con el tiempo
to a, de, con, para; que
  have to tener que + *inf.*
today hoy, hoy día
  of today (our time) de nuestro tiempo *or* de
  (en) nuestros días
  toward(s) hacia
town el pueblo
trade el comercio
traveler el viajero
triumph triunfar
true: be —, ser verdad
try to tratar de + *inf.*
turn one's back on (one) volver (ue) las espaldas
  a (uno)
twenty veinte
two dos
type el tipo, (*literary*) el género

U

Underdogs: The —, *Los de abajo*
undertake emprender
unfortunately por desgracia, desgraciadamente
unification la unificación
union la unión
united unido, -a
  United States los Estados Unidos
unity la unidad
unjust injusto, -a
upon + *pres. part.* al + *inf.*

urgent urgente
Utopian utópico, -a

V

vain: in —, en vano
value el valor
variety la variedad
various varios, -as
Venezuelan venezolano, -a
viceroyalty el virreinato

W

wall la pared
war la guerra
way la manera
weakness la debilidad
wealth la riqueza
west el oeste
  to the west al oeste
when cuando
where donde
which *relative pron.* que, el (la) cual, los (las)
  cuales, el (la, los, las) que
  those which los (las) que
while el rato
  after a short while (time) al poco rato
who *relative pron.* que, quien(es), el (la) cual, los
  (las) cuales, el (la, los, las) que
will querer; *sign of future tense*
with con, de
withdraw (*oneself*) retirarse
without *prep.* sin
work la obra, el trabajo; *pl.* trabajos, obras
  gold and silver work la orfebrería
  his military work ended terminada su obra
  militar
  work for (the rights) trabajar por (los derechos)
world el mundo
writer el escritor
  short story writer el cuentista
written escrito, -a

Y

year el año
  the last few years los últimos años
young joven (*pl.* jóvenes)

PHOTOGRAPH CREDITS

PHOTOGRAPH CREDITS

243

PAGE

177 *top*, Linares from Monkmeyer Press Photo Service;
bottom, Silberstein from Monkmeyer Press Photo
Service

179 Enrique Bianco from Atlántida and "Argentina 4"

182 Photo by Irmgard Groth, and Thames and Hudson,
Ltd.

183 Ennio Iommi and Walker Art Center, Minneapolis

184 Gordon N. Converse, Chief Photographer, The
Christian Science Monitor, Boston

190 Mexican National Tourist Council

191 *top right*, Paul Conklin; *top left*, The Bettman Archive,
Inc.; *bottom*, Charles Perry Weimer

194 Peggo Cromer

Between pages 182–183

"Virgin and Child Crowned," 1762, by Miguel Cabrera
Oil on copper, $16\frac{5}{8}'' \times 12\frac{3}{4}''$
Courtesy, Philadelphia Museum of Art
Dr. Robert H. Lamborn Collection, Acc. No. 03-897
Photograph by Alfred J. Wyatt

SIQUEIROS, David ALFARO.
Echo of a Scream, 1937.
Duco on wood, 48″ × 36″.
Collection, The Museum of Modern Art, New York.
Gift of Edward M. M. Warburg.

2 3 4 5 6 7 8 9 10